[美] 戴蒙·森托拉（Damon Centola）著　　姬佳芸 译

临界变革

CHANGE

How to Make Big Things Happen

中信出版集团 | 北京

图书在版编目（CIP）数据

临界变革 /（美）戴蒙·森托拉著；姬佳芸译 . --
北京：中信出版社，2024.1
ISBN 978-7-5217-5964-8

Ⅰ . ①临… Ⅱ . ①戴… ②姬… Ⅲ . ①消费者行为论
Ⅳ . ① F036.3

中国国家版本馆 CIP 数据核字（2023）第 168369 号

临界变革
著者：［美］戴蒙·森托拉
译者：姬佳芸
出版发行：中信出版集团股份有限公司
（北京市朝阳区东三环北路 27 号嘉铭中心　邮编　100020）
承印者：三河市中晟雅豪印务有限公司

开本：787mm × 1092mm　1/16　印张：17　字数：210 千字
版次：2024 年 1 月第 1 版　印次：2024 年 1 月第 1 次印刷
京权图字：01–2023–5319　书号：ISBN 978–7–5217–5964–8
定价：69.00 元

服务热线：400–600–8099
投稿邮箱：author@citicpub.com

献给苏珊娜和米兰

目　录

// 第二部分 //

变革者的剧本：如何为传播做基础建设

//// 第四部分 ////

纷争、混乱与发现

导 读

网络科学（复杂网络研究）是一门研究事物如何传播的学科。我们与周围的人共享的联系是如何影响疾病、思想、趋势和行为在各个社区、社会乃至世界的传播方式的?

2020 年春，当我给本书收尾之际，世界突然被两种巨大的新生事物改变了，它们传播迅速，波及甚广。首先，当然是新型冠状病毒（COVID-19，简称新冠病毒），它在短时间内迅速传播，不久就遍及世界的每一个角落。

这种病毒之所以如此致命并颇具破坏性，是因为它极易传播。它体积很小，难以消灭，而且可以通过空气传播。你可能会被几英尺[①]外的感染者传染，并且这种病毒可以在空气中停留数小时。其狡猾之处还在于，如果有人感染，他们可能会在觉察任何症状，甚至得知自己被感染前，就已经把病毒传播给了其他人。每个人都是潜在的传染源。每一种接触都是它传播的途径——一个拥抱，一次握手，收取一个包裹，接过同事递来的一张纸。因此，在合唱团、葬礼和家庭聚会中，通过医院、疗养院和肉类加工厂，在夫妻之间或在完全陌生的人之间，新冠病毒迅速传播。截至 2020 年 6 月，全球已有 600 多万人感染，其中 1/3 的感染者在美国。人一旦感染新冠病毒，就会以指数方式传染他人。

不过在那年春天，还有别的事物在传播着。它不是一种疾病，而

---

① 1 英尺约为 0.3 米。——编者注

是一种行为。

世界各国政府对新冠大流行的反应各不相同，有些政府的反应比其他政府迅速得多，但在几个月内，世界各地的公共卫生组织联合起来，倡导四项基本预防措施：勤洗手，减少不必要的外出，出门戴口罩，与其他人保持至少两米的距离。随着这些指示的形成，一个新的问题出现了：人们会遵守这些预防措施吗？全世界的民众能够实现如此巨大的行为改变吗？

人们首先会关注他们的朋友和邻居。他们戴口罩了吗？他们保持社交距离了吗？值得注意的是，在大多数情况下，他们确实遵守了这些守则。在许多社区，无论是小城镇还是大城市，人行道上几乎空无一人。人们都待在家里。即使外出，大家通常也都戴着口罩。当在街上遇到时，人们彼此间也都会保持非常远的社交距离。无论在哪个国家，人们从工作、社交，到上学、抚养孩子和约会的方式都发生了巨大的改变。新的行为规范似乎在一夜之间兴起，并快速在全球范围内传播开来。

这些行为也在逐渐地改变疾病的进程。连续数周，头条新闻上充斥着死亡和绝望的报道。之后，终于迎来了几个月以来的第一个好消息：新冠病毒的传播速度正在放缓，新增病例数量不断下降，医院的重症监护病房也在不断腾出空位。

然后天气变暖了。人们开始厌倦日复一日保持高度警惕的提醒。当夏日来临时，新的规范开始瓦解。

一些人不再戴口罩，还有一些人对保持社交距离放松了警惕。他们的朋友和邻居正尝试弄清楚该如何行动。哪些行为是可以接受的？哪些行为过于谨慎了？哪些是自私或鲁莽的表现？不同社区有着不同反应。一些人选择继续戴口罩，而另一些人则放弃了。一些人呼朋唤友，但还有一些人仍然保持着社交距离。

与此同时，新冠病毒保持着原有的传播方式。每一个人、每一个物体的表面、每一次接触仍然是潜在的感染源，而且感染的病例数量在持续不断地攀升。

近一个世纪以来，科学家一直认为行为传播与病毒传播的方式一样。但在 2020 年，正如世人所见，人类行为的传播实际上遵循着与疾病传播截然不同的规则。

如今，流行病学家和公共卫生专家可以预测病毒的传播路径，并利用这一科学成果来制定政策，帮助减缓病毒传播。但我们该如何就一种新行为的传播来做预测？我们该如何确定哪些政策会增强对积极行为的支持？我们该如何识别哪些政策会意外造成这些行为的瓦解？为什么这些具有社会影响力的规则似乎会随着文化和身份的不同而发生变化，我们又该如何理解这些复杂性呢？

本书会尝试回答这些问题。接下来，我会向你展示全新的网络科学将如何阐释我们人类的行为是如何、为何以及何时发生变化的。我还会向你展示社会变革传播的决定性因素，解释为什么我们对此误解了如此之久，并揭示它们真正的作用机制。

我们现在明白了，行为改变并不像病毒那样，通过偶然接触就能传播。它确实遵循一定的规律，学习这些规律会让我们超越对疾病传播的理解，揭示一个更深层、更神秘也更有趣的过程。

前言

1929年，25岁的心脏外科医生沃纳·福斯曼有了一个伟大的想法。他发明了一种全新的拯救生命的手术方式，他认为这将改变世界。但医学界对他的想法不屑一顾：他被同事嘲笑，被医院解雇，并被排挤出心脏病学领域。约30年后，福斯曼在德国偏远山区的一个小镇上做泌尿科医生。一天晚上，在当地的一个酒吧里，他接到了一通电话，收到了一个惊人的消息：他很久以前的发现赢得了1957年的诺贝尔生理学或医学奖。今天，心导管插入术在全世界的各大医院都被使用。福斯曼不受欢迎的创新是如何成为医学中应用最广泛的手术之一的呢？

1986年，美国公民会因持有大麻被判5年监禁，这一判刑将永远改变一个人在致富、婚姻甚至参政方面的前途。如今，美国部分地区的购物中心的店面公开出售大麻，并为此缴纳联邦税。一种既违法又在社会上被视为反常的行为是如何被完全接受，致使以前备受非难的“毒贩”成为美国主流商界一分子的？

2011年，互联网巨头谷歌推出了新的社交媒体工具——Google+。尽管谷歌在全球拥有超过10亿用户，但该公司很难将其在搜索引擎市场的霸主地位延伸至社交媒体市场。2019年，Google+被迫关闭。与此同时，初创公司照片墙（Instagram）也进入了该领域。不到2个月，它的用户量就达到了100万。不到18个月，该公司就被脸书（Facebook）以10亿美元的价格收购。而到2019年，照片墙已经成为社交媒体用户使用的主要程序之一。那么，谷歌做错了什么？在资源更少、耗时更短的情况下，照片墙又是如何战胜搜索引擎巨头的呢？

2012 年 4 月，在陪审团宣布枪杀 17 岁少年特雷沃恩·马丁的男子无罪后，“#黑人性命攸关”（#BlackLivesMatter，也译为“#黑人的命也是命”）这个标签首次在社交媒体上被发布。在随后的两年里，新闻和社交媒体报道了几起与警察有关的非裔美国人死亡事件，但截至 2014 年 6 月，“#黑人性命攸关”这一标签只被使用了 600 次。然而，2 个月后，在密苏里州弗格森，18 岁的迈克尔·布朗的死亡引发了一场革命：几个月之内，“#黑人性命攸关”这一标签被使用了 100 多万次，同时，一场抗议警察暴力执法的全国性运动在美国展开。6 年后，为了回应 2020 年 5 月乔治·弗洛伊德被杀事件，“#黑人性命攸关”再次发生聚变，引发了一场全球效应，它团结了全球 200 多个城市举行抗议活动，并促使出台了新的联邦立法以减少警察暴力执法。是什么让几十年来一直被忽视的警察暴力执法行为转变成了这场空前的自发性民众运动？

本书的主题是变革——其运行原理，以及变革为什么经常失败。本书还讲述了开拓性创新的传播，社会网络边缘运动的成功，对非主流观点的接纳，以及具有争议性的新信仰的胜利。本书提供了促使这些社会变革成功的相应策略。这些成功变革的案例有一个共同点：其内核变革性的新观念都是通过社会网络进行扩散和传播的。

我是一名研究社会网络科学[①]的社会学家，所以我对这些问题有着独特的见解。事实上，在过去的几十年里，我的理论帮助塑造了这个新领域。2002 年秋，我的一系列发现改变了我们对社会网络科学的理解，开启了一种研究变化如何传播的新思维。由此产生的深入见解有助于解释为什么社会变革如此难以预测，以及它为何常使我们对最信任的想法感到困惑，分辨不出哪些策略会奏效，哪些会失败。

① 社会网络科学旨在分析社会网络，融合了统计学、图论和社会心理学等学科，主要研究个人、团体、组织乃至整个社会之间的复杂关系。——编者注

几十年来，我们关于社会变革的标准观念一直基于一个流行的比喻——变化会像病毒一样传播。近期，我们重温了病毒的传播方式：一个人感染，他就会把病毒传给一个、两个、三个（或一百个）人，疫情就这样在人群中蔓延开来。“影响力人物”是传播创新的关键这一观点，是基于人脉广阔的个人可以在疾病传播中——例如在病毒大流行中发挥巨大作用这一观念之上的。同样地，“黏性”是社会营销活动成功的关键这一观点，也是基于某些病毒特别具有传染性的观点之上的。

当我们谈论简单的思想或信息（例如火山爆发的头条新闻或王室名人的婚姻）的传播时，这种病毒式传播的比喻是有效的。因为这类信息都极具传播性：抓人眼球，也很易于传播扩散。但病毒式传播的比喻存在一个很大的问题：要促成真实的改变，你需要做的不仅是传播信息，还包括必须改变人们的信念和行为，而这些是很难动摇的。病毒式传播的比喻适用于描述一个信息迅速传播，但信念和行为保持不变的世界。这是一个简单传播的世界——吸引人的想法和网络模因会被迅速传播给每个人，但这些对改变我们的想法和生活方式缺乏持久的影响。

但社会变革复杂得多。创新的思想和行为不会像病毒那样传播，简单的接触不足以“感染”你。当你接触一种新的行为或想法时，你不会自动接受它。相反，你必须做出接受或拒绝它的决定，而这个决定往往是复杂而情绪化的。

我的研究，以及这个领域里其他许多人的研究都表明，当我们考虑是否要接受一种新的信念或行为时，我们受到的来自社会网络的实际引导远比我们意识到的多。通过社会影响的隐形力量，我们周围的社会网络塑造了我们对创新的反应，让我们要么忽视它，要么接受它。这种更深层的社会传播过程被称为复杂传播（complex contagion）[①]，

① complex contagion 在网络科学领域也译为“复杂传染”，书中为了便于理解统一译为“复杂传播”。同理，与复杂传染相对应的“简单传染”概念在文中统一译为“简单传播”。——编者注

由此也衍生了一门新的科学，用来理解变化是如何发生的，以及我们可以如何促使它发生。

当我们论及“社会网络”时，重要的是要记住这些网络不必然是数字化的。它们其实一直与我们人类相依相存。社会网络包括我们与之交谈、合作、比邻以及寻找的每一个个体，我们的个人网络构成了我们的社交世界。社会网络科学研究的是将这些社交世界联系在一起的网络，从住在同一条街上的邻居，到来自不同大陆的陌生人，以及社会“传染病”如何在它们之间进行传播。

本书汇集了我和其他数百名社会学家、计算机科学家、政治学家、经济学家和管理学者十多年来对社会网络科学的研究成果，我们一直致力于找到推动复杂传播的最有效的策略。而复杂传播的核心思想很简单：成功的社会变革与信息无关，而与社会规范相关。社会网络不仅是人与人之间思想和行为交流的管道，也是决定我们如何看待这些行为并解释这些想法的棱镜。根据新想法被传递过来的方式，我们会做出选择，要么不予理会，要么欣然接受。

与感知偏见（人眼对视觉信息的扭曲）和认知偏见（会扭曲我们对经济信息的推理）不同，网络偏见是我们的社会网络在无形中塑造我们所持有的信念和遵循的规范的方式。

将社区成员联系在一起的社会网络会在不经意间强化人们固有的偏见，阻碍创新思想和变革运动流行起来。然而，只要稍加改变，同样的网络就能激发对创新的集体热情，加速整个社区对创新的采纳。

我撰写本书正是意在通过展示这些社会网络如何运作，从而替你解开那些关于范式转变的奥秘。从社会到组织机构的新管理策略，从健康饮食的推广到接受太阳能的使用，社会网络都是推动社会变革的动力来源。

接下来，让我们把目光投向硅谷。在那里，你会看到那些本该帮助推动创新的“影响力人物”如何在无意中摧毁了创新。

在丹麦，我们会发现一群聪明的计算机科学家在推特（Twitter）上部署一个自动化的机器人网络，以催生出人类社会网络，这一举措将社会行动主义传递给成千上万人。

你将深入哈佛大学的研究幕后，那里的网络科学家开辟了具有独创性的网络策略，以加速对创新技术的采用。

最后，我还会展示美国总统巴拉克·奥巴马如何运用新颖的社会策略来提升其总统决策的质量。

当我开始探索这些话题时，我的主要工作是在理论领域，研究社交媒体技术在全球的发展。但大约十年前，我开始意识到，如果我真的想了解社会变革成功或失败的原因，我需要找到一种方法，在现实世界中检验我的网络理论。在本书的第二、第三和第四部分，我将详细为你阐述我操作过的一系列大规模社会实验。在这些实验中，我直接控制了整个群体的行为。这些群体中有一些是在当地健身房参加健身课程的年轻专业人士，一些是正在就气候变化展开辩论的民主党和共和党人士，还有一些是从事临床诊断的医生。正如你将看到的，这些实验深刻地揭示了关于社会变革本质的新真理。

读完本书，你将了解网络科学如何使你能够控制自己的社会网络，并对自己和他人施加影响。你还会看到自己周围的社会网络如何引导人们的行为，他们对创新的接受度，以及他们保持健康的、富有成效的文化习惯的能力。

在下一章，我将逐步揭示对社会变革的理解中常见的迷思和错误，但贯穿全书的重点还是在于解决方案。我提出这一社会变革新视角最终是为了让各行各业的读者获得他们需要的资源，以创造他们希望看到的改变。

/ 第一部分 /

阻碍改变发生的流行迷思

第1章

影响力迷思：流行的悖论

美国的品牌营销圈流传着一个经典笑话。

1969年7月20日，一群广告公司的高管在办公室熬夜。倒不是因为截稿日期临近，而是因为他们想见证历史上的非凡时刻：人类第一次在月球上行走。包括他们在内，全世界大约有5.3亿人观看了阿姆斯特朗的电视转播画面，听到他讲述这一壮举的声音，他迈出了“个人的一小步，人类的一大步”。

每个人都兴高采烈，庆祝着这前所未有的壮举。只有一位高管摇着头从电视机旁走开。一位同事追上前去，问他怎么回事，这位高管沮丧地看着同事说：“要是阿姆斯特朗手里拿着一罐可乐，该有多好！”

这是20世纪60年代末的主流思想：产品的大额代言广告经由单向的播放频道自上而下被传播给被动的观众，以实现销售。

时间快进几十年，现在设想一下，你希望推出一项新的社会创新——一个时间管理应用程序、一个健身项目、一本诗集、一项投资策略或一项政治倡议。你在这项活动中倾注了心血和成本，希望确保它尽快地广泛传播开来。那么，你会选择谁来推行这项创新？一个像凯蒂·佩里那样人脉通达的社会明星，或像奥普拉·温弗瑞那样处于大型社会网络核心的名人，还是一个与社会网络联系较弱、活跃在边缘的“十八线演员”？

如果你和大多数人一样决定争取社会明星来为你站台，而不是让社会网络边缘或网络外围的参与者来支持你的创新运动，你便犯了一个错误。

事实证明，人脉通达的社会明星（我们现在称他们为影响力人物或影响者）传播创新的能力是社会科学中最持久、最具误导性的迷思之一。它已经渗透销售、市场营销、宣传甚至政治领域，以至于当一项创新被边缘群体传播，直到获得世界级影响力时，我们仍然把它的成功归功于社会明星。

奥普拉谬误

推特于 2006 年 3 月上线之时，并未激起什么水花。它的创始人和一些早期投资人对这项技术很感兴趣，但是这个微型博客网站并没有像人们想象的那样一炮而红。彼时人们完全想象不到，如今它会拥有超过3.3亿的用户[①]，已经成为广受企业、非营利组织甚至政客欢迎的营销工具。推特在最初的几个月里只是缓慢地发展、传播。

那么，是什么让它从一个陪跑者变成了世界上最大的社交平台之一呢？

推特看起来就像《纽约客》作家马尔科姆·格拉德威尔和沃顿商学院营销学教授乔纳·伯杰所形容的那种“颇具传染性”的技术。为了助力推特的用户增长，2007 年，其创始人决定在得克萨斯州奥斯汀举行的年度科技和媒体盛会——西南偏南多元创新大会和艺术节（SXSW）上推广推特。SXSW 为期一周，是电影、音乐和技术爱好

① 本书英文原版首次出版于 2021 年。——编者注

者的天堂，而这群人最喜欢探索先锋媒体和各类闻所未闻的新兴科技。

如今，SXSW 已经成为世界上最大的社交媒体影音盛会，每年吸引的参会者超过 5 万人次，还有政治和媒体领袖参与对话，其中包括伯尼·桑德斯、阿诺德·施瓦辛格和史蒂文·斯皮尔伯格。然而，回到 2007 年，SXSW 仍在努力地从边缘地带走入主流视野，推特等炫酷的新技术应用常在那里亮相，作为初步市场试验的途径之一。当年，推特大受欢迎。

在最初的突破之后，推特只是平稳增长，直到 2009 年这种增长才呈迅猛之势。人们普遍认为，推特的爆炸式增长应该归功于奥普拉·温弗瑞。2009 年 4 月 17 日，温弗瑞面向数百万观众，在她的脱口秀节目中发布了她的第一条推文。到 4 月底，推特的用户规模就增长到大约 2 800 万了。

这个版本的推特成功故事很有说服力，也很容易理解。它告诉我们，成功的关键是找到影响力人物，并让他们参与你的事业。它为创业公司和投资人提供了成功的路线图。这个故事突出了名人的作用。

问题是，这张路线图让我们偏离了方向。事实上，当被运用到我们最关心的那些变化上时，它会带我们走进死胡同。

奥普拉对推特的采纳并不是推特成功的原因，而是其结果。当奥普拉发出她的第一条推文时，推特已经进入了其增长的最快阶段。从 2009 年 1 月开始，推特逐月实现指数级增长，用户数量从 2 月的 800 万飙升到 4 月初的大约 2 000 万。事实上，奥普拉是在推特发展的巅峰时期开始使用它的。此后，推特继续增长，但速度放缓。

就推特成功提出的一个更好的问题，并非推特是如何争取到奥普拉来宣传它的，而是推特是如何发展到如此大规模，以至于奥普拉也受到了影响，开始使用它的。这个问题的答案解释了小型初创公司和边缘群体如何利用人们建立熟人网络，来把新运动发展得家喻户晓——它需要社会边缘群体参与，而不是社会明星。

虚拟世界“第二人生”中的流行手势

在虚拟现实游戏平台“第二人生”（Second Life）上进行的深入研究，为我们提供了丰富的视角以了解全貌，当我们关注边缘参与者所在的网络时，我们就能了解创新的传播是如何加速的——这些参与者不是“凯蒂·佩里”们或“奥普拉”们，而是我们日常生活中的朋友和邻居。

就像在现实世界中一样，商业在“第二人生”中具有真正的价值。在“第二人生”还处于起步阶段时，尤其如此。2006 年 2 月，网站成立仅 3 年后，“第二人生”社区的成员艾琳·格雷夫［在“第二人生”中化名钟安社（Anshe Chung）］在游戏虚拟经济中获得了足够的信用[①]，在现实世界中兑换了100多万美元的资产。钟安社的虚拟活动让艾琳成为现实生活中的百万富翁。

成千上万的企业家涌向“第二人生”。人们想把他们的产品和服务传播给尽可能多的用户，并在这个过程中致富。他们想要获得成功的方法与现实世界的市场一样：找到影响力人物，并将他们转化为自己理念的布道者。在“第二人生”中，就像在其他地方一样，传统做法是锚定社会网络中人脉通达的社会明星。

在“第二人生”中可以买到很多东西，比如衣服、房子、宠物和食物，但远不止于此。在这里，你也可以购买行为。

与现实生活不同的是，如果你想采用一种新的说话方式或一种时髦的握手方式，你需要专门付出一些代价来获得它。有时需要

① 在美国的征信体系下，个人信用可以等价于一个人能撬动的社会资产，包括但不限于银行贷款等。——译者注

钱——可能高达 500 美元，有时不需要钱，但总是需要某种预先的计划和行动。

2008 年秋流行的手势是“史密斯飞船手势”，动画中你的角色将双手举过头顶，用食指和小指做出角的形状，拇指伸出来强调重点。这样的手势需要正式添加到角色的资产列表中才能使用。值得一提的是，“第二人生”中的手势，除非别人也在使用，否则你不会真的想要使用它。

在现实生活中也是如此。想象一下，你在酒吧用史密斯飞船手势问候一位朋友，而他正伸出手要跟你握手。你会觉得可笑。

既然已经建立了握手的规范，那么史密斯飞船手势是如何流行起来的呢？在现实生活中，这是一个很难回答的问题。因为几乎不可能准确地追踪到底有多少人用握手的方式问候朋友和同事，又有多少人用史密斯飞船手势问候。然而，在“第二人生”中，分析师不仅可以计算使用这个手势的玩家数量，还可以跟踪每个人在某一天进行互动的次数，看看每次互动是如何发生的，并记录每个人从谁那里学会了史密斯飞船手势，以及他们自己从什么时候开始使用这个手势。这使得“第二人生”成为衡量社会创新如何传播的完美场所。

2008 年，物理学家拉达·阿达米克、数据科学家艾坦·巴克希和布赖恩·卡勒开始使用这种精确到数据的方式来测量新行为在人与人之间的传递。当时的传统观点认为，首先要做的是寻找影响力人物。与现实世界一样，“第二人生”中也有社会明星——元宇宙版的“奥普拉”们，他们的社会联结比其他人都要多。这些人能够对社区产生很大的社会影响。如果像史密斯飞船手势这样的新行为被其中一个影响力人物采用，你可能就会认为它会被迅速地传播给很多人。

结果，研究人员的发现与他们的预期完全相反。事实上，人脉通达的用户在传播史密斯飞船手势这件事上效率最低。为何会如此？原因与我们的直觉相反：与这些人联结的人越多，他们采纳创新的可能性就越低。一个人不用史密斯飞船手势联系的人越多，他们就越不可能付出代价来获得这个手势，或自己率先使用这个手势。

史密斯飞船手势的价值，就像“第二人生”中的大部分资产一样，取决于它是否普遍被周围的人接受。就像其他问候方式——拥抱、亲吻脸颊、击掌，如果你认识的每个人都还在握手，你是不会想在一个新社会环境中尝试其他方式的。你更想等到能确定这个方式是一个相对大众的问候方式，再亲自尝试它。

一旦一种新的社会趋势流行起来，站在前沿是件好事。但你也不想太早引领时尚，茕茕孑立——在握手的世界里独自击掌打招呼。这是社会学家所说的“协调性问题”的一个例子。你可能采取的任何一种问候方式，从击掌到握手，都是一种与他人协调后采取的行为。研究人员真正面临的问题是：在你认为新手势足够流行并决定采用它之前，需要有多少已经在使用史密斯飞船手势的人？事实上，这个问题的答案是相对的——它取决于你的社会网络规模。

阿达米克和她的团队取得了一些发现，并在从脸书到流行时尚等其他数十种场景中得到证实。他们发现，会对我们产生影响的是我们认识的人中采取某种行动的人所占的百分比，而非总人数。试想一下，你在“第二人生”中只认识 4 个人。如果他们中的 2 个人开始使用新问候方式，你也很可能会开始使用它。他们占你社会网络的 50%，这是很大的社会影响力。但是，如果你在“第二人生”中认识 100 个人，有 2 个人采用一种新问候方式就不太可能对你的行为产生很大影响。在你决定开始使用它之前，你会等待更多的人使用它。

实际上，研究人员发现一个拥有约 500 个联系人的热门用户会采用史密斯飞船手势的可能性是仅拥有 50 个联系人的用户的十分之一。换句话说，一个人的联系人越多，就越难让他相信一个新想法或新行为是正当合理的。他的联系人越多，就需要越多的先行者来改变他的想法。

不愿涉险的CEO

让我们回到现实世界中来思考一下。假设你想要传播一项新技术，比如 Venmo——一种基于社交媒体的支付服务，它可以让你分摊费用、偿还债务和通过社交媒体动态相互评论。你正在为 Venmo 制定市场营销战略，需要决定谁是你的受众：是在科技初创企业工作、各自都有几百个联系人的一小群人，还是有着几万个联系人的全国知名品牌的 CEO（首席执行官）？

读到这里，你应该知道答案了。

尽管这个品牌的 CEO 可能很出名，但她也在关注周围人的行为。她敏锐地意识到自己的决定在同事和客户眼中会是什么样子。她之所以能取得现有的成就，部分原因在于她具有高度敏锐的社会洞察力。在采纳一项未知技术之前，她会深思熟虑并环顾周围的人，看看她的同行和同行机构中有多少人已经采纳了这项技术。她不太可能冒着声誉风险比周围的人更早采纳某项技术。

这就引出了这位具有极大影响力的 CEO 如此难以受到影响的关键原因：尽管她庞大的社会网络可能会让她认识一些已经采纳这项创新的人，但她更有可能认识更多没有采纳这项创新的人。我把这些人称为“影响力抵消因子”。这些人只要还未采纳创新，就足以向这位社会明星释放一个响亮的信号——创新还没有被公众接受。

这些影响力抵消因子传递出一种无声但十分强烈的社会信号。他们告诉我们一项创新被接受的程度，以及它被我们周围的人视为正当（或不正当）的可能性。也就是说，一个人脉很广的领导者受到的来自绝大多数未采纳者的影响力抵消因子的消极影响比从少数早期采纳者那里收到的积极信号大得多。

对于处于网络边缘的初创公司员工来说，情况就不同了。相较一个人脉通达的 CEO，对于人脉一般的人来说，一部分周围的人采纳创新就足以带来巨大的影响。因为处于网络边缘的人周围的影响力抵消因子较少，那一小部分早期采纳者在他们的社会网络中占比更大。这使得网络边缘更容易成为创新的立足之地。越多处于网络边缘的人采纳你的创新，对其他人来说，积极信号就越强。这就是社会变革的驱动方式。一旦一项创新开始在网络边缘传播，它就将变得足够有影响力，以至于那些人脉通达的影响力人物也不得不提起极大的兴趣。

这正是推特发展起来的过程，“第二人生”中的情形也是如此。最初不愿意采纳新行为的社会明星，一旦创新达到足够的临界规模，让他们相信它是正当合理的，他们就会成为拥趸。

推特成功的故事特别具有启发性，因为它完全违背了我们的直觉。从 2006 年开始，是旧金山和周边湾区的普通民众让推特起步，通过他们的朋友和家庭网络在当地传播。新的互联网技术通过在城市中一个街区到另一个街区，一个社区到另一个社区式的传播获得了成功。随着推特势头的增强，它扩展到美国其他类似地区，直到 2009 年 1 月达到临界规模。从那以后，它的用户量激增。它只用了几个月的时间就从几十万用户发展到近 2 000 万活跃用户。如此的增长甚至让像奥普拉·温弗瑞这样的社会超新星提起了极大兴趣。

意见领袖与影响力迷思

20 世纪 40 年代，电视技术迅速发展。在此之前的几十年，广播一直是体育报道和政治口号等一切事物的主要传播手段。广告商在广播广告上投入了数百万美元（相当于今天的数十亿美元），希望能吸引大量消费者。后来的电视广告同样如此。广告成功的秘诀很简单：写一首朗朗上口的广告歌，并在电视上播放。

故事的第一条线索来自哥伦比亚大学的著名社会学家保罗·拉扎斯菲尔德，他的研究成果彻底改变了政治宣传和广告。1944 年，拉扎斯菲尔德创造了“意见领袖”一词，它指的是一个比其他人更能适应媒体的特殊群体。他们成为社会“影响力人物”，大多数人从他们那里了解到新的媒体内容。拉扎斯菲尔德的思想颠覆了传统的广播媒介理论。

根据已有的观点，媒体信息从广播电台传播到数百万人那里，直接影响他们的观点和行为。在这种观点中，观众是被动的接受者，很容易被引导。广告商所要做的就是通过电波传播信息，这样就可以轻松地推销产品或为候选人造势。

拉扎斯菲尔德的发现揭示了这一理论的一个重大缺陷：实际上，广播媒体只影响了它的一小部分受众。大多数人并没有被这些信息左右。但一个核心群体——意见领袖在密切关注着媒体，他们影响了大多数人。

1955 年，拉扎斯菲尔德和他的同事、社会学家伊莱休·卡茨（也是我在宾夕法尼亚大学的同事）发表了一项研究，该研究后来成为意见领袖、目标受众营销、影响力营销等领域的研究基础。

他们的观点简单却具有革命性：虽然大多数媒体广告无人理睬，但意见领袖是广告商的最大希望。他们是受众广泛的社会明星，可以把广告商的信息传递给大众。当广告商、政客和公共卫生官员在媒体上发布信息时，他们需要把意见领袖当作关键受众。这些人是触达更广泛社会面的渠道。

这一发现的意义是巨大的。一个万亿美元产业的关键在于一小群特殊的人。获得意见领袖的认可，你就能获得所有人的认可。

20年前，基于卡茨和拉扎斯菲尔德的研究的这种观点，即人脉通达的影响力人物是传播从社会运动到创新技术等一切事物的关键，在马尔科姆·格拉德威尔预示性的短语“个别人物法则”中得到了提炼。与卡茨和拉扎斯菲尔德一样，格拉德威尔认为社会变革依赖于这些特殊群体——一小群耀眼的社会明星，他们努力将新的思想和行为传播给其他人。

“个别人物法则”这一概念被广泛接受，部分原因是它在一些特定情况中十分奏效。

格拉德威尔和他的同事讲述了一些有影响力的人物的传奇故事，比如美国革命家保罗·里维尔，他强大的社会关系使他能够有效地传播1775年英国入侵的消息。还有时装设计师艾萨克·米兹拉希，他的地位和人气帮助一个过时的童鞋品牌在成年人中掀起了时尚热潮。格拉德威尔想要表达，在著名的社会流行事件中，这群特殊的人是如何发挥关键作用的。这些故事引人入胜。一旦我们看到这些人脉通达的人在左右信息和思想的传播方面的力量，我们就会认为任何变革的成功都依赖于他们的参与。

对此，今天我们称之为“影响力营销”。影响力人物是社交媒体时代的意见领袖。尽管影响力营销的基本理念已经有四分之三个世纪的历史，但它仍然是当今行业决策者最常采用的做法之一。

但它建基于一种迷思——我称之为“影响力迷思”。

这种迷思告诉我们，每当我们想传播一个观点、一种趋势或一场运动时，我们都需要找到这群特殊的人。虽然这个迷思很好地解释了历史上的某些事件，但当它拓展到新闻的传播、推特的火爆、鞋子的成功流行、美国民权运动的发展时，它就从事实变成了虚构。

20 世纪 70 年代，社会学家发现了一个关于信息传播的新真相。这一真相将改变许多领域的主流思想，不仅包括消费者营销、社会运动的研究，还有数学、物理、流行病学和计算机科学领域。它将不可挽回地改变管理、教育、金融和政府传播思想的最佳实践。

这场知识革命后来被称为网络科学。其主要观点是，受众广泛的社会明星并不能解释影响力是如何传播的。相反，社会明星的联系人、其联系人的联系人以及这些人的联系人等，形成了一个巨型几何模式，构成了每个社会的基础。这种模式解释了媒体信号是如何传播的，以及为什么某些革新行动会成功或失败。

这种模式在技术上被称为社会网络的拓扑结构。它对于深入解读社会变革至关重要：颠覆性的技术创新如何以及何时成功；争议性的社会思想是否会进入主流视野；在什么样的情况下，文化运动会在社会中广泛传播。在新的科学观点中，社会明星只是网络关系链条中的一环。有时，如你认知的那样，社会明星是这根链条中最重要的一环，他们确实可以启动一场大规模的传播。但在其他时候，比如“第二人生”中史密斯飞船手势的传播，或推特在美国的传播，明星对传播创新并不是很有帮助。他们甚至会阻碍创新的传播。

当传播的不仅仅是一则新闻，而是一场社会变革——一种面临未采纳者的影响力抵消因子的新想法或新行为时，社会明星就会面临挑战。正因为人脉通达的人往往很难参与变革运动，他们会在社会网络中形成障碍，减缓社会创新和新思想的传播。这种情况在实际生活中十分普遍：许多影响最深远的创新都是通过另辟蹊径，也就是绕过社会明星，而在社会网络中得以成功传播的。最终，这些人脉通达的明星成了变革过程的最后一站。

在社会变革领域，影响力迷思掩盖了真正的传播途径，而恰恰是这些途径，才使得变革性的甚至有争议性的社会举措和商业举措取得成功。要了解变革是如何发生的，第一步是停止在网络中寻找那群特殊的人，转而开始寻找特殊的阵地。

关于两德统一的研究

1989年秋，苏联正处于崩溃的边缘。我们都知道，二战以来最重要的地缘政治时刻就要到来。民主德国的民众每天都在将他们与联邦德国隔开的高墙附近聚集，与苏联警察对峙。

新闻机构进行了现场报道，将这一重大历史事件清晰地呈现在世界眼前。但是如何对它进行科学研究呢？

柏林墙倒塌之后的几周，德国著名社会学家卡尔–迪特尔·奥普对那个时代的社会动荡进行了极其深入的科学研究。他的研究过程精确并容易理解。他开车从汉堡出发，开了240英里[①]，穿过原来的民主德国边境来到莱比锡，那里是抗议活动的发源地。奥普一到莱比锡就下了车，并深吸了一口气。然后他开始到处对民众进行采访。毫无疑问，这种方法很没有技术含量，但在当时，这已经是最前沿的社会学研究方法。

他问当地民众："你们为什么参加抗议？"

"难道你们不怕被杀或被关起来吗？"

就这样，他采访了一千多名莱比锡市民。他请他们参与调查，并快速地在他的科学日志中做了记录。

奥普几乎立刻开始发表他的发现。这些发现很快成为记录柏林墙倒塌的优秀科学材料。到1994年，奥普已经发表了超过6篇科学论

① 1英里约为1.61千米。——编者注

文，解释这些社会抗议是如何发生的，以及它们为什么能取得成功。奥普在这些论文中表述道，人们不会因为不快乐而加入革命。导致人们反抗的不是简单的对虐待的愤怒、对贫穷的绝望、对财富的追求或对自由的向往。

关键因素是他们的社会网络。

民主德国民众之所以加入了柏林墙倒塌的抗议活动，是因为他们的朋友和家人已先加入，他们就跟随参加了。这是一个体现了社会协调的集体行为。一旦人们发现有和他们一样的公民站出来表明立场，他们就会相信行动可以达成目的，并愿意加入其中。

早在 1988 年，斯坦福大学的社会学家唐·麦克亚当使用了类似于奥普的研究方法，对美国的民权运动进行了第一次严谨的科学研究。从历史文化角度来看，美国的民权运动与民主德国的抗议活动截然不同。但在行为模式上，麦克亚当与奥普的研究发现是完全相同的：这一发现解释了美国公民为什么会选择参加 20 世纪 60 年代一些最危险又最重要的社会抗议活动，其中的关键在于，他们的社会网络中的其他人也参与了。

罗莎·帕克斯等人在蒙哥马利巴士抵制运动中成为民权运动的焦点。她公开表示反对政府压迫，并号召其他人加入。罗莎·帕克斯之所以成功，是因为她不是孤身一人，她是一个庞大的公民团体中的一分子，这些公民行动一致地抗议美国南部的种族隔离。

在 1955 年罗莎·帕克斯拒绝坐到公交车的后排座位而引发臭名昭著的逮捕案之前几个月（法律要求黑人给白人让座，并且不允许黑人坐在汽车的前排位置），在蒙哥马利至少有六名黑人女子也因拒绝遵守这种种族隔离政策而被逮捕。你可能从未听说过克劳德特·科尔文或其他抗议者，但他们和罗莎·帕克斯一样勇敢，对种族平等运动同样重要。克劳德特这些先行者的影响的不同之处在于，他们周围没有一个庞大的、协调一致的社会网络的支持。他们没有处于社会网络中恰好的位置，所以无法引发一场革命。

在任何争取自由的斗争中，都有无数无畏的灵魂勇敢地站起来反抗压迫。但他们中的大多数人很快就被当局压制了，因为他们都在单枪匹马地行动。社会网络是协作的纽带，让来自不同行业的众多普通人一起行动起来。当人们作为一个协调一致的整体一起行动时，那么任何一个人的行动，例如罗莎·帕克斯的行动，都会有大量的追随者。革命就是这样被点燃的。

1994 年，社会学家就已经发现社会网络是社会变革的关键因素，但直到 21 世纪才终于有技术让我们可以观察这些网络行动。而由此产生的发现使社会学与近一个世纪以来的社会科学理论发生了冲突。

这种技术就是社交媒体。

在过去的 50 年里，所有研究社会关系的报告都基于相同的社会关系基本模式：由朋友、家庭成员、邻居和同事组成的个人网络。而现在最重要的不同之处在于，我们第一次有了实时监测这些社会网络如何运作的一种方法。

社交媒体给了我们一个研究社会变革的异常强大的工具——一面可以让社会科学家观察思想如何在领导者、朋友、邻居、学生、教师、企业家和父母之间传播的镜子。各式各样的话题标签成为揭示行动实时传播情况的一种社会传播方式。照片上传的时间和加盖的时间戳，都记录了社会运动中街道上的人数，并揭示了社交媒体活动与抗议游行以及不断升级的动乱之间的关联性。社会科学家第一次能获取关于社会运动进程的精确记录。同样地，这种记录也让我们第一次清楚地看到，人脉通达的各界影响力人物并不是行动的中心。

这便是阿达米克和她的团队在“第二人生”中史密斯飞船手势的传播里所看到的社会网络模式，这种模式同样推动了推特在美国的爆炸式发展。

在保罗·拉扎斯菲尔德提出意见领袖这一概念的几十年之后，我们终于有了一种可供使用的新数据。我们现在完全可以自信地说，促使变革发生的关键社会网络不是以人脉通达的影响力人物为中心向外扩散的发散模式，而是渗透社会网络边缘的连锁反应模式。如果变革要获得动力，它就必须从那里开始——从那些跟我们面临同样选择和挑战的人开始，这些人的协同和接纳形成了我们日常生活中无形但必不可少的一部分。社会网络边缘是一个强大的地方，是变革的大潮掀起巨浪的聚力之地。

社会网络的关键位置

影响力迷思揭示了我们对社会明星的崇拜：一个超凡之人克服了万重考验，重塑了历史的进程——这样的想法何其浪漫。它的关键缺陷不在于认为一个人可以产生影响。事实上，当我阐述“#MeToo”（我也是）运动背后的科学规律时，你会发现，的确有少数人（在某些情况下是一个人）可以决定一场运动的成败。我的阐述与过去超过70年里一直流传的理论之间主要的不同点在于，我所提到的这些关键人物并不特别。他们和我们没有什么不同。事实上，他们甚至可能就是我们。他们只是在正确的时间出现在社会网络正确的位置的人。在那一刻，他们的行动可以改变一切。

这并不意味着一场社会变革只是一系列随机发生的事件。如果是这样的，那就没有有效的方法来进行科学研究了，也不可能做出预测。

相反，我将向大家说明为什么预测社会变革是困难的……但并非不可能。我还将阐述，“正确的时间和地点”不是随机出现的，而是社会网络的一个显著特征。最后，我会向大家展示如何识别这些基本的网络模式，以及如何研究它们。

本书的主角不是名人或社会明星，而是我们社会网络中的一个位置。它不是一个人，而是一个地方。在这个地方，不同社会集群之间的社会联结汇聚在一起，加强了家庭之间的联系、组织之间的合作伙伴关系、国家内部的凝聚力。

社会网络科学表明，这些地方也存在于虚拟社会关系中。促成上述社会变革的既不是推特也不是脸书，而是在这些虚拟网络中形成的社区模式。它们扩展了社会协调范围，创造了显著的有效传播途径。本书的剩余部分将向大家展示如何在我们的社会网络中识别这些特殊的位置，并利用它们来传播自己的倡议。接下来的内容将帮助你回答两个问题，也是所有家长、教师、选民、商人、政策制定者、公共卫生工作者、企业家和活动家等都认为最重要的问题：变革是如何发生的？我们又能做些什么来促成变革？

第2章

病毒式传播迷思：意想不到的弱关系缺陷

1347年春，黑死病在法国马赛市登陆。来自西西里岛和克里特岛的船载老鼠携带着感染性极强的“东方鼠蚤”迅速涌入马赛市。这种鼠蚤的肠道里充满鼠疫杆菌，在每一次叮咬时，鼠蚤都会将大量鼠疫杆菌通过血液传染给被咬人群，使人群立即感染鼠疫。短时间内，城市中老鼠猖獗，瘟疫也随之蔓延。

鼠疫在攻陷马赛后，便开始在欧洲其他地区肆虐。到1348年年中，瘟疫的触角已西抵巴塞罗那，东至佛罗伦萨。随着被感染者越来越多，疫情传播的速度也越来越快。6个月后，西班牙西部、意大利南部和法国北部的每一个城市都笼罩在鼠疫的阴霾下。巴黎沦陷了，法国北部海岸的鲁昂沦陷了，法兰克福同样未能幸免。从法国北部去往伦敦的乘客把鼠疫带过了英吉利海峡。那年秋天，鼠疫在伦敦蔓延开来，到1349年年末，已一路北上到达苏格兰。在欧洲大陆，鼠疫横跨欧洲东北部的山区，占领了布拉格、维也纳乃至斯堪的纳维亚。到1351年，欧洲已有三分之一的人口因鼠疫而死亡。随着瘟疫在城镇间横行无忌，整个欧洲满目疮痍，哀鸿遍野。

弱关系的重要性

黑死病是欧洲疾病传播史上最可怕的案例之一。它也在提醒我们，如今形势大为不同。在 14 世纪，通信网络受限于欧洲大陆的地理环境，交通工具也并不发达。感染病菌的鼠蚤只能以其他动物为媒介，通过板车、手推车、马车或船只等运输工具，从一个城镇传播到另一个城镇。如今，现代疾病传播已不再受陆地或海洋这样的地理因素限制。航空运输从根本上加速了传染病的传播。2009 年，H1N1 病毒在短短几周内就从纽约传至旧金山，再到伦敦、里约热内卢、悉尼、法兰克福、东京、香港等城市。

2020 年，COVID-19 凭借与 H1N1 病毒同等的速度在全球蔓延，并且影响更严重。那么，为什么黑死病花了数年时间才征服欧洲，而现代疫情却可以在数周内传遍全球呢？答案是显而易见的：更快、更发达的交通网络。

现在来思考一下这意味着什么。

这意味着，尽管黑死病的传播途径与 H1N1 或 COVID-19 等现代传染病貌似不同，但病毒传播的概念完全通用。严格地讲，黑死病的病原体是一种细菌，而 COVID-19 是一种病毒，但它们都属于传染性疾病。如果当时有现在 COVID-19 的传播方式，黑死病会和 COVID-19 一样快速席卷全球。

它们都是近距离传播的传染性疾病，都会利用更广泛的方式传播，以更快的传播速度肆虐全球。

在那些曾因高山大海而放慢传播速度的事物中，如果我们能找到更好、更快的传播方式，让其传播到可能传播的地方，传递给可能接收的人群，那么有哪些可以在如今快速传播开来呢？

20 世纪 70 年代初，社会学家马克·格兰诺维特就给出了一个明确的答案：一切事物！

他的答案帮助确立了现代网络科学领域。格兰诺维特的研究在这一领域具有非凡的影响力，他已经荣获汤森路透引文桂冠奖（现称科睿唯安引文桂冠奖）。该奖项被认为是诺贝尔经济学奖的风向标，而他可能将是有史以来第一位获得诺贝尔经济学奖的社会学家。他的第一篇论文《弱关系的力量》为他赢得了当之无愧的声誉。这项研究的影响巨大，已使其成为当今整个社会学领域被引用次数最多的科学论文。

格兰诺维特的表达清晰有力，这一特点在他阐述“强关系”（强连接）和“弱关系”（弱连接）时表现得淋漓尽致。你的亲朋挚友是你信任的牢固纽带，即强关系。他们构成了你的核心社会关系。你的泛泛之交（就是那些你在会议上、课堂上或度假时遇到的人）是你的弱关系。弱关系是你社会关系中的外层结构，具有很强的随机性。因为他们存在于你的日常生活轨迹之外，所以他们可以帮助你结识新的人。

不难看出，强弱关系的特点非常适用于疾病传播。黑死病通过强关系进行传播，这些关系连接的是你的家人、朋友和邻居。但这只是因为在 13 世纪 40 年代，人们很少有弱关系：那时，大多数人一生都生活在同一个小地方，在那里，大家都彼此熟悉。很少有人离开去其他地方。那是一个停滞不前、技术落后、强关系占主导地位的时代。

但现代交通和通信技术改变了这一切。不管我们能否意识到，我们现在都能在任何时候与世界各地的人打交道。而这些随机联系人的家人和朋友可能永远也不会与你相识。因为这些人存在于你的直接社会网络之外，所以与他们产生的任何联系都会让你与他们的社交圈——与那些极有可能永远不会和你相遇的人建立一种罕见的联系。

这些“弱”关系往往不会演变成“强”关系。你不与这些随机联系人分享你的朋友或社交关系网，因此你所建立的弱关系通常不会形成持久的社会纽带。但是，这些人可以将 COVID-19 等病毒以迅雷不及掩耳之势传遍全球。

冗余效应

格兰诺维特关于强弱关系的开创性研究是基于他对人们找寻工作机会的研究之上的。他认为，虽然那些和我们建立了强关系的人对我们至关重要，但我们身处的弱关系网对大规模传播起了主要作用。

如果你想要知道格兰诺维特的观点为何如此有影响力，不妨花一分钟想一想你自己生活中的强关系。强关系是指那些你会毫不犹豫借钱给他们，或者你可能会让他们帮忙照看你的孩子一个晚上的人。换句话说，他们是你信任的人。关于这些熟悉又信任的人，你会很容易注意到一点：他们的社会网络与你的重叠。也就是说，与你有强关系的人彼此之间认识，他们的直接关系网也相互交叉。你们的强关系通常是紧密地联系在一起的。

格兰诺维特解释说，强关系的重叠结构使人们在传播信息和交流思想方面效率低下。为什么会这样？因为重叠导致冗余。如果你想通过你的强关系来传播一个新想法，你会发现你可能告知的是一位已经从你们的共同朋友那里听过这个想法的朋友。即便这条信息是即时的和“有黏性的”（稍后详述），如果仅仅通过强关系传播，消息就将在你的强关系网内传来传去，并终结于此，不会大范围传播开来。

尤其在竞争激烈的环境中，要让你的想法在众多想法中脱颖而出、备受瞩目，冗余是一个特别大的问题。每次有人把你的想法解释给一个已经听说过的人听，都浪费了一个传播机会。这个传播机会本可以把你的想法传递给更多人，但相反，它只是把你的想法传递给了那些已经听过的人。

但如果你的每个联系人都能把你的想法传播给新的信息接收者，你的人际网络就会更好地为你服务。不要让你的想法在冗余的关系网里无效循环，而是将它通过每一位新的接收者传递到其他更遥远的地方，在那里它会以更快的速度传播给更多的接收者。强关系的缺陷在于，我们信息的传递最终会终结在强关系网内。弱关系的力量在于，它可以把我们的想法呈现于巨大的全球关系网内，呈现给那些我们可能永无见面机会的新面孔，使他们有机会了解我们的想法。因此，弱关系提供了接触。

基于接触可以打破冗余这一重要优势，格兰诺维特得出一个结论：弱关系是找工作、进行促销活动、完成产品广告宣传和开展社交活动的最佳途径。弱关系是一种影响深远的渠道，它可以使我们与更多人联系起来，尤其是与不同类型的人联系起来。

斯坦利·米尔格拉姆的明信片实验

1967 年，在格兰诺维特还是一名研究生的时候，社会网络史上的另一位杰出人物斯坦利·米尔格拉姆就为他的开创性研究成果搭建了舞台。

20 世纪 60 年代早期，米尔格拉姆发表了一系列关于服从和权威的研究（经常被称为“米尔格拉姆实验”），虽然这些研究现在让他名誉扫地，但当时为他赢得了国际上的认可。到了 20 世纪 60 年代中期，米尔格拉姆成功地利用自己的名气从耶鲁大学调任至哈佛大学，这使得他能够开展新的课题研究——探索美国人之间典型的社会距离。

这在当时是个热门话题，很多科学家都在试图解开社会网络这一谜题。麻省理工学院的一群富有进取精神的数学家开始采访数百人，尝试找出美国人的社会关系背后的数学原理。根据这些数学家的计算，他们推测，大多数人的社会距离是两个联系人。

这是一个好的开始，但米尔格拉姆注意到这种推断方法至少存在两个主要缺陷。首先，很多受访者之间存在强关系。这就意味着，如果你采访来自同一地区的数百人，他们都相互认识，那么研究结果必然不能说明他们与这个国家其他地区的人的关系如何。其次，我们常常可以清晰地看到社会经济学对社会关系存在显著影响。正如米尔格拉姆所说："穷人往往和其他穷人在一起。"尽管这种说法不太中听，但说得有道理。

20 世纪 60 年代的社会网络并不像现在这样关系纵横交错而随机关联。人们倾向于在自己的小社交圈中生活和工作。富人生活在富人的圈子里，穷人亦然。这样的情况不仅是经济因素发挥作用的结果，种族隔离和宗教隔离也在美国社会网络中扮演着重要角色。以一小群研究对象的社会网络为样本的研究方法，是不太可能揭示以国家为单位的社会网络关系的问题的。除非研究能以某种方式识别出连接一个社会集群与另一个集群的弱关系。

在哈佛大学工作的第一年，米尔格拉姆设计出了一种不同寻常的"实验性"方法来研究社会网络。它不像医学领域那样采用对照试验法，即一组人接受临床治疗，然后与另一组没有接受治疗的人对比。相反，米尔格拉姆的方法更像是一系列细致而重复的观察研究。

米尔格拉姆向哈佛大学社会关系实验室的投资人展示了自己的想法。他请他们考虑是否有可能随机抽取两个远距离的人来衡量他们之间的社会关系链，比如互不认识的两个人，一个在中部地区（比如在内布拉斯加州奥马哈的杂货店工作的丧偶店员），一个远在东海岸（比如一个住在马萨诸塞州沙伦市的股票经纪人）。在成功激起投资人对这个课题的兴趣后，米尔格拉姆给出了一个解决方案。

如果实验室资助他，他会在中西部随机选择几十个人（其中包括一个丧偶的杂货店店员），给每个人寄一包已经贴了邮票的明信片。他们每人都收到一项任务：将明信片寄给他们认定有可能将明信片转寄给目标收信人（马萨诸塞州的股票经纪人）的熟人。还有一个邮寄规则：这些中西部的寄件人不能在电话簿上查找股票经纪人的信息，然后把明信片直接邮寄给他。他们只能把明信片寄给自己认识的人，然后进行转寄。米尔格拉姆假设，由于中西部的寄件人不太可能直接认识马萨诸塞州的股票经纪人本人，他们可能会把明信片寄给那些与该股票经纪人有着相似社会地位的人，或在地理位置上“接近”股票经纪人的人——例如在芝加哥金融部门工作或者正好住在马萨诸塞州的人。

在米尔格拉姆的研究方法中，一旦中西部的首批寄件人将明信片寄给他们的中间联系人，这些明信片的接收者就会成为下一轮的寄件人。他推测，这一连串寄件人和收件人的邮寄行为会一直持续下去，直到明信片最终到达它的目的地——马萨诸塞州沙伦市的股票经纪人的手里。米尔格拉姆请资助者们仔细地思考他的建议，然后试着猜测：“从美国中西部到马萨诸塞州的社会关系链有多少步？从一个朋友到另一个朋友——最终是从寄件人到收件人，需要多少次邮寄，明信片才能最终到达股票经纪人的手中？”

他的研究提议遵循了网络科学的一个重要原则。如果按以往的研究方法，分析从美国中西部到马萨诸塞州的社会关系链的长度可能是研究一个杂货店店员的个性特征，或股票经纪人的社会习惯。但如果他能够在足够多的随机测试者身上多次重复这个过程，他就确实能够计算出所有不同社会关系链的平均长度。这个简单的过程就可以展现大多数美国人之间的社会关系距离。

这是一个十分巧妙的研究提议。米尔格拉姆得到了他所要求的680美元研究资金，并开始了实验。

他的这个研究结论如今被称为“六度分隔理论”（six degrees of separation），让他成为业界传奇。一些从内布拉斯加州到新英格兰地区的明信片只转寄了3次就送到了最终收件人的手里，其他的明信片则邮寄了17次之多，最后算出的平均距离是6。

正当米尔格拉姆卓越的研究成果出现在新闻头条上时，格兰诺维特开始了他在哈佛大学的研究生学习生活。仅仅4年时间，他就用敏锐的智慧将米尔格拉姆拉下神坛，令米尔格拉姆的非凡研究成为对社会网络本质的一个基本见解。

格兰诺维特意识到，弱关系是信息能从一个社区传至另一个社区的重要连接。它们是连接不同社区的桥梁，也是使一个被种族和贫富分化的各地区所组成的国家变成一个单一连接网络的纽带。

格兰诺维特的观点的维度令人震惊。弱关系不仅是人们获取新工作信息的人际关系，更是一个国家以及国与国之间的关系的支柱。它们打破了冗余的束缚，使人们走出熟悉的关系网，也使得不同的国家间有了更多联系。由于这个原因，它们也成为宣传新产品、实施变革或候选人进行政治宣传的最便捷方式。

1967年，美国有2亿人口。米尔格拉姆的研究结果表明美国人与人之间的社会关系链只有六步的距离，而格兰诺维特很快解释了这一结论的原因。

今天，互联网使弱关系更加广泛。它们将我们与我们在约会网站、健康社区、政治聊天室、多人游戏、投资群体以及我们在社交媒体上可以触达的任何地方想认识的人联系起来。在这颗拥有70亿人口的星球上，弱关系将每个人以超出我们想象的紧密程度联系起来。

格兰诺维特的想法产生的影响随着社交媒体的发展而扩大。当下的智慧体现在一切实现有效传播的事物都是运用弱关系击碎本地冗余的束缚，从而取得巨大成功的。

弱关系的缺陷

格兰诺维特关于弱关系影响力的观点来自传染病学。当涉及生物病原体，如 COVID-19 或麻疹病毒时，与一个已感染的人进行一次简单接触——握手或单纯的交谈，就可能感染病毒。一个已感染的个体在社会网络中的弱关系越多，这种疾病就越容易广泛传播。

信息也是如此。例如，在米尔格拉姆的研究中，只需要艾奥瓦州康瑟尔布拉夫斯的一位画家和马萨诸塞州贝尔蒙特的一位编辑联系一次，就能将中西部的信息传递到新英格兰。几十年里，我们一直认为一切事物，不只是细菌和信息，还包括产品、社会规范、政治运动、大众技术甚至宗教信仰的传播方式，都和传染病的传播方式是一样的。特别是现在，在这个全球互联的世界里，我们比以往任何时候都更清楚地认识到，弱关系是创新技术和社会变革得以成功的关键。

对吧？

错！

当我开始自己研究变革如何发生时，我惊讶地发现，没有任何关于社交媒体技术、社会运动或社会规范传播的数据证实弱关系的重要性。事实上，恰恰相反。像推特这样的技术应用并不是通过弱关系迅速传遍全球的。它们通过相互重叠的网络传播，这些网络通常是地理意义上的强连接，从一个社区到另一个社区，或者从一个城镇到另一个城镇。推特在短短几年内达到3亿用户的发展路径与病毒传播的路径截然不同。推特确实以惊人的速度传播，但这与病毒的传播方式大相径庭。

脸书和Skype（一款即时通信软件）同样如此。事实上，没有一项通信技术的成功与病毒的传播相似。除了这些现代通信技术，现代社会运动也是如此，比如“黑人性命攸关”运动；更不用说现代社会规范的传播，比如对同性婚姻的日益接受和大麻合法化；以及政治候选人快速累积起的民众支持。过去半个世纪发生的重要行为变化或社会变革都没有像病毒那样广泛传播。因为它们不是通过接触传播的，而是通过现象传播。过去，社会关系学家一直认为“冗余”影响了有效传播。但如今的发现推翻了半个世纪以来的传统观点，它们揭示了弱关系的局限性。

冗余无助于麻疹的传播。因为你不需要二次接触感染源——一次接触就会被传染。但是当一个新想法出现时，在你的强关系网中会出现两个、三个或四个人重复传播这个想法，使其变成规范。它会改变你对它的看法和感受。这就是被忽视的冗余的力量。

“应震而生”的推特

将近2005年年底时，互联网初创公司奥德奥（Odeo）败势已显。联合创办奥德奥的谷歌前员工伊万·威廉姆斯意识到，苹果新的iTunes播客平台一夜之间让奥德奥的播客技术过时了。伊万和他的同事比兹·斯通、挪亚·格拉斯和杰克·多尔西都认为要寻求突破。经过数周的创意交流和头脑风暴，挪亚想出了一个很有前景的主意：打造一个名为“Twttr”（推特前身）的微型博客平台。

几个关键的技术和营销步骤是这家旧金山初创企业成功转型为我们如今熟知的互联网巨头——推特的关键。但让这家技术公司踏上成功之路的是一个自然事件——一场地震。2006 年 8 月，就在推特正式推出几个月后，旧金山发生了地震。按湾区标准，这次地震不大，仅 3.6 级，但地震的可怕之处在于，一旦发生地震，你永远不知道后面的余震会是什么情况。在第一次地震发生后的几分钟内，一个之前用来发布人们日常午餐信息的服务平台突然变成了朋友和家人的重要生命线。推特的用户量剧增，平台上充斥着各种信息，有来自震中社区的实时更新，还有关于地震和余震的转发信息。顷刻间，推特在旧金山湾区的人群中展现了它的社会价值。人们大部分时间都在关注推特上的信息。

对公司和投资者而言，这是一个惊喜时刻。短短几周内，推特的用户就从几百人增长至几千人。这是推特成功之路上至关重要的第一步。两年后，也就是 2008 年美国总统大选期间，推特又成功走进全美公众的视野。推特的价值在于社交和时事：它为公众提供新闻和即时消息，但它不像主流媒体，后者会整理和组织每天的新闻。相反，它是对普通大众真实经历的实时描述。在这里，人们可以对自身关切的事件表达自己独特的观点。

无论是一次游行、一场音乐会、一场地震、一次抗议还是一场选举，对真实事件的即时反馈像磁场一样，吸引着大家持续关注他们的推特信息。

与电视台不同，推特的特殊价值在于，人们可以从他们感兴趣的交谈对象那里获得信息。推特用户对自己的关注是有选择性的。那么，这种有选择性的社交技术应用是如何从旧金山的几百个社区用户发展到 3 亿用户的呢？

令人惊讶的是，推特的发展与 COVID-19 的传播并不一样，而是与黑死病的蔓延类似。推特依赖本地用户增长，通过强关系发展至全美各地。

2007 年，推特用户遍布整个旧金山。到 2008 年 2 月，它已经在湾区达到临界规模，成为该地区的主流社交技术平台之一。但它还没有在互联网上爆发——也没有发展到世界各地。

它在迅速崛起，但与病毒的传播并不相同。

推特最初在旧金山湾区扎根是有道理的，因为社交平台技术就是在那里起步的。但在互联网上，地理位置并不是一个限制。从旧金山开始，它可以迅速扩张到任何地方。但为什么推特没有像现代病毒那样，从旧金山直达纽约或洛杉矶等其他人口密集区呢？

如果你对比一下 2008 年 2 月至 2009 年 2 月的美国地图和推特的发展图，你会看到推特遍布整个美国大陆的成功之路。

推特从旧金山开始区域性扩张。2008 年 3 月和 4 月，它已在旧金山附近的城镇圣马特奥、圣克拉拉、芒廷维尤、圣克鲁兹、圣何塞和伯克利达到临界规模。

推特席卷了加利福尼亚州的乡村。照这个速度下去，在 2008 年 4 月，推特似乎只需要花几天时间，就可以传播到位于旧金山以东仅几个小时车程的山城波托拉。

但之后奇怪的事情发生了。推特的发展受到了地理因素的限制。过了半年，它才在洛杉矶和圣迭戈达到临界规模。接着，又过了整整一年，它才开始在波托拉流行。

推特当时仍在增长，但不是在加州。相反，它遵循了一个令人完全意想不到的发展进程，这也揭示了关于创新如何在现代发展的新课题。

推特的下一站不是纽约，也不是芝加哥，而是马萨诸塞州的坎布里奇。

这次跨州跳跃式发展看起来像是格兰诺维特弱关系理论的完美例子。影响推特发展的地域因素似乎终结了。既然跨越了美国东西海岸，推特似乎注定会像 COVID-19 一样，在几周内迅速覆盖每一个主要城市。

至少看起来是这样的，推特的创始人也希望如此。

但推特的发展再次违背了常识，它下一阶段的扩张再一次是地域性扩张。这一次，推特在波士顿地区的用户人数增加，并蔓延到附近的城镇和郊区，就像在旧金山一样。它又一次像黑死病一样席卷乡村。

这是一种令人困惑的增长模式。

如果推特属于地缘式发展，那它是如何在到达加州波托拉之前到达马萨诸塞州波士顿的？

那样它是不可能到达的。所以推特一定像病毒传播一样借助了弱关系的推动。

但如果它属于病毒传播式发展，那为什么它在发展到其他城市之前先传遍了湾区？在马萨诸塞州坎布里奇发展起来后，为什么它没有直接到达纽约或洛杉矶，而是到了波士顿郊区和马萨诸塞州的边远城镇呢？

由此看来，推特的发展是独特的，它当时遵循一种新的、无形的强关系模式。这种模式存在于当地社区，但也可延伸到全国各地。推特利用了现代社会的一个独特优势——把地理位置遥远的强关系用网络连接起来。

推特从旧金山发展到波士顿的直达之旅与网络科学家以前所见过的发展方式都不同。它不像可传播致命病毒的航空运输，也不像传递新奇信息的明信片。这是一场社会招募运动，它几乎完全依靠强大的本地用户，使用网络把远距离强关系连接起来增加用户量。

要理解这种独特的现代网络扩张模式，我们需要考虑这个问题：旧金山人和坎布里奇人有什么共同之处，而他们与生活在边远山城波托拉的民众又有什么不同之处？比如，前两个城市有麻省理工学院、斯坦福大学、哈佛大学、东北大学、伯克利大学、波士顿大学和塔夫茨大学等高校。这些顶尖学府在20世纪90年代末和21世纪初培养了数以万计的具有商业头脑和技术头脑的年轻毕业生。他们中的大部分人要么留在波士顿，在128号公路沿线的高科技区工作，要么向西搬到充满前景的硅谷。虽然这些毕业生身处大陆两端，但由于他们有在学校的共同成长经历和共同的职业抱负，他们之间保持着牢固的强关系。这些人中有许多人互相认识，并有共同的朋友。在21世纪头10年里，硅谷和波士顿之间的社会网络是紧密交织的，人们对迅猛发展的社交媒体技术充满热情，新的社交媒体技术体验更是加强了他们彼此间的这一兴趣。

强关系往往是具有地域属性的。很自然的规律就是地理上的亲密度通常与关系强度相关，这种相关性是推特等社交平台实现地域性发展的一个重要原因。

但强关系也可能是距离遥远的。米尔格拉姆时代的社会网络与现在的社会网络的不同之处在于，如今更常见的是通过互联网将远距离的强关系连接起来。与历史上的任何时候相比，现在的强关系受到的物理空间的约束都更少了。

这种新模式下的强关系为我们了解21世纪初推特、脸书、Skype及其他社交平台在美国全境发展的进程提供了重要的视角。这些创新型技术企业都是通过广泛的强关系网络获得成功的。

脸书的蓝色网络

2016年，每4个美国人中就有3个在使用脸书。虽然人们使用它的频率和登录后的活跃程度各不相同，但凭借美国本土2.39亿的用户量，它完全可以提供一张美国历史上最大、最全面的社会网络视图。

那年夏天，一群来自哈佛大学、普林斯顿大学、纽约大学的年轻经济学家和脸书决定使用脸书强大的社会网络数据来重新验证米尔格拉姆的经典问题：美国民众之间有多紧密相连？但这一次，他们的样本量可不小，因为他们几乎可以将全国人口纳入研究范围。

甚至在米尔格拉姆之前——从20世纪40年代开始，保罗·拉扎斯菲尔德和伊莱休·卡茨等社会科学家就一直在试图弄清楚人们之间的联系，以及这些联系是怎么呈现的。这是一个重要的课题，因为社会联系与美国人关心的每一个重要的社会结果都息息相关——从民权运动的成功到全国的自杀率，再到中产阶级的财务状况。

研究人员已经证明，对我们的生活产生影响的不仅是我们拥有的关系的数量，而且包括这些关系的模式。有着更安定稳固的社会网络的人群往往更长寿，也更成功。当然，拥有广阔的弱关系网络也会带来显著的经济优势。但是，拥有太多弱关系则是一种社会资本贫瘠的表现。人们需要一个平衡，而拥有财富和个人幸福的一个关键特征就是你的人际网络中有很多牢固的强关系。

为了了解美国人之间的联系有多紧密，2016年的这个经济学家团队绘制了一张关于美国脸书网络的巨大地图。他们原以为看到的全国各地联系网会是错综交叉的一团乱麻——正如社交媒体时代美国人混乱的生活。相反，他们发现了一个截然不同的情况：绝大多数人在脸书上的联系人的地理位置都离他们很近。

这些经济学家绘制的关于脸书用户网络的数字地图看起来令人震惊。（你可以在本书后面的“注释和拓展阅读”部分找到地图的网址。）把你的光标放在这个国家的任何一个地方，地图上每个与你选择的地点有社会联系的地方就会亮起蓝色。

到目前为止，地图上有一个地方与全国其他地区的联系是最多的。当你把光标放在这个点上的时候，整个国家都会亮起来。你能猜出这是哪里吗？给你一个提示：这个地方不是纽约、洛杉矶或者芝加哥。实际上，生活在大都市的大多数人都与当地社区有着密切的联系。

答案是北卡罗来纳州的昂斯洛。

很多人都没听说过昂斯洛。但如果你有家人或朋友在海军陆战队服役，那你大概率知道昂斯洛的列尊营军事基地。这里是海军陆战队的主要训练基地和部署中心之一，也是这么多人来昂斯洛的原因。或者，更准确地说，这就是为什么有这么多人途经昂斯洛。脸书上这一区域的人的社会关系范围是其他地方的人无法比拟的，因为这些人不会留下来——他们只是短暂停留。他们的亲朋好友（他们的强关系）在其他地方。相比之下，即使是得克萨斯州的奥斯汀、加利福尼亚州的伯克利和印第安纳州的布卢明顿这样的大学城，也只会在居民的生活社区内显示惊人的联系密度。尽管当今世界联系紧密，但人们仍然在居住地建立网络。即使在脸书上，人们的生活也植根于他们社交、约会和学习的城镇，并且许多人最终会选择在那里定居。昂斯洛只是一个例外。

美国国会众议院前议长蒂普·奥尼尔有这样一句名言："所有的政治都是地方性的。"这句话在今天仍然适用，而且不仅适用于政治。人们关心他们生活的城镇和邻居。这些关系的关键不在于地理位置，而在于它们是牢固的强关系。

美国某些城市在政治和文化上与其周边大部分城镇不尽相同。例如，奥斯汀是一座被保守价值观海洋围绕的崇尚自由、艺术前卫的小岛。在奥斯汀的标志性盛会 SXSW 上，推特成功地完成了首次亮相，它让自己与周围的牧场和石油井架形成了鲜明的对比。不出所料，将你的光标放在脸书地图上的旧金山那里，并不能让你看到得克萨斯州的情况，但它在奥斯汀周围产生了光芒。推特在奥斯汀达到临界规模几个月后，才到达得克萨斯州其他地方。

推特（以及其他许多21世纪的技术公司）的增长模式揭示了一个由强关系主导的独特发展模式。这是一种全新的发展模式。但它已经存在了几个世纪，只是直到现在才被人们看清而已。

病毒式传播模板

病毒式传播的理论存在已久是有原因的。自有记载以来，该理论一直是我们理解社会传播的模板。每一次巨大的社会反响，在写作、基督教和黑死病的传播等方面，都遵循相同的发展路径：先“感染”一个社区，然后缓慢地向邻近的社区发展。这容易产生一种直观假象，让人认为所有事物都以同样的模式发展。而且，大家会理所当然地认为，既然现代交通和通信技术可以使疾病通过弱关系快速且大规模地传播，其他一切事物发展就都会遵从这一规律。但社会网络这门新科学最引人注目的启示在于，许多行为和信念的传播方式是不同的。而且，更重要的是，它们总是让人出乎意料。

在获取大数据之前，我们根本不可能看出像推特这样的企业所展现的独特发展模式。在这个网络全球化的时代，疾病和信息有机会通过精确测量和高度流通的网络以新的方式传播。行为和信念也是如此。现代通信技术首次揭示了行为在人群中传播所遵循的精确路径，以及这些路径与疾病传播和简单的信息传递的路径相比有多么不同。

第3章

黏性迷思：为什么伟大的创新会失败

拉尔夫·沃尔多·爱默生就产品创新和机遇提出了一个鼓舞人心的观点。他说："如果一个人有优质的玉米、木头、木板或生猪要出售，或者他能做出比别人更好的椅子、刀具、坩埚或教堂管风琴，你会发现，即使他住在森林里，人们也会踏出一条通往他家的宽阔的路来。"更通俗的说法就是，"酒香不怕巷子深"。

这句话的确使人振奋。但遗憾的是，它是错的。市场往往给予较普通的创新更大成功。就以 QWERTY 键盘 (全键盘) 和德沃夏克键盘为例。QWERTY 键盘是你可能每天都会使用的标准键盘。而德沃夏克键盘则不那么流行，它是一位心理学家为了提高打字速度、减轻打字压力于 1936 年发明的。从设计角度来看，德沃夏克键盘优越得多：70% 的按键都在中间行，这意味着你可以不用很费力就能够通过中间行输入数千个单词。而如果用 QWERTY 键盘，则仅能通过中间行输入几百个单词。一位德沃夏克键盘的狂热爱好者将 QWERTY 键盘比作"一双由混凝土制成的跑鞋"。而这位爱好者并不是唯一还在坚持使用德沃夏克键盘的人。从 20 世纪 30 年代到 70 年代，至少有 6 项以人为研究对象的科学测试发现，德沃夏克键盘的设计更出色。然而，如今只有大约 1 万名坚定拥护者在使用它。所以结果就是，尽管德沃夏克键盘有明显的优势，但它还是输给了 QWERTY 键盘。

VHS（家用录像系统）和 Beta 盒式录像机（简称 Betamax）是

另一个类似的例子。专家一致认为，Betamax 比 VHS 设计得更好，性价比更高。Betamax 公司也知道自己产品的优势，并努力通过昂贵的市场营销和广告活动在全球做宣传。但最终 Betamax 并没有成功，而是 VHS 胜出了。在经济学中，“劣币驱逐良币”这类故事几乎已经是老生常谈了。历史的垃圾箱里到处都是“市场缺陷”[①]的例子，市场没有选择那些被认为是更好选择的产品。

那么，为什么“最合适”的产品，即便其设计最优、性能出众、成本效益最高，也往往无法生存下来呢？主要原因是，市场上的成功往往与一家公司能生产更好的产品关系不大，而与其善于利用网络息息相关。如果一款劣质产品更早地在主流用户群中受到更多青睐，那么优秀的后起者通常无法将其取代。毕竟，在位者的力量是巨大的。

当我们遇到问题时，我们的本能倾向是在原有产品的基础上进行再绘图、调整、重新设计、创新包装，使其与市场更具“黏性”——更易使用，包装颜值更高，同时更具话题性，甚至价格更低。

但是，从硅谷到韩国的创新者都认识到，引人注目的广告、铺天盖地的营销和高科技含量的产品，都不足以改变人们的信念和行为。根植于我们生活中的文化和社会规范会对变革产生持久的抵制。变革的故事不仅仅是颠覆市场、挑战强者的开拓性社会创新的故事。更重要的是，在这个故事中，最需要变革与创新的人往往抗拒变革与创新。有前景的社会创新和技术创新，如可持续发展的农业技术、可再生能源、新的教育项目甚至救命良药，常常遭到最需要它们的人的抵制。当新产品和新想法威胁到既有信念和社会规范时，不管它们被包装成什么样，它们都不容易被采纳。

---

① “市场缺陷”主要是指在完全市场竞争的经济环境下，虽然市场会对经济起一定调节作用，但在很多情况下，市场本身也存在一定缺陷，无法达到资源的最优配置状态。——译者注

本书之后的内容将聚焦新的科学发现，展示如何利用“临界点”（或称“引爆点”）来打破社会规范。你会看到，一场在惨败边缘的创新运动，如何成为美国历史上最成功的倡议之一。我会向你展示通过社会网络如何将一场失败的营销活动转化成极度高效的产品推广活动——最终达到 100% 的市场饱和，并在这个过程中拯救成千上万的家庭。

但在这之前，我要告诉你为什么产品“黏性”的概念（创新成功与否取决于它的特有功能，比如实用性、创新性、可视性和情感触发性）有误导性。它不仅可能导致整个产品生产线失败，还会引发严重的连锁反应。我会用谷歌尝试推广可穿戴技术和美国国立卫生研究院尝试推广救命药物的例子，向你展示著名的创新活动中的经验教训，这让我们不得不从不同角度思考为什么有些变革会被接受，有些却不会。

谷歌的葡萄柚问题

2013 年，谷歌似乎所向披靡。在此前十多年里，它一直是全球搜索引擎市场的霸主，而且其网页电子邮件客户端 Gmail 的使用量成功超越雅虎电子邮件和美国在线邮件，成为世界上顶级的网页邮件客户端。谷歌已经准备好再次扩张，谷歌的高层决定进军硬件领域。

他们的创新产品叫作谷歌眼镜。

谷歌眼镜是一种机械电子技术产品。它是声控数字眼镜，使用户可以直接访问主流互联网上的内容，同时增强了与环境交互的实时能力，例如记录和拍摄人的视野范围中的事物。这听起来既可怕又炫酷，并充满未来技术风。谷歌的高层也是这么想的，他们就是这样推销的。

他们邀请了一群文化前卫、技术娴熟的特定用户，作为最初测试产品的成员。这些入选者成为影响力人物，因为他们是产品推广的关键切入点。这正是我们大多数人会想到的营销策略。

第一步：找到最有可能接受这种未来新技术的人。

第二步：让他们成为“早期采纳者”。

第三步：在幕后看着这些社会精英（买得起 1 500 美元一副的眼镜的人们）把这款产品推荐给其他人。

这是影响力营销入门课水准的策略。但是谷歌并没有止步于此，它想要确保自己的产品具有“黏性”。

谷歌希望它成为跨时代的科技产品，引发公众热议，开启新的技术篇章。一切都是为了推动这款创新产品走向成功。

谷歌也希望它的产品定位是高端产品。它之所以期待谷歌眼镜受到关注、令人难忘、引发讨论，部分原因在于该产品体现了一种新的社会技术复杂性。

这类似于宝马、法拉利和劳力士等公司一直采用的策略，而这种策略数十年来成功地确保并提高了上述公司的市场地位。任何买得起这些产品的消费者都希望别人了解自己拥有的产品，因为这标志着他们的财富、品位和生活方式。品牌彰显地位。谷歌眼镜也是如此，拥有了它，就等于向外界释放了一个信号：“我已经走在数码产品的前沿。”

奇怪的是，这种涉及多个领域、价值上万亿美元的战略对世界各地的孩子来说都很熟悉。任何一个读着苏斯博士的书长大的孩子都知道他经典的“星肚史尼奇”的故事。在这个故事中，地位的差异将精英（星肚）史尼奇和普通（光肚）史尼奇区分开来。史尼奇社会这种与生俱来的阶级特征被野心家老麦克猴巧妙地利用了。它的想法是让所有的光肚史尼奇花一大笔钱给自己的腹部印上星星的复制品。当然，故事里有个意料之外的转折。老麦克猴开展了一系列可以获利的转换行动，它制造了一台机器，从曾经地位很高的星肚史尼奇身上移除星星，于是没有星星成了地位更高的象征。这一做法被其他史尼奇发现，它们也开始移走身上的星星，老麦克猴转而向精英们收取更高的费用来帮助它们把星星重新印上。在几轮添加和移除星星之后，当每个史尼奇都对自己究竟属于哪个群体感到困惑时，星星就变得毫无意义了，整个社会地位体系也随之崩溃。野心家的财富积累也完成了。

谷歌的理念不是移除星星，而是推销自己的新星。基于“用户黏性”理念，谷歌将谷歌眼镜作为一种前沿、高端的可穿戴技术进行营销，希望能引起每个人的注意和讨论，吸引他们购买。

但在与社会规范冲突时，即使是设计得最好、最契合市场的产品也可能失败，甚至一溃千里。

谷歌精心挑选的早期采纳者群体与大多数人明显不同。他们多为年轻富有又精通技术的男性。换句话说，就是典型的“精英技术男”。

为了确保谷歌眼镜得到更多市场认可，谷歌对产品进行了大力推广，试图通过新闻发布会、媒体见面会和社会热议等让每个人都知道谷歌眼镜即将问世……并且大家都会想购买它。

这些都很有道理。

但对谷歌来说事与愿违。

为什么？

因为谷歌眼镜遇到了一个意料之外的社会规范问题，我称之为“葡萄柚问题”。

谷歌眼镜的宣传活动有两个要素，这两个要素无论单独使用哪个，都对成功很有帮助。但当组合在一起时，它们就变成了致命毒药。

这两个要素是意识和差异化。

当谷歌眼镜问世时，每个人都听说了它。人们知道这是谷歌进军可穿戴技术领域的一项重大举措。意识要素达成。

但真正佩戴谷歌眼镜的只有科技迷。他们在文化、经济和社会地位上都与那些没有戴过谷歌眼镜但知道它（而且知道自己应该拥有它）的人不同。谷歌的产品发布策略创造了一种排他性。它并没有激起人们购买的渴望——比如想要一辆法拉利。相反，它引发了（甚至可以说是制造了）怨恨情绪。

谷歌的市场活动让潜在的社会差异化清晰地体现了出来。

为什么它被称为“葡萄柚问题”？单独饮用，葡萄柚汁是一种健康饮料。同样，单独服用像立普妥这样的日常胆固醇药物可以挽救生命。但如果把这两者放在一起，它们的相互作用产物可能是有毒的，甚至是致命的。

对于意识和差异化，也是一样的道理。就意识本身而言，建立广泛的知名度显然是推广新产品的一种有价值的方式。同样地，认清市场内部的差异化，例如了解少年和青少年之间的差异化，就可以帮助你找到合适的方法来吸引你想要的消费者，并且可以使你的产品与其他类似产品区分开来。

但是，如果你通过针对广大社会群众来引起关注，同时又画出一条区分早期采纳者和未采纳者的社会分界线，这可能就是致命的。

谷歌的策略无意中（同时也令人非常沮丧地）造成了一种社会规范的负面反应。

正如《连线》杂志的一名记者所写的那样：“人们对谷歌眼镜感到愤怒。同样，他们会对佩戴谷歌眼镜的你也充满怒气。并且，你会成为他们公开谈论的对象。这激发了最具攻击性的消极抵制。”

谷歌眼镜又与面对面交流礼仪的社会规范以及在公共场合恰当使用监控技术的社会规范发生了正面碰撞。谷歌的这项创新成为表达文化差异的一种象征，这种差异把愿意戴谷歌眼镜的人（当时被称为

“眼镜浑蛋”）和不愿意戴谷歌眼镜的人区分开来。

这是一场灾难。不仅整个产品线被取消，公司的声誉也遭受了打击。大家对谷歌的印象发生了变化。它从一家颂扬女性和少数群体在艺术、科学领域所做贡献的有态度的搜索引擎公司，变成了一个为富人提供监视技术的科技巨头。

这个产品的推广不仅失败了，还累及品牌声誉。

谷歌眼镜确实具有很高的受众黏性。每个见证了该产品发布以及后续文化反噬的人，都在讨论中记住了它。谷歌一直在努力让人们淡忘这段记忆。

韩国的计划生育变革

20 世纪 60 年代，世界正在发生变化。印度和韩国正在走向工业化。同时，这两个国家也在经历被称为人口转型的历史性时刻，这是许多现代国家的必经之路。

在过去，美国、英国、德国、法国和其他西方国家都经历了同样的转变。但当时情况又有所不同。在 19 世纪末 20 世纪初，医药科学和工业技术都刚刚起步，这些西方国家的现代化过渡是循序渐进的。

但在 20 世纪 60 年代，情况不同了。20 世纪上半叶，时代见证了医药科学和工业技术的完美结合，使破伤风、百日咳、脊髓灰质炎、白喉和天花等病的疫苗在全球范围内得到推广。与此同时，卫生、饮水安全和粮食生产方面的创新协同发展，使平均人口预期寿命显著增加。

但这些现代奇迹也给发展中国家带来了一个新的问题——人口增长。在欠发达国家，婴儿死亡率通常都相当高，每个家庭需要生育很多孩子才能维持人口现状。高生育率和高死亡率之间的这种平衡保持了人口水平的稳定。

但在20世纪60年代，许多进入人口转型期的国家突然拥有了比历史上任何转型国家都更好的医疗保健和更快的经济增长。矛盾的是，迅速改善的卫生条件、疫苗接种的普及和充足的粮食供应却有可能引发灾难性的生命损失。如果这些创新都发生在社会开始实施计划生育之前，就会导致严重的人口过剩。

一个世纪以前，经过几代人的观念转变，人们才接受了计划生育的观念。在西方缓慢的工业化进程中，出现了“童年”等现代概念。每一次医疗和食物供应方面的进步，都潜移默化地影响着社会规范和文化。

在19世纪、20世纪之交，美国的现代化进程也催生了女权主义和避孕等进步思想的传播者。美国计划生育联合会创始人玛格丽特·桑格等社会活动家为帮助美国降低出生率工作了半个世纪。直到1965年，美国最高法院才最终批准避孕药使用的合法化（尽管仅限于已婚夫妇，而不包括单身女性）。但在避孕药合法化之前的近一个世纪里，避孕在美国女性的意识中就已经很普遍了，因此从1850年到1900年，美国的生育率下降了50%。到20世纪60年代，美国大部分地区都接受了计划生育。

但韩国没有这样的时间。

在短短几年内，韩国的婴儿死亡率大幅下降，而食品供应激增。存在已久的社会观念仍然鼓励每个家庭拥有五六个孩子。这五六个孩子都能活下来，并同样会拥有自己的五六个孩子——如此重复。我们做个简单的计算就能预测，韩国在两代人之内就将出现严重的人口过剩，粮食将急剧短缺。

韩国人需要广泛地实施避孕措施，并且越快越好。要想取得成功，他们必须克服前所未有的社会观念的挑战。在韩国的民族文化中，关于性别角色、妇女权利和多孕育子嗣的家庭责任的观念根深蒂固。对高生育率的期盼渗透了每个人的社会地位意识和个人成就感。

避孕对韩国来说绝非易事。

更糟糕的是，西方国家也无法为其提供一种可效仿的模式。虽然新的医疗和技术创新来自西方，但西方从未经历过这种快速的文化转型。解决韩国的问题也就无先例可循。

当时，印度、印度尼西亚、巴基斯坦等许多国家都面临着类似的挑战。它们都在努力发展积极的避孕项目。当时与今天一样，公共卫生信息传播的主要策略是广播媒体。

当时，包括巴基斯坦在内的主要采用广播媒体宣传的国家，都难以实现其生育目标。韩国却提前实现了所有的政策目标。在20年间，避孕已经在韩国普及。在全球范围内，韩国在这方面的成功是无人比肩的。

以此为参考，思考一下始于20世纪70年代的美国政府“禁毒战”。2011年，经过近半个世纪的禁毒斗争和数十亿美元的经费花销，美国国会最后却只得承认，他们不仅没能赢得战争，实际上毒品问题变得更糟糕了。

在20年的时间里，韩国是怎么让其整个文化转变的呢?

韩国的计划生育的起点很简单。政府为全国各地的村庄提供了一系列避孕选择：避孕药、避孕套、子宫帽、宫内节育器，甚至输精管切除术。

在有些村庄，大多数民众很快就采纳了避孕措施，而其他村庄的人却没有采纳。和采纳避孕措施的村庄的人一样，不采纳的村庄的人被提供了同样的避孕选择，收到了同样的广告信息和激励措施，但他们就是不采纳。

几十年后，肯尼亚也出现了类似令人费解的模式。1977 年，只有 1.7% 的肯尼亚家庭使用避孕措施。20 世纪 80 年代中期，该国在全国范围内积极推行避孕措施。同样地，在有些村庄，避孕政策马上就取得了令人难以置信的成功，有接近 40% 的家庭采纳了避孕措施，而在其他一些村庄，采纳率近乎为零。

为什么同样的政策在有些村庄如此成功，而在有些村庄却失败了呢？

在韩国、肯尼亚和其他一些正在经历人口转型的国家，出现了同样的模式。村与村之间产生的这些不同结果，不取决于提供给他们的避孕方法，也不取决于政策推行的方法，而是源于每个村内部的社会联结。这些社会网络决定了成败。

成功与失败的村庄间有着明显的区别。成功的村庄都有相似的社会网络模式——朋友和邻居之间形成了强关系群体，不同的群体之间也有着很强的联系。这些冗余的社会联系是避孕措施实施的重要途径：从一个强关系群体传播到下一个强关系群体，再到达村里其他的不同社会集群。没有成功实施避孕措施的村庄则没有这样的强化关系网。

在成功实施避孕措施的韩国村庄里，妇女倾向于采取与朋友和邻居相同的避孕方法。观察发现，每一个采纳避孕措施的村庄里，人们使用的避孕方法也有着广泛的一致性。

如果单从“黏性”的角度来看待韩国的成功，并且相信一些趋势或技术所展现的魅力，发生的事情可能看起来相当简单。你可能会得出结论：有些避孕方法比其他方法更有吸引力。也许这些方法比其他方法操作更简单，或者更便于记忆，又或者更贴近本土文化。总而言之，这些避孕方法更容易传播。那么按照这种说法，无论是哪一种方法，如果它在一个村庄被接受，那么它自然应该在所有村庄取得成功。

但韩国的情况并非如此。虽然在每个村庄内部对使用哪种避孕方法的意见完全一致，但这种一致性不存在于村庄与村庄之间。一些村庄是“宫内节育器村”，而另一些则是“避孕药村”，还有一些是“输精管切除术村”。所以，具体的避孕方法并不是避孕措施成功实施的关键。

为什么成功的村庄没有统一采纳同样的避孕方法呢？因为社会规范的力量。

韩国的村民从朋友和邻居那里了解避孕知识。他们之所以决定开始使用避孕措施，是因为在与周围的人的接触中，他们了解了关于避孕的信息，讨论了利弊，并得到了对使用避孕措施的支持。最后，村民对避孕的接受不是因为某种特定的避孕方法好用，而是因为他们从其他采纳者那里得到了社会支持。并且他们往往会与朋友采纳相同的避孕方法。韩国村庄里避孕措施的成功不是因为一种特殊的计划生育产品，而是源于社会对避孕的普遍接受。

早期采纳者是有紧密联系的“妇女团体”，每个村庄都有这样的朋友圈子。在那里，当地妇女可以谈论避孕并分享她们的经验。只要一个妇女团体里有成员使用了某种特定的避孕方法，这种方法就会从早期采纳者所在的群体传播到村庄关系网中的其他群体。

韩国计划生育的巨大成功与谷歌眼镜的推广运动形成了鲜明的对比。这两项举措都会改变社会规范。韩国的成功和谷歌的失败表明，社会网络既可以加速一项社会规范的变化，也可以完全阻止这种变化。

谷歌的另一个葡萄柚问题

2011 年，也就是谷歌眼镜发布之前两年，谷歌首次尝试大举进军社交网络。不是出于选择，而是出于需要。当时脸书正准备上市，并将创造史上最高 IPO（首次公开募股）估值——1 040 亿美元。早在 2007 年，微软以高于谷歌的竞标价拿到了脸书 1.6% 的股份。所以，谷歌此时感受到了被完全排除在市场之外的压力。

这已经是谷歌第四次尝试进入社交网络市场了。它此前推出的在线社区 Orkut（2004 年）、社交软件 Google Friend Connect（2008 年）和社交通信工具 Google Buzz（2010 年）都失败了。而同一时期，脸书却以创纪录的速度扩张，以分享照片起家的初创公司照片墙也进军社交媒体领域。照片墙问世不到两个月，它的用户量就达到了 100 万，而不到 18 个月，脸书就以 10 亿美元的价格收购了它。

谷歌被誉为世界上最先进的科技公司之一。21 世纪初，对于任何一名进入职场的年轻工程师来说，在谷歌写代码不仅是一份好工作，更是一种与众不同的标志。那么，为什么拥有如此多的人才和资源的谷歌无法在社交网络市场保持竞争力，甚至主宰市场呢？

在最后一次尝试中，谷歌发布了一个新的社交网络平台 Google+。为了提高知名度，谷歌巧用了一个简单的计划——它会自动注册账户。Google+ 被定位为“社交层”，它将使用谷歌其他产品和服务的所有用户联结起来。如果你有一个 Gmail 账户，你就会拥有一个 Google+ 账户。如果你注册了谷歌联系人，或者想在谷歌的视频分享网站优兔（YouTube）上发表评论，你也会获得 Google+ 账户。事实上，很少有人没有 Google+ 账户。这似乎是占领市场的绝佳策略。

谷歌报告称其社交网络平台的早期增长水平惊人。Google+ 无处不在。每当你使用任何与谷歌相关的产品和服务时，你都会看到关于 Google+ 的提示。该产品获得了前所未有的关注，因为大多数人都已拥有了它——无论他们注册与否。

这种策略的问题在于，如果你为你的产品建立了大众知名度，但人们不使用你的产品，那么这种知名度可能会适得其反。

这又是一个葡萄柚问题。

这一次，两个关键因素不是意识和差异化，而是意识和缺乏使用。

就意识本身而言，知名度显然对任何产品宣传都是一件好事。而缺乏使用本身并不一定是一个问题，特别是当产品还处于起步阶段时。但如果你把极高的知名度和广泛缺乏使用结合起来，那可能就是致命的。

为什么？

因为如果世界上的每个人都注意到了你的产品，注意到它非凡的意义和引发的广泛热议，他们肯定也会留意到周围没有人在使用它。随着人们对产品缺乏使用而非产品本身的关注越来越多，那些未采纳者发出的隐含信号也越来越强——产品出了问题。

这就是影响力抵消因子带来的负面作用。

在第 1 章中，我已经向大家展示了人脉通达的人会经常意识到他们的圈子中存在大量的未采纳者。这些社会信号会导致这些人脉通达的人在采纳一个事物，尤其是一个不常见的引发讨论和关注的创新产品之前产生犹豫，因为选择了采纳，就等于选择了被广泛关注和被讨论。

一旦创新产品被越来越多的人采纳，这些等量的影响力抵消因子之后就将不再对社会明星发挥作用。但它们可能会使社会明星延迟采纳的时机，直到有足够的社会证明才采纳，正如第 1 章中史密斯飞船手势的传播一样。

但是 Google+ 面临的问题更糟糕。对于史密斯飞船手势，一位社会明星比任何人都更早了解这种新型问候方式，他们还可以先等一等，看看社会大众是否接受它，再决定是否采纳它。但是谷歌成功地让绝大多数用户接触了 Google+，同时让每个人都知道其他人也都知道 Google+，但其他人都没有使用它。谷歌无意中制造了人们拒绝使用其产品的全球性的社会证明。

其实，这是任何创新产品都会面临的问题。但对于社交科技产品来说，这是一个特别致命的问题。比方说，电子邮件客户端、搜索引擎与社交网络平台之间的关键区别是，前两者无需他人的参与便可被采纳，是一种个人行为，但社交科技产品需要人与人之间的互动，这是群体行为。

Google+ 进入社交网络市场挑战了一个非常强大的现任者——脸书。推翻当下主流科技产品的难度类似于发动一场社会变革。要想成功地推动这场社会运动，就必须让普通人相互协作。参与者需要感觉到他们是一起加入的。正如你在第 1 章中看到的，发动变革的最佳途径是通过边缘群体之间的强关系。

谷歌的策略是一下子动员所有人。但人们对 Google+ 的采纳远远落后于他们的意识，因此导致的不仅是采纳的延迟，更是最后的崩溃。

2019 年 4 月，Google+ 服务正式下线。

津巴布韦实验

每个人都记住了 Google+，以及它的失败，就像每个人都记得谷歌眼镜以及它是如何失败的一样。对于依赖用户黏性的营销策略，一个重要的警告是，它不仅存在失败的可能性，而且可能会给用户群留下持久的负面记忆，从而破坏未来的营销活动。

如今，美国国立卫生研究院正面临着类似的问题——不是在可穿戴技术或社交网络平台方面，而是在用于拯救生命的药物上。

这个故事始于 2001 年，当时津巴布韦正遭受艾滋病毒（人类免疫缺陷病毒）/ 艾滋病（获得性免疫缺陷综合征）的入侵。曾经有一段时间，每 4 个津巴布韦人中就有一个被检测出艾滋病毒阳性。

科学家正在努力地寻找解决办法。

其实是有很多预防策略的。避孕套的使用和男性包皮环切术是最有效的预防艾滋病毒的方法。但是人们对避孕套的接受度很低——没有人想使用它，而包皮环切的宣传更是适得其反。这些措施被认为是对村民宗教信仰的亵渎。在一些国家，救援人员遭遇了严重的暴力报复，以至于当地政府官员不得不疏散他们的工作人员，并重新制订计划。

科学家需要找到一种既能有效预防艾滋病又能被当地百姓接受的方法。

他们正是这么做的。2005 年，研究人员公布了艾滋病预防方面的一项最高成就——“暴露前预防”（PrEP，也译作接触前预防）抗病毒药物，这项研究成果旨在拯救世界。

PrEP 药物是一种神奇的药物。每天服用一片，相当于早上服用一片阿司匹林，基本上可以消除艾滋病毒的传播。从 2009 年开始，医生和津巴布韦政府开展了大规模的推广工作，让生活在受感染的村庄的民众服用药物。项目官员和研究人员的兴奋溢于言表——这将对全球预防艾滋病产生深远影响。

这场推广运动是完全遵照教科书上的病毒式营销策略来执行的。

因为创新药物是免费的，所以民众很容易就可以获取。政府还鼓励村民与他们的朋友和邻居谈论预防措施，为村民做定期筛查和检查，并提醒村民要持续服用药物。

此推广运动也充分地传达了这一信息——PrEP 药物是免费的，口服即可，并将拯救大家的生命。

但令人意想不到的是，此推广运动无效。

作为项目的一部分，大多数村民要定期接受采访，他们向医生报告他们每天都在服用 PrEP 药物，但在他们的血液中没有检测到药物的痕迹。他们实际上在抵制这种药物。

为什么会这样？

他们的理由充分说明了社会变革运动失败的原因。

人们担心他们的朋友和邻居会发现他们在服药，继而怀疑他们已经感染了艾滋病毒。如果他们的邻居看到他们取药，或者在他们家里看到该药品的包装，就会谣言四起。村民非常清楚被传与艾滋病毒有关所带来的可怕后果是什么，以及其他人是怎么对待感染者的。他们不想冒任何被误会或被卷入谣言的风险，让别人将自己与感染艾滋病毒联系起来。这种误解或谣言一旦广泛传播，就很难根除，甚至不可能根除。

还有一些人则担心药物可能会让他们感染艾滋病毒。这听起来可能很奇怪，但相当一部分美国人担心流感疫苗会让他们感染流感。在津巴布韦，这种药物焦虑更加严重，因为即使预防措施不会导致艾滋病毒感染，村民也知道他们的朋友和邻居跟他们一样担心可能会感染。如果他们服用预防药物，他们的邻居可能会认为他们感染艾滋病毒的风险正在增加。再加上社会规范对艾滋病毒感染者的污蔑，这些社会原因清晰地说明有些人为什么不愿服药，即使医生对药物大力支持，或推广运动十分有吸引力。

参加 PrEP 药物推广运动的医生被激怒了。他们还能做什么呢？

黏性迷思告诉我们，改变产品的核心功能是解决方案。如果一次推广失败了，解决方案就是在脑海中重新设计你的创新产品（比如让产品的使用简单化，更抓人眼球，更洗脑，价格更低），或者通过轻松有趣的宣传方式让消费者产生情感共鸣。

但在文化和社会规范方面是不容易找到突破口的。

从疫苗接种到环保技术，再到新的管理措施的实施，所有的尝试都面临着同样的挑战。一项产品的创新性和开拓性越强，通常它面临的阻力就越大。这是社会变革如此困难的主要原因。

那么，我们该怎么做？

答案不是通过影响力人物，也不是病毒式营销，更不是增加用户黏性，而是打好传播的基础。社会网络不仅是传递信息或传播疾病的通道，更是阻碍人们接受新思想和创新产品的多棱镜。在接下来的章节中，我们会探索传播基础是如何触发一系列重要的网络传播链的，将陷入困境的倡议变为成功引发社会变革的重要举措，比如推广新一代社会技术，为新的政治候选人赢得更多支持，以及增加对新药品的接受程度。

// 第二部分 //

变革者的剧本：如何为传播做基础建设

第4章

变革如何发生：复杂传播的发现

每一个科学发现背后的故事都离不开两个重要原因：刻苦的工作和偶然的运气。在生物学领域，当查尔斯·达尔文还是一位年轻的科学家时，他乘坐英国皇家海军“比格尔号”碰巧来到加拉帕戈斯群岛。就是因为这么一个偶然契机，他发现了这个地球上最罕见的一种生态环境。在这里，物种进化的轨迹发生了独特且显著的变化。当然，光是运气还不足以成就这些发现。很多人都去过加拉帕戈斯群岛，然而，只有达尔文在这里有了重大发现。

复杂传播的发现就始于这样的偶然好运。

当我开始读研究生时，社会的主流认知是，政治运动或社会运动口耳相传的招募信息会像病毒一样传播。激活弱关系，也就是覆盖最广泛人群的网络关系，可以加快招募的步伐。如今，这个想法对大多数人而言似乎仍是正确的。它一直在影响我们多数人理解变革和创新的发展过程的方式。

在读研究生时，我打算用马克·格兰诺维特巧妙的弱关系理论来理解20世纪60年代美国民权运动在全美范围内的快速发展。但令我惊讶的是，在仔细研究社会学家道格·麦克亚当多年前收集的大量数据时，我发现民权运动的发展一点儿也不像病毒的传播。而且远不只如此，招募工作涉及的不是弱关系，而是强关系。招募信息以最快的速度在带有大量社会冗余的社会网络中传播，而不是在那些覆盖面广的弱关系中传播。

顺着这个思路，我进行了深入的研究。对比民权运动的数据与妇女选举权运动的传播，会有怎样的结论呢？还有欧洲工会化是怎么发展的？在线社区的用户是怎么增长的？在每一个案例中，我都看到了相同的模式。这种一致性令人吃惊，我又扩大了研究范围：从“黑人性命攸关”运动，再到美国“#MeToo”运动，还有 Skype、脸书和推特等新科技产品的爆炸式发展，以及新政治候选人的迅速崛起。随着越来越深入的研究，关于社会变革如何传播的传统观点逐渐清晰地展现在我眼前。

最后，一幅新的图景映入眼帘。格兰诺维特的网络理论与数据不符的原因是，它假设一切事物的发展都是病毒式传播。但是，我越来越清晰地看到，这种假设是错误的，而且是一个代价高昂的错误。数据还显示了另外一条传播途径的存在。简单的想法有时确实可以通过弱关系进行传播，但涉及重大个人参与的想法——从我研究的世界历史上重大的社会政治运动到许多基层政治活动和每天都在进行的产品营销活动——遵循的发展模式与病毒的传播方式大为不同。由此，我发现了两种截然不同的传播过程：简单传播和复杂传播。

采纳创新的四大障碍

我们已经在第 2 章了解了简单传播。病毒式传播就是一种非常典型的简单传播。这种传播很容易发生在两个人之间，所需不过是去接触一个“被传染者”。一则热门视频也是一种简单传播。还有流言蜚语、新闻或者招聘信息（格兰诺维特的著名案例），它们都是简单传播。事实上，任何信息口耳相传的传播过程都是一种简单传播。

简单传播受益于社会网络的规模。这就是社会明星在简单传播方面具有很强的商业价值的原因——他们在全球范围内拥有大量粉丝。“感染”一个人脉通达的个体就足以迅速传播消息，使其“像病毒一样传播”。

一个多世纪以来，简单传播定义了我们对社会传播的看法。它们已经成为我们定义创新和变革运动发展的默认模式。问题是简单传播的动力学仅适用于简单思想的传播。能促使信仰和行为改变的则是另一种传播方式，是通过其他传播渠道来完成的。任何涉及实际风险的改变（财务、心理或声誉）需要的不仅仅是与一位随机的采纳者或“载体”接触。

这一领悟使我发现了复杂传播。复杂传播是人们抗拒的。有时，对创新的抵制是很容易理解的，比如韩国村民不愿采纳节育措施，因为这违背了他们多生多育的传统文化观念。但在其他时候，阻力是难以预料的，比如“第二人生”中对使用史密斯飞船手势的抵制，因为它还没有被广泛接受。在上述任何一种情况中，仅与一位采纳者接触都是不够的。人们需要从众多采纳者处得到确认（或称“社会证明”）才能被说服，新行为才能得以传播。一种新的思想或行为遇到的阻力越大，就需要越多的社会确认来进行说服。

我们平时关注的大部分行为——市场投资，选择政治候选人，做职业发展规划，选择生活的社区，使用避孕措施，购买价格昂贵的科技产品，或者加入某一社会运动——都属于复杂传播。它们之所以复杂，是因为涉及实际的风险。一个决定的风险和不确定性越大，人们在冒险之前就需要更多的“证明”，即来自许多周围的人的确认。

那么，如何判断一个新的想法或产品需要采用简单传播还是复杂传播呢？怎么能做到提前预知，以便相应地制定、调整策略呢？答案就在阻力的大小上。一个新想法需要克服的阻力越大，就越有可能依循复杂传播路径。

在研究中，我找到了造成复杂性的四大主要阻力来源。每一个阻力来源都是一种影响采纳的障碍。了解一项创新是否会遭遇障碍，会遭遇一种还是全部障碍，可以使你确定这项创新是简单传播还是复杂传播，以及可能会面临多大的阻力。同样重要的是，识别了某种障碍（或全部障碍）就等于找到了成功推行一项创新的最有效的策略。

以下是影响人们采纳创新的四大障碍。

- **协调性。**有些创新产品有吸引力是因为大家一起使用。如果一个创新产品或行为的价值取决于采纳它的其他人的数量，那么它的传播就需要社会确认。许多流行的通信技术，从 Skype 和即时通信（以及之前的传真机）到免费易用的社交媒体平台，如推特和脸书，在你认识的很多人使用它们之前，对你而言基本上是没什么价值的。它们的价值取决于你认识的其他用户的数量。使用的人越多，创新产品就越有价值，也就越容易传播。
- **可信度。**一些创新产品会在效率或安全性方面遭到质疑。采纳某种行为的人越多，就越能证明这种行为不像我们担心的那样危险。因此，我们会越来越倾向于相信采纳这种行为所需的成本和努力是物有所值的。当个人或组织决定花巨额投资新技术或长周期项目时，社会确认就变得很重要。比如软件公司决定是否采用一种新的云端计算基础设施，或者超重患者决定是否尝试一种新的饮食结构，在采纳之前，他们想要确定这个创新产品是可信的。从信任的人那里获得反复确认可以帮助克服可信度障碍。
- **正当性**。一些创新产品在被采纳前需要得到社会认可。这里的障碍是面临尴尬或名誉受损的风险。采纳一种行为的人越多，人们就越期待别人会赞成这个决定，面临尴尬或受到处罚的风险就越低。比如尝试时尚，或者尝试碰拳或史密斯飞船手势这类新的问候方式，又或者在你的社交媒体头像上放一面彩虹旗来表示对同性婚姻的支持。当你身边的人越来越多地采纳某项创新时，你就会意识到采纳这一创新所冒的社会风险非常小。来自德高望重的同伴的社会确认可以帮助克服正当性障碍。

- **情绪感染力。**一些创新产品和行为只有在人们相互激发情感时才具有吸引力。采纳某一行为的人越多，其他人就越对采纳这种行为感到兴奋。这就是社会沸腾的原因。它推动了体育赛事、抗议游行的传播。我们周围的人的热情点燃了我们自己的热情。当然，如果我们感觉不到这种情绪感染力，我们就不会加入。活跃同伴之间的社会确认对这些情绪的传播至关重要。

这四大障碍都可以通过社会确认来克服。社会确认是我们在做出决策时倾向于寻求的东西，因为如果风险很高，我们就会想办法降低风险。比如在进军新领域或更换新的业务平台时，如果我们认识几个能为这些新尝试做担保的人，我们就会更愿意接受新项目或新业务的提议。这就是意识和采纳之间的差别。

影响采纳的障碍可以使这些复杂的社会活动难以传播，比如对正当性的需要，或者对社会协调的要求，但同样可能使已被采纳的行为具有黏性。例如，虚拟增强现实游戏《口袋妖怪》的正当性取决于其他人是否接受它。你不会想在大街上走来走去地玩 AR（增强现实）游戏，除非别人接受这些游戏。但一旦你获得了足够的社会鼓励，相信这款游戏不仅被大家接受，还让你感受到了和其他人一起玩的乐趣，这种社会支持就会让你和其他人一样对游戏保有长时间的兴趣。

从视频会议到电子邮件等新的通信技术也是如此。你至少需要几个身边的人采纳这项技术，才能清楚地认识到它的社会价值。但是，一旦一种通信技术被广泛使用，它就会成为一种社会必需品，我们的工作生活也就离不开它了。

这里得出的结论看起来像是一个悖论，因为人们对正当性、协调性或社会证明等问题很敏感，而会遇到最大阻力的创新产品在被采纳后，往往会拥有最忠实的用户。这就是社会学家所说的护城河效应。护城河效应常常是社会变革的阻碍，但它实际上也是实现社会变革的关键。

真正的社会变革关乎建立护城河。无论是救命的免费艾滋病药物，还是昂贵的新产品，人们对改变的抗拒往往只是他们在寻求社会确认的信号。一旦你理解了这种信号不是改变的障碍，而是建立护城河、获得长久支持的机会，它就会帮助你调整你的变革策略。

兄弟的力量

1914 年 8 月，英国军队被击败。这也标志着第一次世界大战的开始，而德国在军队规模上享有惊人的 10∶1 的优势。不仅如此，德国军队都是职业军人，而英国军队主要是志愿军。

对英国来说，组建一支有竞争力的步兵队伍似乎是遥不可及的事。唯一的希望是在社会各阶层进行广泛招募。但这种想法与英国社会既定的规范背道而驰。传统上，只有少数军官（来自贵族）和应征士兵（来自底层社会）选择加入步兵队伍。来自精英阶层的男性，如银行家和商人，通常不会被招募来参加战斗。

英国陆军部知道，如果他们想要赢得战争，这一切就必须改变。但这从一开始就是一项挑战。

首要的阻力很明显：战争是可怕的。任何加入战斗的人都面临非常现实的死亡威胁。其次，即使对勇敢的人来说，从社会传统而言，参军也不被社会所有阶层接受。有家庭的男人，尤其是上流精英阶层的男人，一想到要放下自己的社会阶层和地位并加入步兵，就会感到难以接受。

利物浦前市长德比勋爵意识到，解决这一问题的关键不在于个体，而在于他们的社会网络。他建议陆军大臣、陆军元帅基奇纳勋爵通过人民之间的强关系来壮大他的军队。

德比的“兄弟营”招募策略取得显著成效。

基奇纳在招募活动中承诺，一起参军的人也会并肩作战。这一策略是为居民区和职业社区设定的，因为这些社区的社会规范是反对职业男性参军的。基奇纳巧妙地将强关系进行了转换，变成了彼此间的社会证明，由此鼓励不同阶层的男人参军。激昂的情绪和同心合力的凝聚力很容易通过这些社会网络进行传播。参军入伍不仅是正当合理的，而且是令人充满期待的。这场招募把人们抵制参军号召的理由变成了响应号召的主要理由。

让人震惊的是，同样的方法已经被使用了几个世纪。在非洲、中美洲和印度（基奇纳曾在那里服役），建立反殖民政府起义军的招募活动就是以社区为基础进行的。基奇纳借鉴了这些革命者的做法，他也希望利用社区动员，激励全国人民来支持国家军事行动。

这一做法收效显著，全英国各地民众的民族战争情绪被激发。公民间的紧密社会关系成了英国军队的支柱，邻里的狭隘观念变为英国国际影响力的来源。

首支招募军队组建成功，他们是“股票经纪人营”，是由 1 600 名伦敦股票经纪人和伦敦金融城的员工组成的团体，他们在基奇纳发出招募倡议的第一周内就完成了报名。两天后，来自利物浦的 1 500 名市民应征入伍。3 天之内，又有 3 个营规模的利物浦人加入。曼彻斯特市很快效仿，当地商人组建了 4 个营。

不到一个月，英国各地的 50 多个城镇都响应了征兵，人们积极入伍。到 1914 年年末，已有 50 万人应征入伍。各城市间开始竞争，看哪个城市参军的人数多。正如基奇纳所希望的那样，入伍参战已成为当地人的骄傲。

征兵工作非常成功，大批民众涌入征兵招募处报名入伍，多到国库已无力承担军费支出。英国的联邦预算甚至已无法支付军队的食宿费用。

强关系再次起了作用。市政府和当地企业自愿为战争募资，每个城市的市民也为他们家乡的新兵捐物捐资。社区招募运动引发了一股海啸般的爱国互助热潮，民众的激昂情绪传遍大街小巷。

甚至中学和体育组织也都动员入伍。它们组建了三个职业足球运动员营。来自苏格兰的一个职业俱乐部“米德洛锡安足球俱乐部之心”不仅召集了首发球员和预备队，还召集了董事会成员和工作人员，以及大量的当地球迷。

在战争的头两年，人们对兄弟营的热情随处可见。总共有 200 多万人应征入伍。这是英国史上招募的规模最大的志愿军。

关系网几何学

理解兄弟营成功招募的关键，或者理解任何复杂传播模式的核心，是强关系和弱关系的一种组合模式。

还记得斯坦利·米尔格拉姆的明信片实验吗？他首先请中西部地区的人们通过他们的社会网络转寄明信片，然后观察明信片从“种子”寄件人到达马萨诸塞州沙伦市随机选取的“目标”收件人需要邮寄多少次。

当我还在研究生院的时候，我开始以明信片邮寄关系网的传递方式思考兄弟营。一个至关重要的区别是，米尔格拉姆的明信片实验是一种简单传播——明信片可以通过弱关系传播。但兄弟营牵涉的不是简单地邮寄一张明信片，而是更深层次的承诺。它是通过强关系进行传递的复杂传播。在这方面，兄弟营与推特、史密斯飞船手势和韩国实施避孕措施有一些共同之处，都属于复杂传播。

这使我很困惑，在接下来的几年里，我都在研究它。“第二人生”中史密斯飞船手势的传播模式与近一个世纪前兄弟营在英国邻里间的传播模式有什么共同之处？这两种情况看上去天差地远！联系旧金山和坎布里奇并且使推特得以迅猛发展的熟人网络，与动员社会运动的线上社会网络有什么共同之处？这些社会网络是如何使复杂传播变得如此有效的呢？

你已经知道有两种类型的社会网络——强关系和弱关系。每一种都有自己的几何模式。

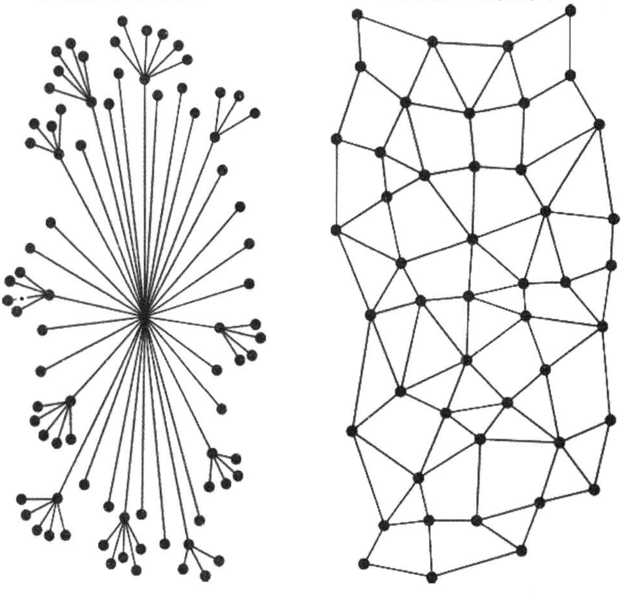

图 4.1　社会网络的几何图

弱关系的几何结构看起来很像烟花。每个人都处在自己“爆炸”的中心，他们的弱关系向各个方向随机延伸。每一根关系线延伸到不同的，有时甚至是遥远的地方。在弱关系中几乎看不到社会冗余。弱关系中的个体与其他人的朋友也往往没有联系。

强关系的几何结构看起来则更像渔网。这些网络的外观是由三角形和矩形组成的连续序列。这种模式通常被称为网络聚类（也称社群网络结构），其独特之处在于内含大量的社会冗余。人们与其他人的朋友都有联系。

我们现实世界的网络关系是这两种模式的结合。事实上，我们几乎每天都生活在这两种不同的模式里，只是每一种的影响不尽相同而已。

渔网模式促进信任和亲密关系。这是因为社会冗余让人们更有责任感。在这种关系中，如果有人对你不公平，你可以把他们的不良行为告诉你们共同认识的人。在任何职场或社区，每个人都知道，共享联系人意味着你将为自己的行为负责。这促进了社会合作和社会团结。

相反，生活在烟花模式中的人几乎没有共同接触的朋友。即便有，也只是泛泛之交。在他们的关系中没有任何冗余，亲密关系和信任度也是有限的。这种几何结构并没有为共同合作与团结互信提供坚实的基础。

我们来做一个思想实验：如果你在这些网络模式中做米尔格拉姆的明信片实验，会发生什么？假设你在每个网络中放置一个“种子”消息，就像米尔格拉姆做的那样，哪种几何图形传播信息的速度更快？格兰诺维特做出了明确的预测：单从几何学角度来看，烟花状网络的传播速度应该比渔网状网络快。

这不言而喻。烟花状网络看起来就像速度的化身。我们可以想象一条信息如何从某个地方传播到中心，再从那里传至其他人。相比之下，在渔网中，信息将缓慢地从一个邻居传递到另一个邻居，一路上经历着大量的冗余。

但对复杂传播来说，也是烟花状网络更快吗？假如你正试图传播一种会遭到抵制或者需要社会协调的事物，例如，你正在推广一种新的社交网络技术（如推特），或者招募公民参加一场社会运动，情况会是怎样的呢？还有那些传播新的管理方法和投资策略的企业家呢？或者活动家招募人员参加以激昂情绪为动力的公民庆祝活动和政治运动呢？这些社会活动会在烟花模式中传播得更快吗？

我想弄清楚上述问题。我想设计出米尔格拉姆 40 年前设计的那种实验。不过，与米尔格拉姆不同的是，我不想把明信片寄给一个人，而是想把一种社会创新传递给大家。我的目标是测试格兰诺维特的想法——看看烟花状网络能否真的更有效地传播社会创新，或者渔网状网络是否与弱关系理论相反，发挥得更为出色。

我的设计基于医学试验的范式。但我并没有完全遵从医学试验的方法——将服用药物的人的结果与未服用药物的人的结果进行比较，而是将以渔网模式联结的所有人的结果与以烟花模式联结的所有人的结果进行比较。像米尔格拉姆一样，我会在每个关系网中"播种"，然后观察它是如何传播的。但我所传播的不是一个简单的信息，而是一种新的社交技术。我不仅会观察每个网络中采纳者的数量，还会观察这种社交技术在每个网络中的传播速度。

听起来令人兴奋，但是做起来并不容易。

让我感到欣慰的是，斯坦利·米尔格拉姆当时的实验更为不易。他还要想方设法说服中西部的一些人给他们的朋友寄明信片，最终目标是寄到马萨诸塞州一位不知名的股票经纪人手里。在他做研究的那个年代，大多数人甚至不知道社会网络是什么，更不用说测量它意味着什么。然而，他能够说服人们参与其中，并说服哈佛大学资助这个项目。

而我有一个现代优势——互联网。到 2007 年，当我开始这个实验时，人们已经在使用互联网建立各式各样的联系，有时是和他们已经认识的人，但大多数情况下还是和他们不认识的人。我所需要做的就是想办法吸引成千上万的人相互联系。更重要的是，我需要能够以我想要的方式设定他们之间的联结。他们需要真正关心自己在网络中的关系，这样他们才能影响彼此的行为。

这项任务艰巨，但我已经有了主意。

健康伙伴实验

2007 年，在得到哈佛大学的资助后，我便开始设计自己的米尔格拉姆社会网络实验。我仔细了解了几十种利用互联网来研究创新传播的方法，从投资社区到交友网站，应查尽查。但做健康社区的想法不断吸引着我。

健康社区最吸引我的地方是其成员的参与度。在“病人如我”（Patients Like Me）——一个为肌萎缩侧索硬化患者设立的医疗社区，患者可以向陌生人讲述自己的病情。像肌萎缩侧索硬化这类罕见的衰竭性疾病的主要问题之一是，患者从来没有和其他患此类病症的人进行交流的机会。尽管有成千上万的人患有这种疾病，但要找到他们并不容易。“病人如我”这个平台解决了这一问题。而且事实证明，不只是患有罕见疾病的人在寻求联系，在“病人如我”和其他数百个新在线健康平台上，每年有数百万人与匿名的病友互动。他们自由地分享各自的健康信息和个人经历，并互相提供医疗建议。虽然都是陌生人，但让我感到惊讶的是病友彼此之间的紧密联系。尽管素未谋面，他们却在影响着彼此的医疗决定。

当我探索这些网站时，一个问题使我陷入沉思：这些联系是强关系还是弱关系？

我想知道：是不是大家对健康的共同渴望让这些平台得以发展的，或者是否有其他潜在的几何关系网在积极有效地传播这种影响？

我决定将这些健康网站纳入我的研究范围。我建立了一个新的在线健康社区，并在主流健康网站上做广告，比如哈佛大学癌症预防中心、《预防》（*Prevention*）杂志、《男性健康》（*Men's Health*）与《女性健康》（*Women's Health*）杂志、《自我保健》（*Self*）杂志等。人们对它感兴趣的程度令人惊讶，超过 1 500 人报名参加了这项研究。

为了加入，参与者需要完成一份简单的问卷，在问卷中，他们要选择一个用户名，并选择所有他们感兴趣的健康内容和关注事项。注册成功后，注册人就会被分入一个志同道合的“健康伙伴”群。注册人自己是没有权限更换伙伴群的，系统会自动进行分配。如果健康伙伴群里有人分享了新的健康建议，群内成员就会收到电子邮件通知。群内成员还可以相互分享自己的建议。

当 1 528 名志愿者注册成功后，我将他们随机分成两组。每组有 764 人。

但两组是不够的。好的科学研究的关键是复制。

所以我把每组分成 6 个社群，每个社群的人数从 98 人到 144 人不等。

在第一组中，6 个社群被设置为烟花状网络。第二组的 6 个社群则被设置为渔网状网络。

就像医学试验一样，这将允许我对烟花状网络和渔网状网络进行 6 次重复比较。这样，我就可以确保研究结果的可信度。

在志愿者被分入各自的社群后，这项研究在我看来就像 6 个渔网状社群与6个烟花状社群间的并行参照，每个社群中的人都与数量完全相同（6个或8个，取决于网络的差异）的健康伙伴联系在一起。

对参与者来说，实验看起来是不一样的。如果你加入了一个烟花状网络，那么你在登录时就会看到自己有6个健康伙伴，你们彼此间志趣相投。如果你加入了一个渔网状网络，你同样拥有6个志同道合的健康伙伴。仅仅通过观察健康伙伴，你是不可能知道所在社群的几何形状，甚至它有多大的。参与者所知道的是，这些社群是相同的。

即使参与者看不到几何关系网，这些关系网也会影响人们的行为吗？这就是我想要回答的问题。但为了让实验有效，人们必须受到同伴的影响。

如果你加入了这个社群，你觉得你会对你的健康伙伴有什么感觉？因为你们彼此间兴趣相投，所以你很可能会重视他们的建议。但你应该不会觉得和他们有强烈的情感联结，毕竟你们都是陌生人。

通常情况下，这些联系人之间都是弱关系。他们之间的关系会形成烟花状网络模式。如果将他们连接成渔网状网络，一个有别于弱关系的几何关系网，那会改变整个社群的行为方式并明显地促进一项创新的传播吗？

我的假设是：会。而弱关系理论的观点恰恰相反。根据弱关系理论，触达是好的，冗余是不好的。

我想，是时候找出答案了。

出于实验目的，我构建了一种有趣又便于使用的社交技术，一个可以让参与者搜索新健康资源的巨大数据库。他们可以互相分享这些资源，并对每个资源进行评级。但要使用这项技术，他们首先需要访问一个网站，并完成注册。

我设计的这款软件要有用，同时也要遇到阻力。像所有社交软件一样，这是一种复杂传播。它的使用会遇到两个障碍：可信度和协调性。首先，如果你正在考虑使用它，你会想知道这款软件是否有用，值得你花时间注册。其次，这款软件的价值取决于共同使用的人数。社群中注册的健康伙伴人数越多，你就会得到越多推荐。也只有当你认为其他人也在使用这款软件时，你才有可能决定使用它。

实验开始之初，我采用了和米尔格拉姆实验相同的过程。我向每个网络中的一个人“播种”了这款软件。这个对象是我最初的采纳者，或者说是“变革推动者”。每一个最初的采纳者都会给社群发送一条信息，让群里其他人知道他们的一个同伴已经在使用这款软件了，并邀请他们也加入使用行列。

然后，我看到令人惊奇的事情发生了。

在烟花状网络社群中，信息以光速传播。采纳这款软件的人在整个网络中触发了通知的爆炸式增长。随后，他们中的任何一个同伴采纳软件，都会引发新消息向四面八方扩散。

信息传播看起来就像一连串烟花。这是最好的病毒式传播。但是，尽管每一次新的信号爆炸传递给了网络里不同的人，但并没有产生许多新的采纳者。也就是说，尽管所有人都意识到了这款软件的出现，实际采纳却滞后了。

相比之下，在渔网状社群中，最初的传播速度慢得令人发指。每个新的采纳者都会将通知发送给同一群人，而这些人刚从前一个采纳者处得知这一创新。如果其中有人注册并开始使用软件，他们的大部分通知也同样会被发回同一社群。人们会从两个、三个甚至四个健康伙伴那里听说这款软件，然后信息才会扩散到新的社群。

格兰诺维特在一件事上显然是对的：信息在烟花状网络中的传播速度更快。

但实际采纳这款新软件，即人们填写注册信息并登录使用软件的行为显示了相反的结果。因此，渔网状网络中的冗余虽然减缓了信息的传播，但加速了采纳行为的传播。

那些从好几个同伴处收到注册消息的人更有可能采纳这款新软件。而一旦他们这样做了，他们采纳的信号就会加入确认消息的“大合唱”，被发送给社群里的其他同伴，产生更多的采纳者。

我在这12个网络中都发现了同样的结果。虽然信息在烟花状网络中传播得更快，但渔网状网络里显然有更多人采纳了软件。社会冗余不再是一种浪费，它在完成一项重要的工作——加强新行为的社会协调。

在烟花状网络中，早期采纳者（那些在看到一条信息后就采纳了创新产品的人）通常只登录了一次，之后就不再登录了。在渔网状网络中，那些需要得到多个同伴的社会确认才注册的人（所谓“滞后采纳者”）之后更有可能不断登录，使用软件来查找和分享新的健康建议。事实上，滞后采纳者持续使用软件的可能性是早期采纳者的300多倍。甚至在实验结束几个月后，这些人还在继续登录并使用它。

为什么？

实际上，是关系中的冗余完成了双重任务。最初，来自多个同伴的确认消息显示了这款软件的协调价值和可信度，这使人们采纳了这款软件。

但是，就像采纳电话或推特一样，采纳一种社交技术的原因也是持续使用它的原因。关系网络中越多人采纳新技术，就意味着越多人推荐它，也就意味着越高的价值。即便在一群陌生人中，强化网络的几何形态也会让人们不断回流溯本。

第 5 章

行为中的复杂传播：模因、发布机器人和政治变革

2012 年秋，美国共和党总统候选人威拉德 · 米特 · 罗姆尼和民主党时任总统巴拉克 · 奥巴马之间的总统竞选开始升温。在一场备受关注的总统候选人辩论中，罗姆尼指责民主党花钱如流水。在一次即兴演讲中，他呼吁政府停止对美国公共电视网的资助。美国公共电视网是一家由联邦政府资助的电视网，它最出名的是为儿童制作的创新教育节目。就在罗姆尼随口提到要取消深受喜爱的儿童节目《芝麻街》后，推特上炸开了锅。短短几分钟内，“#SupportBigBird”（拯救大鸟）这个标签就被转发了成千上万次，并作为新的网络模因四处扩散。这算是简单传播还是复杂传播呢？

标签的速度

就在罗姆尼关于《芝麻街》的言论点燃推特的前一年，一个由著名科学家乔恩 · 克莱因伯格领导的康奈尔大学计算机科学家团队着手研究某些话题标签在推特上比其他话题标签传播更快的谜题。

克莱因伯格是一位体形精瘦、性格友善、思维敏锐的博学之士，他认为简单传播和复杂传播之间的区别可能有助于解开这个谜团。同时，他认为这个问题的难点在于，像话题标签这样简单的东西为什么

会有复杂性。从字面上来说，传播一个标签所需的无非就是复制并粘贴一个热门标签（如“#SupportBigBird”）到你的下一条推文中。或者更简单来讲，点击一下“转发”按钮即可。

25岁时，克莱因伯格已经是一位杰出人物。他在康奈尔大学拿到学士学位后，又在麻省理工学院获得博士学位，那时他被康奈尔大学主动招聘回校担任助理教授。追随物理学家理查德·费曼的足迹，克莱因伯格开始在康奈尔大学任职，那时他比自己的许多研究生还要年轻。似乎是为了消除人们对他早期发展的担忧，克莱因伯格很快获得了享有声望的麦克阿瑟基金会奖金，即所谓“麦克阿瑟天才奖”，这是对他在社会网络方面所做贡献的表彰。作为一个勇于创新和严谨的思想家，克莱因伯格实至名归。从那天起，他可以研究任何他喜欢的主题。引起他注意的是话题标签如何在推特上传播。

克莱因伯格与他的合著者丹尼尔·罗梅罗和布伦丹·米德研究了当年推特上流行的几种不同类型标签之间的差异。通过研究这些标签的使用模式，克莱因伯格的团队得到了一些惊人的发现：他们所称的“俗语标签”［例如“#dontyouhate”（你难道不讨厌），或者“#musicmonday”（星期一音乐推荐）］和政治标签［例如“#tcot”（推特上的顶级保守党人），或者“#hcr”（医疗改革）］之间有着明显的区别。就俗语标签来说，病毒式传播的方法是有效的。用户们在看到它们一次后就会开始使用它们。仅一次接触，这些话题标签就可以在人群中快速传播。它们属于简单传播。

政治标签则完全不同。正如克莱因伯格的团队所说，政治话题标签“使用起来会比俗语标签风险更大……因为发布它们可能会让你站在一个让你所在社交圈里的其他人疏远你的位置”。推特用户通常等到从社交圈里其他人那里收到相同的标签后，才会自己使用它们。因此，政治标签是一种复杂传播。

“等号”的速度

2013 年 3 月 25 日，美国公民权利组织“人权战线”（HRC）发起了互联网史上最大的社会运动之一。当周，美国最高法院正在审理两起案件，这将决定美国同性婚姻的命运。为了配合这一具有里程碑意义的事件，“人权战线”呼吁人们把他们的脸书个人资料照片和头像都换成“等号”，来表示对婚姻平权的支持。在此之前，“人权战线”的 logo（标识）一直是背景为蓝色的亮黄色等号。现在，这个 logo 的配色变为红底粉字——红色和粉色都象征着爱情。

一周内，将近 300 万人将他们的个人主页替换成了新 logo。这个行为逐渐演变成一场史无前例的支持婚姻平权的全国性运动。

要是我们简单研究一下等号运动的惊人发展，我们也许能合理地推断，这是一个典型的社会行动主义走红的教科书范本——一场简单传播，或许“表情包式”的新 logo 起了助推作用。但脸书的两名研究员决定进行更深入的探究，其中就包括物理学家拉达 · 阿达米克，第 1 章中曾提到她开展的“第二人生”的研究。

在脸书工作的吸引力，除了有无限量的免费冰激凌和设计前卫的总部大楼，还有极高的数据访问权限。尽管很多人都推测过脸书上等号广泛传播的原因，但只有阿达米克和她的同事波格丹 · 斯泰特对背后的逻辑进行了系统性研究，这无疑令人羡慕。

这两位研究员通过对脸书平台上几百万的转发、评论和点赞进行溯源，不仅分析了等号的发酵趋势，还分析了 2012 年脸书上流行的其他几十个不相关的社交模因——从被大规模转发、点赞的图片，到大热的社交网络行为，比如发布主题推文来讨论复活节或者其他节日的意义。阿达米克和斯泰特的发现与克莱因伯格关于推特的研究相互印证——图片分享是一种简单传播。通常来讲，图片传播得更快——只需要一次接触就可以从一个人传递到下一个人。但是等号需要多次接触来强化，使人们做出改变。为什么会这样呢？分享热门图片和跟风改变个人资料之间有什么差别？

阿达米克和斯泰特总结出，脸书用户在用行动支持等号运动之前，需要来自同伴的社会认同，来让他们相信等号运动是正当的，且已经有足够的群众基础。正如两位研究员所说："我们不难发现，当一个人坚持自己的观点时，他们非常需要来自多渠道的广泛社会证明。毕竟，参与这些反对社会规范的活动会给他们带来很多风险。"他们解释说，这些风险小到周遭与个人的风险（"和意见不同的朋友的争吵"），大到"生命威胁，就如一些社会活动家在对抗专制政权时所经历的那样"。

等号运动通过加强社会联结而势不可当——联系人群体紧密地相互联结。这不是病毒式传播，而是复杂传播。而这场运动的传播正是因为参与者获得了足够的社会确认，从而克服了他们对风险的顾虑。从阿达米克和克莱因伯格的研究中，我们得到的重要结论是：任何可能引起争议的观点（及其传播），都需要社会网络提供充分的社会确认，即便是在推特和脸书上。

冰桶挑战和其他模因

"冰桶挑战"是最具代表性的社交媒体传播事件之一，时隔多年，仍然没人能解释清楚它当年发酵的过程。就像时尚一样，我们过去一直认为它不可能被提前预测。

冰桶挑战在 2014 年的夏天留下了浓墨重彩的一笔，先是数百万美国人，紧接着是世界各地的人，自发记录了将一桶冰水从自己头上浇下的过程。这些视频被上传、被观看、被转发，然后被效仿。这一活动席卷全球。州长、职业体育明星、电影明星和电视名人全都加入进来。

冰桶挑战是一位名叫皮特·弗拉特斯的大学棒球运动员在2014年发起的，起初的目的是增进人们对“渐冻症”（肌萎缩侧索硬化）的认知。但它的发展超乎预期，不仅极大地提高了人们对这种疾病的认识，而且为渐冻症慈善机构带来了巨额捐款。

从2014年6月1日到8月13日，120多万条视频经过分享在推特上引发了超过220万次讨论。7月29日至8月17日，冰桶挑战为渐冻症慈善机构筹集了超过4 180万美元的捐款——远超2013年一整年的筹款总额。冰桶挑战成为“病毒视频”（网络爆红视频）的代名词。科学家和营销人员花了数年时间，尝试弄清楚是哪些要素让这种视频如此特别。为什么它爆火了，而其他视频没有？这种病毒式传播的成功秘诀究竟是什么？

2014年，英国数学家丹尼尔·斯普拉格和托马斯·豪斯着手研究冰桶挑战成功背后的数学原理，以及所有网络爆红视频背后的数学原理。他们调查了2014年最受欢迎的26个模因，从“趴街”（在公共场所摆一种僵硬的瑜伽姿势）到假装吃大面额纸钞。这些模因彼此之间不存在主题观念、功能特点或诱发原因等方面的相似性。有些属于情感触发，但另一些不属于；有些有社会价值，而另一些则没有；有些存在实用价值，另一些则不存在。从统计学角度来看，成功与失败的特征无系统性差异。事实上，从数学角度研究的唯一发现是，几乎在所有案例中，这些模因被大量传播都得益于社会确认。它们属于复杂传播。

斯普拉格和豪斯又做了一件非常了不起的事。他们做了一次预测。

复杂传播的模型能让这些数学家预测下一个受欢迎的模因吗？斯普拉格和豪斯勇敢地验证了他们的预测。

2014 年初夏，冰桶挑战刚刚启动。虽然它显然很受欢迎，但没人知道它会发展到什么程度。它会继续发展吗？还是像大多数时尚一样以失败告终？斯普拉格和豪斯分析了现有数据，使用了复杂传播模型，计算出在推特网络中需要多少社会确认可以引发下一个模因的流行。他们预测这不会立即发生。在网络上建立一种社会确认需要几个星期的时间。但一旦建立社会确认完毕，传播就会达到临界规模，模因会变得非常流行。

斯普拉格和豪斯预测，冰桶挑战的流行程度将在几周内增长 1 000%，并于 8 月中旬在互联网上爆发。同时，他们也预测到了它的衰落：一旦达到网络饱和，它就会迅速消失。他们推测，到 8 月底，冰桶挑战的流行程度将出现下跌，并恢复到初夏的水平。

在第 1 章中，你所看到的影响力人物并没有使推特腾飞。对冰桶挑战来说同样如此。就像奥普拉开始使用推特一样，美国全国广播公司《今日秀》的主持人马特·劳尔在直播中进行了冰桶挑战，并得到了大家的欣赏和认可。他的表演无疑促进了模因的发展，但那时模因已经进入了快速发展阶段。正如奥普拉与推特，社会传播成功背后的真正问题不是如何得到一个名人的支持，而是如何快速发展到令人瞩目，以至于有名人自愿与其建立关联。

斯普拉格和豪斯对冰桶挑战未来发展的预测并非基于名人的背书，而是基于复杂传播的数学模型。这两个人是对的：他们成功地预测了冰桶挑战快速发展、到达顶峰和急剧衰退的时间。在这个过程中，他们创建了一个模型，能够准确地预测其他（可能不太引人注目的）模因的增长、巅峰和衰退状态。

斯普拉格和豪斯的惊人发现改变了我们对社交媒体传播的看法。

然而，模因可以通过弱关系迅速流行起来，也可以通过复杂传播实现飞速发展。但使用复杂传播就需要社会冗余的帮助。这一发现不仅有助于理解过去的成功，也有助于预测未来的成功。

公益发布机器人

2014 年，丹麦计算机科学家苏涅·莱曼与三个同事比亚克·蒙斯特德、彼得·萨皮津斯基和埃米利奥·费拉拉——进一步研究了这个想法。莱曼和他的团队不是简单地观察推特上的传播方式，而是想研究是否可以运用复杂传播的科学原理在推特上传播他们自己选定的模因。

作为计算机科学家，他们同时希望研究过程由计算机自动完成。他们的想法是使用“发布机器人”（带有自动发送消息的程序）在推特上传播选定的消息。更重要的是，他们的目标不仅是随机传递信息，而且是传递能引发积极感受、促进社会合作的信息。他们想让发布机器人为社会公益做贡献。

2014 年，有关发布机器人的报道层出不穷，而且大多为负面新闻。比如，政治候选人越来越频繁地使用发布机器人，来表现草根阶层对他们竞选活动的支持（一种据称能以假乱真的“草根营销”技术）。莱曼和他的团队了解到，社交媒体对发布机器人的广泛报道已经引发了公众的重大关注，他们希望可以扭转局势。但他们不是研究如何防止发布机器人为非作歹，而是想让发布机器人积极地参与到促进社会文明的活动中去。

他们试图回答的核心问题是，正能量的模因是简单传播还是复杂传播。发布机器人传播这种模因的最佳策略是什么？

在冰桶挑战结束一个月后，莱曼和他的团队在推特上安排了 39 个设计精巧的发布机器人。在 2014 年 9 月到 2014 年 11 月的 6 个星期内，这些发布机器人一直在发帖，其间获得了超过 25 000 名用户的关注。

然后，莱曼将发布机器人互相连接。将发布机器人互联的想法似乎很荒谬。从病毒式市场营销的角度来看，这简直就是在浪费资源，就像让电话营销人员互相打电话一样，有什么意义呢？

但正是这个想法巧妙地使这项研究变得更具特色。这个发布机器人网络（或者说智能网络）创造了两种社会确认。一种显性确认是发布机器人的关注者会从多个发布机器人以及它们的关注者那里得到社会确认。另一种非显性确认则源于观察发布机器人之间的互动的人。这种互联还产生了第三方效应，机器人之间相互转发和点赞，可以使这些消息拥有更强的正当性。发布机器人之间的互动为社会确认提供了依据，也增强了发布机器人真实存在的假象——让人对它们发布的信息更为期待。

发布机器人拥有了众多关注者，并进行了互联，下一步就是传播公益信息。从 2014 年 11 月到 2014 年 12 月，莱曼的发布机器人向世界发布了新模因。

就像米尔格拉姆的明信片实验一样，莱曼和团队将发布机器人用作传播新模因的最初发起者。但它们的目标并不是将信息送达马萨诸塞州的任何一位接收者那里，而是把社会模因传递给世界上的每个人。一共有 8 个模因，你可能已经看过其中的一些，比如“#记得打流感疫苗”“#与陌生人击掌”“#做了多少个俯卧撑”“#好事发生”“#旧金山谢谢你”。

举个例子，“#记得打流感疫苗”就像它的字面意思那样，鼓励人们每年坚持注射流感疫苗，然后在推特上发布接种成功的消息。同样地，“#与陌生人击掌”鼓励人们在街上随意和陌生人击掌，然后发布击掌体验。这些都不是极具深意的模因，但每一个都传递了积极向上的社会信息。

莱曼的实验取得了出人意料的成功。他们发出的模因一时间广为传播。这些模因每一个都是复杂传播，是通过冗余进行社会传播的。社会确认是它们成功传播的关键。

就像我们在第 4 章中探索的健康伙伴传播实验一样，莱曼发现从单一来源重复发送信息是行不通的。这些模因被使用的关键因素不是人们多次从单一来源那里收到信息，而是从多个来源那里收到信息。实际上，从同一个发布机器人那里重复收到确认信号的人往往更不可能采纳模因，可能性甚至比只收到过一次确认信号的人还要小。而实验证明，来自多个发布机器人的冗余信号会加快模因的采纳速度。事实上，不同来源的确认信号越多，收效就越好：随着越来越多的发布机器人为同一个模因提供社会确认，其采纳率会飙升。

在莱曼实验之前的近 10 年里，推特就是通过邻居和朋友之间的社会确认才被所有美国人接受的。事实证明，模因也以同样的方式进行了传播，它遵循了推特发展的社会确认几何图。莱曼的研究还呈现了一个新颖的见解：这种发展过程不仅可以预测，而且可以自动化实现，仅需少量的发布机器人就能完成。

多年来，我们一直认为，情感触发和信息黏性是传播的基本要素。而莱曼的 39 个发布机器人却展示了其他内容。即便是鼓励接种疫苗这样简单的信息也极具传播性。而传播成功的关键是使信息以正确的方式在社会网络中扎根，在冗余关系的集群中传播。而且，比信息黏性更重要的是信息得到的社会确认。

第 6 章

复杂传播的底层逻辑：宽桥的重要性

自从 20 世纪 70 年代马克·格兰诺维特开启了对社会网络的开创性研究，不同社会集群之间的联系就被称为桥梁（也译为“局部桥”）。这些桥梁是弱关系的代名词，它们是一种不牢固的社会关系，将身处不同群体的人联系在一起。早期的社会科学家经常用桥梁长度来衡量其价值，前者也就是桥所跨越的社会距离——我称其为“触达”。即使在今天，一个很普遍的假设（不仅在社会科学界，而且在工业界和游说组织的大多数人中）是：触达是成功的关键。

但还可以从另外一个角度来考察桥梁，不是其长度，而是宽度——我指的是它们包含的关系的数量。弱关系是窄桥。在一家企业中，一座窄桥可能由一个部门（如工程部）的员工与另一个部门（如销售部）的员工之间的一对一联系形成。在一些公司里，工程部与销售部之间几乎没有交流的机会，工程师伊莎贝拉和销售经理塞琳之间的弱关系在企业网络中建立了一座窄桥。它为两个部门间的信息互通提供了宝贵的机会。

相比之下，宽桥则反映了真实的部门协作：它涉及来自一个部门的多个个体，他们通过重叠的关系与其他团队成员进行互动。宽桥不关乎触达，而关乎冗余。它们允许桥两边的人听取多个同事的意见和建议，并相互讨论和辩论想法。宽桥代表着强关系。

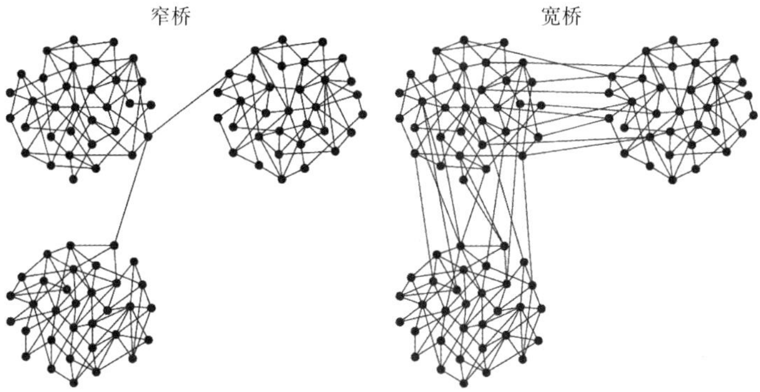

图 6.1　窄桥和宽桥的对比图

跨越居民区的宽桥的出现频率是复杂传播得以快速在不同地区之间扩散的原因。但地理因素并非桥梁宽度的关键，关键在于网络冗余性。推特就是一个经典的案例。在旧金山周边地区完成扩张后，推特直接跳跃式发展至马萨诸塞州的坎布里奇。它是通过强关系（一座宽桥）中的社会确认跨越整个国家的，从美国西岸直接成功传至东岸，这座桥梁连接着美国两个地理上相距遥远的城市。而且，这座宽桥促进了群体之间的社会协调，建立了新技术的可信度和价值。无论一座宽桥所跨越的物理距离是近还是远，它的影响力均来自社会确认。

窄桥通过弱关系传递信息，宽桥通过强关系承担社会变革。

缺口的战略优势

对于一家企业来说，窄桥和宽桥哪个更好？

答案取决于你在一家公司中的位置，以及你想要达到的目标。

如果你的目标是简单的信息共享，窄桥就是完美的解决方案。

假设有一家由一系列独立运营的直属部门组成的公司。工程人员从不与销售人员交谈，销售人员也从不和设计人员沟通。虽然每个部门内部是以渔网的形式连接在一起的，但部门之间的关系存在着空白，很多宝贵的机会也因此而流失了。

假设工程师伊莎贝拉读过几本关于社会网络的商业书。她发现，公司社会网络中的缺口可以被视为战略机遇。如果她能弥合这些关系缺口，她就能成为跨群体信息传播的中间人。如果想要获得成功，她就要建立自己的社会网络。

她知道与工程部关系最疏远的是销售部。工程部和销售部的员工几乎没有联络机会，也许他们也不是特别想见面。

伊莎贝拉决定担起建立部门联系的重任——在工程部与销售部之间建立一座窄桥。她在电梯里遇到了销售经理塞琳，并开始与她交谈。她们相谈甚欢。她告诉塞琳工程师正在做的一些工作，也许销售团队会对这些工作感兴趣，同时，她也了解了销售部门来年的销售计划。

过了一阵子，伊莎贝拉在一次区域会议上认识了来自生产部的阿里亚。阿里亚告诉她制造业正面临的问题，伊莎贝拉也分享了从塞琳那里听到的一些销售团队的消息。在公司的节日派对上，伊莎贝拉还认识了人力资源部的杰基。他们很投缘也很谈得来，从公司的多元创新一直聊到公司倡导的包容性举措。

每隔一两个月，伊莎贝拉就会与这些来自不同部门的同事交谈。她会跟进那个部门的新进展，并与其他部门进行分享。

伊莎贝拉认识的人越多，她就越出名，因为她是了解公司内部情况的关键人物。而越多的人有这样的想法，就越有利于伊莎贝拉扩张人脉网络。她越成功，她的窄桥网络就越像烟花爆炸般向公司各部门扩散。最后，她的弱关系会扩展到公司的每一个部分。

作为信息中间人是有利可图的。其战略益处显而易见：伊莎贝拉可以获得最新的独家消息，有时甚至是保密的信息。她广阔的人脉网提高了她在公司的知名度。尤其对那些渴望建立新人脉关系的人来说，有不同信息来源的伊莎贝拉颇具价值。

伊莎贝拉的窄桥关系网不仅仅对自己有利。她的人脉关系越广，她对公司的价值就越高。她努力拓展的人际关系网络，使公司不同部门间的信息流通了起来。

伊莎贝拉的社交策略可以作为你利用社会网络获得成功的教科书案例。

现在你已经读了够多关于窄桥的故事，可能已经在猜想它会有什么样的问题。

这些问题源自信息共享与知识迁移的根本区别。窄桥对于简单的信息共享非常有用。伊莎贝拉的弱关系使她能够从公司不同部门收集最新信息。

但这座窄桥无法帮助她传播公司变革。

为什么？

因为公司变革需要说服参与者做出改变。人们必须学习新的技能，明确新的发展方向，并且适应新的工作流程。公司变革还需要对不同部门间的知识迁移有深入了解。说服人们开始一项新的研究合作，或接受一种新的公司计划战略，或采纳一种新的项目管理技术并不容易。人们都抗拒创新，因为改变通常是困难的，而且几乎总是充满风险。

伊莎贝拉的窄桥网络可以带给她公司的最新动态。但如果她想施展所学，就需要得到社会确认。

假设工程团队已经为项目管理开发了一种颠覆性的新电子表格技术。它更易于使用，工程师预测它可以提高整个公司的生产力。管理层对此同样感到很兴奋，但内部政治会阻止其他团体接受这项创新：工程部之外的所有人都把这项新技术视为工程师为自己开发的技术工具——不太可能对其他人有用。

勇敢的伊莎贝拉想要发起一场变革，利用她的窄桥网络在整个公司传播新技术。她首先与销售经理塞琳交谈。她提出制定一份可以将新技术从工程部推广到销售部的合作协议。这是一个积极进取的想法。销售团队会如何应对？

在他们考虑这个问题之前，还有几个障碍要克服。

首先是信任。这不是个人人格魅力的问题，而是职位的问题。由于伊莎贝拉是一个信息中间人，说服双方达成协议就让人觉得她有想借此提升自己的声誉的动机。因为两个部门的人都知道这一点，所以他们很难相信她。这对他们分享信息可能不会产生影响，但可能成为说服两个团队达成合作协议并使销售部门承诺使用新项目管理技术的一个巨大障碍。这是一个可信度问题。

塞琳的同事不认识伊莎贝拉，他们也不知道她为什么如此急切地想要说服销售部每个人使用工程部的新产品。没错，他们没有理由不相信伊莎贝拉。但他们也没有理由相信她。说服销售团队投入时间和资源来构建一份合作协议，然后为一项新的项目管理技术改变他们的工作习惯，这不仅需要信息，还需要信任。

其次是风险。假设伊莎贝拉的意图是好的，她真的相信新的项目管理技术，并且这项技术在工程部内部取得了巨大的成功。她看到自己团队的生产力有了显著提高，她确信其他团队如果使用了该技术，也能收效显著。

塞琳被说服了。但她的同事不那么乐观，销售团队会认为他们目前使用的项目管理工具已经尽善尽美了。对他们来说，这种创新将极大地扰乱他们的日常工作，并很可能影响他们完成季度销售指标。做出改变就意味着要冒很大的风险。

不仅如此，销售部门的成员对工程部一无所知。他们不知道工程师每天的工作内容和面对的挑战。即使塞琳的同事信任伊莎贝拉，相信她的提议是出于对销售部的好意，他们也仍然可能怀疑工程团队不能提供有用的东西。（私下里，销售人员也会心存担忧：如果这项新技术确实更好用，但它太复杂了，以至于他们无法有效地使用，那怎么办？毕竟没人想陷入这种尴尬的境地。）

但是，传播企业创新的最大障碍往往不是可信度或正当性，而是协调性。

为了推广新的项目管理技术，销售团队中的每个人必须首先采纳它，否则其他人就更不可能采纳了。

光凭塞琳一人是无法实现的。她的同事需要学习如何使用这种技术，并愿意在日常工作中使用它。为了使新技术得到推行，销售团队需要协同作战，采纳一种管理项目的新方式。

即使伊莎贝拉的创新产品确实令人印象深刻且有效，她建立的从工程部到销售部的窄桥也不足以说服销售团队的每个人为此冒险。伊莎贝拉和塞琳的关系并不能解决协调性问题。

她需要一座更宽的桥。

为了实现她想要的改变，伊莎贝拉需要采取一种新的方法来管理自己在职场上的关系。她需要建造宽桥，而不是窄桥。

她应该怎么做呢？

假设伊莎贝拉重新出发。她在电梯里遇到了塞琳，她们成了好朋友。但接下来她没有继续建立更多的窄桥，而是请塞琳帮她建一座宽桥，那会怎么样呢？伊莎贝拉请塞琳帮忙，为两个部门的同事安排了一顿午餐，增进彼此的了解。然后，塞琳组织了一场简短的研讨会，介绍提高销售业绩的新技术，并邀请伊莎贝拉和她在工程部的朋友们参加。最后，伊莎贝拉再安排一顿午餐，以便向参加塞琳研讨会的销售人员介绍更多的工程师。

很快，工程部和销售部之间的网络就不再是伊莎贝拉和塞琳之间的单一网络，而是渔网式的冗余关系集群——这就在两个部门之间建起了一座宽桥。

这样的结果会使伊莎贝拉失去她的“结构优势”。她放弃了成为工程部和销售部之间唯一信息中间人的机会。她不再是窄桥网络的中心。但是，这样做的收效是巨大的，并且使她能够处于一个更好的位置，将工程团队突破性的新技术推广到销售团队。她和塞琳在工程部和销售部之间建立的桥梁形成了知识迁移的通道。伊莎贝拉构建的桥梁越宽，她就越能改变公司的协调能力，从而改变其对创新产品的响应能力。

首先，这是因为宽桥增加了信任。当群体之间存在多重纽带时，双方都有更多的机会观察彼此。桥梁上个体的粗心或冲动行为更容易被发现，因此也就不太可能出现了。同时，桥越宽，来自公司其他部分的信息的可信度就越高。

其次，在增加信任的同时，宽桥也降低了风险。颠覆性创新产品本身就具有内在风险。销售团队的成员在真心地接受新的项目管理技术前，将提出许多问题：新技术确实改善了工程团队的生产力吗？工程师在试图解决销售人员经常遇到的问题吗？新的项目管理技术是否与销售团队成员的现有技能相配？

如果两个部门之间仅有一座窄桥，那么销售部是没有办法得到满意的答案的。这就造成了很多不确定性，并由此产生对新技术的抵触。

一座宽桥可以改变这一切。

如果销售部的几名员工能与工程部的员工建立多重联系，他们就可以各自观察新的项目管理技术是如何在工程师团队发挥作用的，并对该技术在销售部进行推广的可行性做评估。因为两个团队之间的宽桥可以让销售团队的成员对观察结果进行比较，如果得出的结论是积极的，他们就可以协调本部门的其他同事，让每个人都参与进来。

但宽桥不仅是传播创新的通道，也是企业稳定的基石。在公司的存续期内，它们维持着企业知识迁移的连续性。

窄桥则容易断裂。员工在职期间作为中间人所得到的提升，在某种程度上就是其离职时企业要承担的成本。中间人的离职可能会导致重要沟通渠道的断裂和有价值信息的流失。相比之下，宽桥则减少了个体中间人的绝对影响力，并提高了组织的稳定性。它们可以确保沟通渠道和信息交流不会因个别员工的离职而受到影响。

开放式创新时代

宽桥式多元协作在公司变革中的关键作用并不局限于公司内部的社会网络，它对公司间的伙伴关系同样重要。

公司之间的桥梁越宽，公司之间的关系就越持久稳固。宽桥协作不但可以协调公司采纳新技术，更重要的是，还能改变企业文化。组织学习始于支持跨组织边界的创新之流和协调流程的基础设施。

事实上，这也是历史上最伟大的科学合作之一——绘制人类基因组图谱能够取得成功的原因。

1990 年，美国政府启动了人类基因组计划，这是史上最具创新性的科学构想之一。该项目需要来自美国、英国、日本、法国、德国和中国的 20 个主要研究中心的合作。

该项目会为治疗关节炎、癌症等数不清的疾病提供新的可能性，并将应用于生物燃料、病毒学、农业、考古学甚至法医学等领域。它还会揭示干细胞的用途，为成千上万患有终身疾病的人带来新的希望。它甚至还会为人类进化过程提供新的解释，并为基因测试和早期疾病诊断提供可能性。这将是医学科学的一个巨大飞跃。

但要取得成功，就需要解决一些社会网络方面的难题。怎么让这些研究中心彼此联结？项目由谁来主导？应该使用哪个国家的协定及标准？如何在做好保密工作的同时实现知识迁移？

人类历史上最重要的生物学创举取决于一个社会学问题，更确切地说是一个网络科学问题。

美国政府在管理改变世界的研究项目方面有着优良传统。1942年，美国、英国和加拿大合作，监管曼哈顿计划——原子弹的研制。在新墨西哥州洛斯阿拉莫斯的远离尘嚣之地，在布满尘土的山艾树丛下，罗伯特·奥本海默领导着一个由理论物理学家和应用物理学家组成的团队，成功地制造出震撼世界的原子弹，开启了原子时代。

19年后，也就是1961年，美国国家航空航天局启动了阿波罗计划。该计划的目标是完成约翰·菲茨杰拉德·肯尼迪所提出的人类登月的宏伟愿景。这是美国历史上最具雄心的政府计划，肯尼迪给科学家设定了一个严格的期限："十年之内。"和曼哈顿计划由奥本海默领导一样，阿波罗计划由首席科学家乔治·穆勒组织并领导。穆勒负责监督所有相关地点的活动，包括载人飞船中心、马歇尔太空飞行中心和发射中心。8年后，肯尼迪的登月愿景得以实现，阿波罗计划取得了举世瞩目的成功。1969年7月20日，人类第一次登上了月球，这是太空时代的伟大成就。

人类基因组计划是这些伟大事业的后继者。但是，用于曼哈顿计划和阿波罗计划的组织策略这次不起作用了。因为人类基因组计划不再是以美国权威机构为中心组织起来的，也不是某一个人掌管得了的。相反，这是存在竞争关系的国家和研究中心之间的合作。每个国家都有自己规范科学程序的法律，每个研究中心也都有自己的内部文化和组织结构。此外，各研究中心的科研仪器和操作方法都不一样，报告程序和复制协议也不尽相同。在尝试任何科学研究之前，需要先为这些组织搭建一个基础设施，以支持跨国和跨组织的知识迁移。育参天巨树，始于沃土。

他们开发的解决方案就是一场典型的宽桥协作实战。

从人类基因组计划之前的几十年到之后的几十年——20 世纪 70 年代末到 20 世纪、21 世纪之交，研究学者们注意到合作模式发生了显著的变化，这种变化不仅存在于人类基因组计划各研究中心之间，也存在于相关行业。它代表着开放式创新的开启。

在此前数代人的时间里，公司间一直严格维持社会网络的边界。比如在生物技术这样竞争激烈的行业中，每家公司与行业伙伴、客户和合作方之间只有几座窄桥。行业大部分社会网络都集中在公司内部，并且通常是结构分明的。

20 世纪 80 年代，新景象出现了。当时的企业需要应对日益复杂的技术，同时也要应对在竞争日益激烈的市场中如何相互依存的问题。一家成功的公司不再仅仅生产和销售产品，还需要金融对接、科技创新、开发新市场等，因此它需要与其他公司在金融、科学、社交等领域建立联系。

20 世纪 70 年代末，日本的制造业和电子业开始尝试新的组织模式。东芝、三菱和日立等大公司此前一直认为分包商不过就是协助它们完成专项任务的兼职帮手而已。但是，电子业的迅速发展使这些专业分包商成为新兴高科技行业中越来越有价值的成员。东芝和三菱都在各自的公司内成立了相关部门，专门负责与分包商建立合作交流关系。他们把外部的技术人员整合到公司的研发团队中，这样就由外部合作者帮助管理公司的制造团队，并制订生产时间计划。

到 20 世纪 80 年代初，日本的高科技产业已经转变为建立宽桥协作的基础，这是创新的引擎。日本合作企业之间的知识迁移和新产品开发飞速发展，让美国企业哪怕是其中那些大型企业都望尘莫及。日本似乎很快就会让加州硅谷和波士顿128号公路这样的美国高科技中心相形见绌。

跟随日本企业的变化，硅谷企业的产业关系网也发生了转变。通过联席会议和公司内部工作组，公司之间建立了宽桥协作的关系。它们彼此借鉴、取长补短，并在各自的市场领域中脱颖而出。一时间，一系列创新产品如雨后春笋。太阳微系统公司生产的服务器、天腾电脑公司为安全在线交易研发的故障保险功能装置、硅谷图形公司的高性能工作站、金字塔科技公司的小型主机都是协作创新产品。跨企业的互惠互利达到了前所未有的水平，同时增进了信任，降低了风险。

开放式创新的协作模式已经成为科技和生物技术行业创新的一种新模式，比如国际商用机器公司（IBM）、太阳微系统公司、思科公司、基因泰克公司、千禧制药公司、英特尔公司和其他许多公司。

这就是人类基因组计划获得成功所需要的关系模式。与大多数科学项目不同，人类基因组计划不是在研究一种理论假设。它是在打造一项革命性的科学创新——一种解读人类DNA（脱氧核糖核酸）完整序列的技术能力。

这类似于硅谷企业首创的那些研发项目。但人类基因组计划的目标大得多。要想取得成功，研究中心之间就需要进行持续且严格的协作。每个中心都需要分析和收集大量基因数据，然后一起努力将数据整合成一个有意义的模式。这是历史上最大、最复杂的拼图游戏。

有十多个大学实验室和政府研究中心通过联盟的方式进行协作，联盟的各中心之间可以分享它们的发现，也可以对这些发现进行复制和同行评估。它们会通过定期会议、参观各研究中心、现场会议、分享研究数据库和电子点对点交换网络（与现代互联网的出现相对应），来实现各研究实验室之间的协调。

曾经对彼此戒备森严的各研究中心此时会定期开会讨论彼此的进

展和评估方法。它们就知识迁移、复制技术和同行评估的共享协议达成了一致。有的研究中心甚至交换了它们的测序数据，看是否可以复制彼此重组遗传密码的过程。

这是合作科学的典范，而且它在急速进步。

到 2003 年，整个人类基因组已经绘制完成。基因研究的新时代开始了。

话题标签劫持案例

对人类基因组计划而言，新形成的传播基础源于为积极传递复杂知识所设计出的一种新的协作模式。但这种传播基础往往是自主发展的。在硅谷，这种传播基础的产生是为了应对日益复杂的技术和竞争压力。虽然公司是以个体形式做出响应的，但在整个过程中，相互关联的公司之间形成了一个共享的生态系统。

这也经常发生在整个社会的不同社区中。经过前所未有的科技发展，现在已经可以在地理位置遥远或者阶层不同的社区之间搭建起这种新的宽桥协作模式。电子邮件和社交媒体等技术已经能够在以前不相干的社区之间建立宽桥连接。这些社会关系的基础结构在迅速变化，可以为协调行动和社会运动的爆炸式发展带来新的巨大潜能。

2014 年 4 月 22 日，纽约市警察局在推特上发起了一场新的公关活动。纽约市警察局的推特账号发帖邀请公众分享他们社区的警察的友好照片，并添加标签“#我的纽约市警察局”。

在几个小时内，数十篇帖子展示了纽约市民与纽约警察拥抱、击掌、一起走在人行道上的画面。

然后发生了一件出乎纽约市警察局意料的事。

一位账号为 @OccupyWallStreet（“占领华尔街”）的活动人士发布了一张照片。在照片中，一名纽约警察手持警棍，挥舞着手臂攻击手无寸铁的抗议者。随后，一个账号为 @CopWatch（“警察观察者”）的团体发布了一张 17 岁男孩戴恩·弗拉德正在医院接受治疗的照片，他在被警察追捕时严重受伤。这些活动人士的帖子得到了其他人的确认，“#我的纽约市警察局”这一标签的新用法开始在他们的推特关注者中流行起来。

这种传播首先在活动人士中蔓延，然后开始更广泛地在纽约市所有推特用户间传播。普通市民从他们的推特订阅消息中开始收到一条又一条信息。这种传播开始在不同的群体中得到了社会确认——活动人士、家长、学生和其他人。

从布鲁克林到斯塔滕岛，从曼哈顿到布朗克斯区，人们开始用他们的个人推特账号发布自己的纽约市警察局相关照片。

一名黑人青年上传了一张照片。照片中，他的一个朋友躺在一辆纽约市警察局巡逻车的发动机罩上，痛苦地蜷缩着，3 名穿戴战术装备的警官朝他走去。照片的背景中，其他几名警察平静地站在周围。配文讽刺地写道：“当然！转发自 @ 纽约市警察局新闻：你有和纽约警察在一起的照片吗？发帖告诉我们并带上标签‘#我的纽约市警察局’。”

另一位市民上传了一张照片。照片中，6 名纽约警察将一名哭泣的抗议者抬进了囚车。推文半开玩笑地写道：“如果你不能走路，别担心，纽约警察会抬你走的。乐于助人的‘#我的纽约市警察局’。”

越来越多的帖子和转发推文传遍了纽约，直到达到临界规模。一场自发的运动开始像滚雪球一样越滚越大，全部涌向标签“#我的纽约市警察局”。

最终，雪球变成了雪崩。不到 48 个小时，超过 10 万篇帖子淹没了“#我的纽约市警察局”标签，几乎都在确认相同的重要主题。

纽约市警察局想在社会上传播的形象可不是这样的。

2014 年 4 月 24 日，在发起 2 天后，纽约市警察局关闭了其推特活动。

这对活动人士来说是一个小小的胜利，但大多数主流媒体并不这么认为。《纽约邮报》和《纽约每日新闻》在报道“我的纽约市警察局”运动时称，该运动被“憎恨警察者”和“煽动分子”给“劫持”了，这是“粗鲁、草率和完全错误的”。

仅仅几个月后，另一场类似的自发运动爆发。这一次，它将席卷整个美国，乃至全世界。

弗格森事件

这一事件的第一条推文发布的时间是 2014 年 8 月 9 日中午 12 点 48 分。

“弗格森警察刚刚击毙了一名手无寸铁的 18 岁男孩，当时男孩正走向一家商店。警察朝他开了 10 枪。”这名少年就是迈克尔 · 布朗。

这条消息是密苏里州弗格森镇的一名居民发布的（她的推特账号是 @AyoMissDarkSkin）。事发后，她刚好路过犯罪现场。她并非活动人士，也不是社会明星。她无意发动一场革命，但她的推文引发了其他人的关注。他们一起构成了推动美国近代史上最具规模和影响力的社会运动之一——“黑人性命攸关”的一分子。（Black Lives Matter 简称 BLM，这个术语有几个不同的含义。这里我用这个短语来指代“黑人性命攸关”运动，这是一场起源于弗格森事件的国际反警察暴力运动。Black Lives Matter 也指由艾丽西亚 · 加尔萨、帕特里斯·库勒斯和奥帕尔·托梅蒂在 2013 年创立的组织。“黑人性命攸关”运动包括这个组织，但也包括其他黑人民权团体。）

“#黑人性命攸关”这个标签可以追溯到弗格森事件发生的前几年。2012 年春，少年特雷沃恩·马丁在从便利店回家的路上被当地社区观察组织成员乔治·齐默尔曼杀害。此事虽然也引起了公愤，但还是得到了控制——至少在齐默尔曼受审期间是这样的。所有人都在等待齐默尔曼被判有罪。

但后来齐默尔曼被无罪释放。在随后公众的强烈抗议中，加尔萨、库勒斯和托梅蒂共同创建了“#黑人性命攸关”的标签。但它并没有被主流公众接受。2 年后，也就是 2014 年 6 月，在社交媒体上，“#黑人性命攸关”这个标签只被使用了 48 次。2014 年 7 月，43 岁的埃里克·加纳（6 个孩子的父亲）在斯塔滕岛上一次常规的逮捕行动中被一名纽约警察杀害。社交媒体上发布的视频和照片加剧了公众对加纳死亡的愤怒。在加纳死后的几周内，“#黑人性命攸关”标签的使用增长到了 600 次左右，但之后就没有变化了。

以往每一次公众的愤怒都是孤立的。

随后就发生了弗格森事件。

迈克尔·布朗于 2014 年 8 月 9 日被杀。

截至 9 月 1 日，“#黑人性命攸关”这个标签已经被使用了 5.2 万次。不到一年之后，它的使用次数达到了 400 万。到 2015 年 5 月，使用了“#黑人性命攸关”标签以及与关键词（如“#弗格森”）有关的推文已经超过 4 000 万条。

一场社会运动爆发了。

但这是为什么呢？

回顾这场运动，弗格森事件可以被称为“临界点”。但它为什么会成为临界点呢？这一事件有何不同之处？

显然不是媒体因素，媒体在过去两年间对每一起相关事件都做过详细报道。这一事件也与在推特上发文并评论马丁和加纳被杀事件的名人的参与无关。也不是“#黑人性命攸关”这一话题标签引发的，因为这个标签自 2012 年起就存在了。这些显而易见的因素都不能解释这场运动为何会在弗格森爆发。

迪恩·弗里伦是北卡罗来纳大学教堂山分校的一位魅力十足的活动家和交流学者。他是推特网络行为领域的一位研究先驱。在一份详细介绍推特网络如何推动“黑人性命攸关”运动的发展报告中，弗里伦展示了在弗格森事件发生之初、发展期间和之后的几个月里，公民、活动人士和主流媒体之间联系模式的变化。这种模式转变主要涉及一些原本在推特上相对独立的社区的迅速联合，由此形成了一个由宽桥连接的新社交基础。

2014 年 7 月，弗格森事件发生前一个月，在推特上讨论民权、黑人行动主义和警察暴力的关系网由几个相互独立的社区或“团体”组成，它们是通过窄桥连接的。一些活动人士在推特上发布有关埃里克·加纳死亡的消息和报道。主流媒体也发布了自己的报道。另一些主要由非裔美国青年组成的社区有自己的交流内容，几乎对活动人士团体和主流媒体发布的消息完全不感兴趣。

那时，这些社区之间的网络模式类似于开放式创新时代之前企业之间的网络模式。每个推特社区都有自己独立的交流。在内部，每一项交流都是一张紧密编织的关系网。于外部，帖子偶尔会被评论，并通过泡泡框转发。但这些外部的桥都很窄。绝大多数互动是在每个团体内部完成的。

一个月后，这些网络看起来大有不同。

还记得 2006 年旧金山那场让推特创始人意识到其技术价值的地震吗？当第一次地震发生时，本不相关的各个推特社区突然变得相互关联起来。在整座城市里，社区联系的桥梁不断加宽，使人们能够实时了解余震发生在哪里，以及其他人的反应。一个为了促进社会协调和引发情感共鸣的社会基础自然而然地出现了。

但弗格森事件的震级显然大得多。

弗格森事件以惊人的速度爆发。迈克尔·布朗于 8 月 9 日被杀，第二天民众就开始上街游行。警方则采取了强硬的回应姿态，来到现场时都身穿防弹衣，带着警犬。居民则在现场和网上做出回应。

这场活动并没有媒体活动人士领导，而是弗格森的普通居民使用自己的推特账号发布帖子，发布时刻发生在他们周围的一切事情。密苏里州的公民所使用的“#弗格森”和“#黑人性命攸关”这两个标签，不仅成了民众情感团结的象征，也成了战略性协调的工具。

在最初几天里，弗格森当地的居民是推特转发的主力，一个推特账号为 @natedrug 的公民在抗议活动中连续发布推文，另一个是账号为 @Nettaaaaaaa 的大学生。随着弗格森事件的推文量扶摇直上，社会网络边缘的成员变成了这场论战最具影响力的参与者。

到 8 月 12 日，一个传播基础在推特上搭建完成。原本各自独立的对话群体，比如由大量弗格森的活动人士组成的群体、国际活动人士和评论人士组成的群体、名人和主流新闻媒体群体、白人自由主义者群体，还有以黑人为主的多种族群体，有史以来第一次相互对话，彼此之间形成了许多座宽桥。

进行多种族交流的人们也是国际团结对话的一分子。参与了以白人自由主义者为主的对话的人，同时也参与到多种族对话和以黑人为主的对话中。每个群体中的人又都与激进派群体（如“匿名者”，Anonymous）以及主流媒体主导的群体相互交流。

“黑人性命攸关”运动需要好几个月的时间才能达到临界规模，但此时它已经成为一个有影响力的跨群体协调工具。不断扩大的网络互动为黑人青年、活动人士、弗格森居民和主流媒体找到了共同语言。“黑人性命攸关”的主旋律开始响彻各群体，大家都在谈论过度的执法暴力、具有种族针对性的警察执法行为和对公民权利的侵犯。

到 8 月 13 日，国家新闻机构的记者也来到了现场，对抗议活动以及当地警方逐渐强硬的态度进行了报道。仅仅两天后，国民警卫队也出动了。国家媒体的出现加剧了推特上的互动，公民、警察和媒体之间的对话在街头和网络上展开。令人惊讶的是，网络交流主要由公民发帖主导，而这些帖子比美国有线电视新闻网等知名新闻媒体的报道获得的关注更多。此前名不见经传的公民活动家德雷·麦克森在一周内就获得了超过 100 万次转发和提及。他从弗格森街头发回的报道帮助人们更加具体地了解了枪击事件、抗议活动和警方导致的事件升级。

在与弗格森相距遥远的其他地区，人们也开始觉得自己似乎与密苏里的小镇发生的事情产生了联系。来自全国各地的公民渐渐团结起来，“黑人性命攸关”运动的意义也开始受到关注。与此同时，主流媒体和当地居民对弗格森事件的争相报道使事件的紧张程度不断提高。

在即兴发起的“我的纽约市警察局”运动中，活动人士与媒体之间从未建立宽桥连接，也没有出现观点的交会。主流媒体创造一个词来描述这场运动，活动人士就创造另一个。最终，主流媒体赢得了这场战斗。大多数人从旁观者的角度来看，认为这些活动人士确实像劫持者。

然而，弗格森事件有所不同。公民、活动人士和主流媒体网络之间的桥梁不断加宽，使公民能够参与并影响媒体使用的语言。

8 月 9 日，关于迈克尔·布朗之死的第一篇媒体报道——来自《圣路易斯邮报》（@stltoday）的推文写道：“弗格森警方的致命枪击引发了暴民反应。”

当地议员安东尼奥·弗兰奇是第一个做出回应的人："'暴民'？你也可以使用'团体'这个词。"在弗格森出生的作家安德里亚·泰勒也呼应了这种观点，她转发了推文，并将"暴民"改成了"民众"。她还纠正了其他几篇将迈克尔·布朗称为"男人"（他在去世前几个月才高中毕业）的新闻报道。

随着事件在推特上持续发酵和主流媒体蜂拥至密苏里州，媒体报道和公民第一手资料分享账号的在线互动也在不断扩大，他们开始邀请全国各地的人参与到对话中来。一个来自美国中西部的推特用户在推特上写道："请注意，'青少年'变成了'男人'，'团体'变成了'暴民'，'谋杀'变成了'涉嫌枪击'。（后面添加了'#弗格森''#媒体素养'两个标签。）"活动人士团体"匿名者"的成员也扩大了他们的对话网络，将来自主流媒体的帖子包括进来。这些不断扩大的互动取得的惊人成果是，活动人士、公民与《华盛顿邮报》《纽约时报》《赫芬顿邮报》《今日美国》等主流媒体形成了一种协调一致的叙事口径。居民重塑弗格森抗议活动的努力取得了成功，主流媒体开始用"居民""团体"等词语称呼弗格森的示威队伍，而不是"暴民"。

到了8月底，"黑人性命攸关"运动已经开始显现其影响力。2014年9月，美国司法部对弗格森警察局的执法情况发起了民权调查，其中包括对该警察局在过去四年中使用武力的情况的深入审查。

几个月后，这场运动在全美范围内扎根生长。

2014年11月24日，弗格森警官达伦·威尔逊的无罪释放不但再次点燃了弗格森抗议活动，还引发了全国范围的大游行。一个巨大的传播基础已经形成。全国各地的公民和活动人士通过响应"黑人性命攸关"运动的核心口号来做出他们对威尔逊无罪释放的回应。12月2日，纽约警察丹尼尔·潘塔莱奥在埃里克·加纳一案中也被判无罪，这彻底激怒了响应"黑人性命攸关"口号的人们，并使他们空前团结。

不论是地理上相距遥远还是文化上截然不同的社区，如纽约市和密苏里州的小镇，此时都加入了这一运动。在此期间，12 岁的塔米尔·赖斯在俄亥俄州克利夫兰被一名警察开枪打死，阿凯·格利被纽约市一名警察打死。公众对这些事件的反应都不免与“黑人性命攸关”运动产生了联系。

在推特上，“黑人性命攸关”组织、黑人青年、活动人士、记者、流行文化团体和艺人都通过宽桥联系在一起，一致对这些事件做出反应。甚至保守派团体也加入了进来。值得注意的是，“黑人性命攸关”运动在这一点上已经获得了足够的正当性，使这些保守团体不再对参与该运动持绝对的反对意见。

几个月后，沃尔特·斯科特在南卡罗来纳州查尔斯顿背部中弹身亡；埃里克·哈里斯在俄克拉何马州塔尔萨被杀；桑德拉·布兰德在得克萨斯州沃勒县被警方拘留期间死亡；弗雷迪·格雷在马里兰州巴尔的摩市被警方拘留期间被杀。这时，不再只是活动人士和当地居民用“黑人性命攸关”运动视角来解读这些事件，全美的新闻媒体和政府官员都加入了“黑人性命攸关”运动。在不到一年的时间里，该运动在美国和国际上掀起了一股热潮，白宫、美国司法部和主流媒体都参与其中。

密苏里州弗格森镇不太可能成为一场国际运动开始的地方，它与世界的联系远不及纽约。迈克尔·布朗的死亡没有照片或视频记录，他也不是那些年里被杀害的最年轻或最具公民权的人。然而他的死亡事件引发了全美人民对警察暴力执法的关注。

这次民众的愤怒之声得以传播的一个重要原因在于，像 @AyoMissDarkSkin、@natedrug、@Nettaaaaaaa 这样的活动人士，以及弗格森和社会网络边缘其他地方的所有公民，他们联合在一起促成并维持着一个传播基础。就像 2006 年的旧金山地震和弗格森事件前几个月的“我的纽约市警察局”运动一样，这些网络自发地出现了。在几周或几个月里形成的宽桥协作模式，将数量空前的社区群体集结在一场单独的、有组织的对话中，使他们能够围绕一个共同的理念协作行动：黑人性命攸关。

对“黑人性命攸关”运动来说，胜利可能会来得很慢，但绝不会缺席，也会得以延续。对弗格森警察局的调查从 2014 年 9 月开始，并于 2015 年 3 月被公布，调查结果毋庸置疑。这份报告详细列出了一系列警察局令人不安的违宪行为，包括一项专门针对种族设定的市政法规，该法规规定了“在道路上行走的方式”。在接下来不到一个月的时间里，弗格森警察局长辞职，五名市政官员和警察被解雇。

2016 年 5 月 9 日，德尔里什·莫斯宣誓就任，成为弗格森历史上第一位黑人警察局长。现在莫斯已经退休，但弗格森总算有过一位黑人警长。在弗格森以外，“黑人性命攸关”运动也引起了人们对全国各地非裔美国人遭受虐待问题的关注。

在随后的几年里，定义推特上那些支持“黑人性命攸关”运动的主要团体的阈值已经发生了变化。一些群体的活跃度有所提高，而另一些则有所下降。由国际活动人士、黑人媒体人和艺人组成的新团体出现了，其他团体如被孤立的黑人青年，也纷纷涌入、响应运动。虽然这些在线团体和它们之间的桥梁会有变化，但对运动的声援仍在继续扩大。根据皮尤研究中心 2019 年的一项研究，“#黑人性命攸关”这一标签自 2014 年以来已经被使用了大约 3 000 万次，平均每天超过 1.7 万次。

2020 年 5 月，一则令人震惊的视频在网络上出现，视频中一个名叫乔治·弗洛伊德的 46 岁黑人男子在明尼阿波利斯市遭白人警察跪压，窒息而死。那座在 2014 年形成的宽桥已经准备好将公众的愤怒传遍整个美国乃至全世界，那场为寻求改变而生的运动再次席卷全球。

在视频发布的几天内，“黑人性命攸关”运动的抗议游行蔓延到纽约、费城、亚特兰大、华盛顿、底特律、旧金山和其他数百个美国城镇。在一周之内，团结一致的抗议者遍布欧洲、亚洲、非洲、美洲和澳大利亚。“黑人性命攸关”运动的抗议活动已经成为历史上最广泛、最团结的运动。

回到2014年，令人震惊的埃里克·加纳在纽约死亡的视频引发了小规模的抗议活动，“#黑人性命攸关”这一标签的使用数量略有增加。涉事警察最后被无罪释放，并且当时投票的美国民众有超过一半认为，随后针对警察暴力的抗议活动是不正当的。

但在2020年6月，造成乔治·弗洛伊德直接死亡的警察被指控谋杀，其他在场的警察也被控以重罪。之后几周进行的一项民意调查显示，78%的美国人认为，“黑人性命攸关”运动的抗议活动是正当合理的，这也促使国会首次对地方警务中的种族偏见起草联邦立法。

这次正义得到伸张的原因是，那些宽桥形成的传播基础使国内外不同群体团结一致、统一行动。“黑人性命攸关”运动带来的影响力，使遭受当地警察暴力的孤立社区群体发起了一场行动一致的国际运动，这重塑了公民传播变革的能力。

“黑人性命攸关”运动可以在多大程度上得到借鉴？它对其他类型的社会变革运动，包括“#MeToo”运动、同工同酬运动和改变企业内部性别关系文化的努力，会带来什么影响呢？

下一章将通过介绍相关性的概念来扩展宽桥的观点，相关性是强关系传播基础的另一个关键因素。而来自我们周围的人（包括那些和我们相似以及不同的人）的支持对变革运动的成功起着至关重要的作用。

第7章

相关性原则：相似性和相异性的力量

只要打开电视，不论观看多久，都难免会看到商业广告。而铺天盖地的健身和减肥广告总是很快映入眼帘。其形式几乎千篇一律：一个古铜色皮肤、肌肉发达的名人教练，比如《超级减肥王》里的吉莉恩·迈克尔斯、《21天塑形》里的奥特姆·卡拉布雷斯或《跆搏》里的比利·布兰克斯，会介绍所谓已验证成功的减肥方案，激励电视机前的你开启并完成一场健康与力量之旅。

在这些“值得信赖”的指导中，还穿插着那些参加该项目减肥取得成功的所谓真实案例。案例里的人分享自己在减肥过程中的情感挣扎。他们展示了前后反差巨大的对比照片。这些人有着不同的肤色，一些人减掉了大量的体重，而另一些人只实现了较小的变化。在这些人当中，有一生中大部分时间都在为减肥而奋斗的千禧一代，有为产后减肥而努力的年轻妈妈，有大腹便便的中年男士，还有一些想要抹掉岁月痕迹的五六十岁的女性。

那么，在你决定接受一个新的减肥计划或采取更健康的饮食和增强锻炼时，谁是最具影响力、最值得信赖的人呢？是你想成为的人，还是那些和当下的你一样的人？

我在2009年研究过这个问题，我发现答案在于相关性。谁与你最相关呢？会总是同一个人（或同一类人）吗？还是会随环境的变化而改变呢？如果会变化，那么是如何改变的，又为什么改变呢？相关性是正确理解传播基础如何帮助传播行为变化的关键。

健康（或不健康）如我

2009年，我接受了一项工作，设计一款升级版“健康伙伴”社交软件。这个软件是免费提供给麻省理工学院健身项目成员的（我在前一年加入了麻省理工学院）。该健身项目包括数千名自愿参与的学生、全体教师和附属成员。而我的目标是在该项目成员中推广这款新软件。

升级版软件被命名为“每日饮食”——一款饮食管理工具，为使用者提供每日食物摄入质量和数量等详细信息。这款软件旨在促进健康饮食，与日常锻炼相结合，可帮助使用者达到理想体重和维持健康体重。如果有一个人，比如萨莉，使用了“每日饮食”，那么她在社区里的邻居杰西和萨拉就会在他们的个人主页上收到通知。当然，一旦他们看到萨莉使用了新软件，他们也可能会注册并使用它。这样，这款软件就能得到推广了。

我对这款软件本身不太感兴趣，我感兴趣的是如何让它传播开来。哪些参与者在说服社区其他成员采纳新饮食管理软件上最有影响力？我发现，当人们收到与他们相似的人发来的已使用该软件的通知时，他们更有可能采纳这款工具——事实上，这种可能性高达200%。

健康的人更容易受到同样健康的人的影响，从而采纳这款软件。这是很好理解的。但那些反向群体——需要减肥、需要改善呼吸、需要解决健康问题的人呢？你可能会认为，最能影响这些人的会是那些已找到成功之路的人——那些实现了自己目标的励志人士。但令人吃惊的是，事实恰恰相反：当肥胖人群从同样肥胖的人那里听到这项新的健康软件时，他们更有可能采纳它。尽管所有的项目成员都在积极地注册并使用这款软件，但如果他们是从与自己相似的人那里听说这项技术的，他们注册和使用健康软件的概率就会翻倍。

相关性的 3 个原则

透过与自己的年龄、性别、教育背景、文化背景、工作状况和家庭状况相似的人的视角看待生活，也就是心理学所称的观点采择，是毫不费力的。我们可以通过直觉来理解对方的决定，因为我们理解，而且很可能认同他们的核心信念和价值观。所以，彼此间越相像，就越容易产生共鸣，也就越倾向于认真采纳对方的建议。相反，彼此间差异越大，核心价值观、关注点、环境等越不同，就越难理解对方为什么做了某事。

显而易见，相关性原则远不只适用于饮食。它还适用于各种重要的生活变化，比如搬到一个新社区、改变职业发展方向或参加一场社会运动。生活中，我们会考虑时间、物理距离和财务责任等因素，而这些都让我们很难改变自己熟悉的行为。为了克服这些惯性，我们需要相信改变对于我们来说是有意义的。

你可能会想，这也太简单了。专家将我们倾向于看到相似之人并与之交往称为同质性——“物以类聚”。

事实上，这一点儿也不简单。随着我们深入研究，你就会发现将相关性原则付诸行动比我们想象的微妙得多：“像我们的人”在什么方面与我们相像呢？

事实证明，只有特定形式的相似性才能创造相关性——它们是不同的。你的配偶会对你的某些决定有影响，对其他决定则不然。同样的道理也适用于你的大学同窗、你的同事、你的健身伙伴、和你有共同爱好的人、和你住在同一个街区的人。

环境是关键。一个人与你是否有相关性，很大程度上取决于当时的情况。对于寻求帮助治疗哮喘的患者来说，找到一个患有相同疾病的人比简单地找到相同种族或性别的人更具影响力。

建立相关性没有妙招儿，也不取决于任何单一的决定性特征——性别、种族、健康状况、地位、年龄、收入或政治意识形态。然而，有 3 个关键原则可以帮助我们理解相关性是如何在不同环境中建立的。

原则 1：当人们需要社会确认某项创新对他们有用时，与早期采纳者的相似性就会成为创造相关性的关键因素。只有当人们看到和自己相似的人采纳了一种新的饮食、锻炼计划或美容疗法时，他们才会相信它的有效性。

原则 2：在行为的改变需要一定程度的情绪感染力或忠诚感和凝聚力时，确认来源的相似性同样有助于激发行为的改变。例如，在第一次世界大战中，通过强调来自同一家乡的新兵的团结感，“兄弟营”就积极动员了不同阶层的民众应征入伍。

原则 3：当行为改变基于正当性，也就是说，相信某行为已被广泛接受时，这句话反过来讲才成立：采纳行为的确认来源的相异性（多样性）是传播创新的关键。例如，人们是否愿意加入脸书上的等号运动，取决于它是否被来自不同社交圈的同伴接受，这些人建立了运动所需的广泛正当性。

建立一个成功的传播基础的重要理念不是相似性，而是相关性。实际上，在某些情况下，采纳者的相异性而非相似性是确定他们的相关性的重要因素。这完全取决于环境。幸运的是，这 3 个原则可以帮助我们确定，随着环境的变化，什么将成为最具相关性的社会影响力来源。

原则 1：可信消息来源

医生应该成为他们所倡导的健康生活方式的榜样吗？没有人想从一个肥胖的医生那里得到饮食建议，对吧？

实际上，这取决于患者。

2017 年，斯坦福大学的两名社会科学家劳伦·豪和伯努瓦·莫宁想要揭示如何让医生传递的健康信息更有效。几十年来，营销公司普遍依赖的观点是，医学专家是传播健康状况和生活方式改变的最佳影响力人物。如果一位医生想让你尝试一种新的饮食方式，那么他们带头尝试才最具说服力。

但是对于一个肥胖症患者来说，一个健康的医生通过讨论他的个人习惯来宣传锻炼的好处，实际上不太可能成为有效的影响来源。这种榜样型策略其实很可能会适得其反：豪和莫宁发现，当医生在宣扬他们的健康生活方式时，肥胖症患者会觉得自己受到了评判甚至贬低。这种非预期效应反而会使患者不太愿意接受医生给出的改变饮食和坚持锻炼的医疗建议。

当人们需要确信一种新的行为或技术对他们有用时，最有影响力的人通常是与他们相似的人。例如，在每日饮食的研究中，当肥胖的参与者从同样超重的同伴那里了解到这款应用时，他们更有可能接受并使用它。对他们来说，同样超重的人比保持身体健康的人更有相关性，也就更具影响力。

我参加过一位著名专家就肥胖话题所做的演讲。他展示了一幅身高体重比的曲线图，并要求观众在这幅曲线图中找到自己的位置。随后他谈及美国的肥胖问题，以及大多数美国人需要在饮食方面做出的改变。

后来，我和同事静静地站在大厅里。终于，有人说话了。他说："我这辈子从未有过如此被冒犯的感觉，我满脑子想的都是那个讲师怎么这么瘦。"我们异口同声地表示同意。

那时，我和我的同事都刚刚拿到博士学位。我们都还年轻，活力四射，并且身材匀称。事实上，刚刚发表意见的那位同事是一名跑步爱好者，他在大学和研究生院都曾是很出色的运动员。

但这些并不重要，与我们当时都在从事的卫生政策研究工作也没有关系。不知怎的，演讲者让我们都觉得自己和他不一样。我们当中甚至没有一个人能记住演讲的要点。我们能想到的就是被冒犯了（以及我们突然对垃圾食品的渴望）。

那么，医生如何才能更成功地影响他们的患者呢？

他们说服患者尝试新事物的例子不应该来自医学权威，而应该来自他们与患者的相似之处。例如，当儿科医生给患儿父母提供建议时，往往更有影响力的办法是，医生在提供医疗信息时补充一些自己孩子的经历。这样，他们的影响力既来自父母的身份，也来自医生的身份。

在医学界，一个特别著名的例子是疫苗接种。对那些试图确定疫苗的可信度和安全性的新手父母来说，来自其他父母的意见往往被认为比来自流行病专家的意见更具相关性。因此，当医生分享自己孩子接种疫苗的故事时，他们关于疫苗接种的建议往往更有影响力也就不足为奇了。

在线患者社区"病人如我"也是因此获得成功的。患有罕见疾病的人会接受来自其他患有同样疾病的人的建议。对正在考虑使用一种新的医疗设备或权衡是否参加随机对照试验的患者来说，有过同样经历的患者给出的建议往往被认为比医学专业人士的建议更可信。

这种情况不仅仅出现在医学领域。在任何成本高昂、人们想要降低自身风险的情况下，他们都会寻求相似同伴的确认。以公司管理方面的决策为例。公司董事会做出的决策将对公司的稳定性和盈利能力产生影响。新策略总是有风险的，且风险很高。一个新想法的可信度通常来自对“同类企业”董事会成员所做决定的审查。“同类企业”是指与自己拥有相同规模、资本结构和总体架构的企业。研究结果表明，公司董事会成员更有可能追随同类公司的步伐，而不是那些非常成功但不太相似的公司。

20 世纪 80 年代，敌意收购（又称恶意收购）变得越来越普遍。董事会需要制定策略，既阻止虎视眈眈的公司进行敌意收购，又鼓励高管提高公司的价值（这将不可避免地使公司对敌意收购者的吸引力变得更大）。“毒丸计划”（又称股权摊薄反收购措施）是一种企业创新，旨在解决这个问题。它向主要股东承诺，如果敌意收购者成功获得该公司相当大比例的股票，股东就能以 50% 的价格购买该公司的股票。其结果将是大幅稀释该公司的股票价值，提高收购成本。

自 1982 年毒丸计划被发明后，该计划实施缓慢。最初的阻力很大，因为董事会成员担心，一旦出现敌意收购，采用毒丸计划等于按下自毁按钮。董事会还担心，采用毒丸计划会导致分析师先发制人地降低公司估值。20 世纪 80 年代早期，这些对风险的认知阻碍了《财富》世界 500 强企业采纳这一计划。

但在 1985 年，一切都变了。

随着敌意收购愈演愈烈，董事会对同一行业（如重工业、纺织业、软件业等）的公司采取的预防措施特别感兴趣。只需要一些早期采纳的公司欣然接受毒丸计划，它们的同类公司很快就会认为这一计划对它们来说也是一个可信的选择。

一旦同类公司采纳了一项创新，跟随者的采纳风险就会降低。如果同一个行业的所有公司都接受了毒丸计划，就不会出现分析师降低任何一家公司的估值的情况。因此，同一个行业采纳这个计划的公司越多，就越有利于其他所有参与公司。在这种情况下，随大溜是安全的。

而且不做从众者是有危险的：任何公司如果不能采取与同行相同的措施来防止敌意收购，看起来就会比同行业的其他公司更脆弱，因此更容易被收购。一旦毒丸计划开始在一个行业内流行起来，同类企业就会争相接受。这项计划成功风行。

从 1985 年到 1989 年，毒丸计划在《财富》世界 500 强企业榜单中的用户从不足 5% 跃升至绝大多数。公司的一项新治理战略能否成功传播的一个重要因素在于，它是否可以在同一行业内、资本结构相似的企业间开始传播。到 1990 年，毒丸计划通过产生连锁反应的社会网络在董事会间迅速传播开来，成为最被广泛采纳的防止恶意收购的策略。

无论是一项新的健康技术还是一项新的公司治理战略，建立可信度最容易的方法是通过相似同伴或同行的网络进行传播。

原则 2：创造团结感

第二个原则不是关于建立创新的可信度，而是关于激发情感参与。

社会网络是情感传播的最有效通道，它能激活人们在特定地区、事业领域或宗教团体中的身份认同感。在体育运动中，集体兴奋往往会促进一致对外情绪的增长，从而加强内部团结。例如，波士顿红袜队的球迷通过对纽约扬基队的共同敌意加强了他们内部的团结。

政治集会也是如此。发言者为获得支持，会传播兴奋情绪，不断强调与支持者在意识形态、种族或经济等方面的相似之处，以及与反对者之间的差异。从政治集会到体育赛事，寻求情感共鸣，并对兴奋情绪进行有效传播，就可以使情感传播无处不在。

但是相似性本身通常是由社会环境来定义的。确切地说，我们对相似之人的定义很容易发生改变。

20 世纪 80 年代，毒品注射在美国市区风行，艾滋病也是如此。该病传播的主要来源之一是与吸毒的艾滋病毒感染者共用注射针头。20 世纪末，美国发起了一场全国性的公共卫生运动，以应对艾滋病的流行。运动的目标不是制止吸毒，而是阻止吸毒者分享被感染的针头。数百万美元被花在安全注射项目上，旨在说服吸毒者采取预防措施，比如在分享针头之前用消毒剂和水清洗针头。

但问题是注射吸毒人群并不听公共卫生部门的号召。他们知道自己被视为瘾君子和罪犯。他们过着与大多数美国人不同的生活。他们没有基本医疗保障，也就同样不会接受医疗服务人员、援助工作者的建议。

在早期，大多数安全注射项目都没有取得很好的进展。但也有少量出人意料的惊喜，包括在康涅狄格州的新伦敦和米德尔敦等小城市进行的一系列实验性的推广。

它们是如何在其他城市失败的情况下取得成功的呢?

这要归功于一群具有创新精神的社会学家和公共卫生学者，包括社会学家道格拉斯·赫卡索恩和罗伯特·布罗德黑德。他们利用了相似性原则，从吸毒者的社交网络内部着手进行安全注射行为的传播。这在当时是一个不寻常的想法，因为没有人认为公共卫生行为是一种社会传播。

但很明显，需要一种新的方法。到 20 世纪 90 年代，社会学家已经放弃了利用信息活动来促进公共卫生的想法。

他们意识到，不是注射吸毒者不担心感染艾滋病毒，而是他们对主流医疗服务人员给予的建议不感兴趣。

赫卡索恩的新想法是通过情感传播来推广安全注射活动。他和他的同事没有试图解决吸毒者脱离主流医疗服务的问题，而是把活动变为凝聚社会团结的力量。

他巧妙地扭转了公共卫生运动的传统方式，将吸毒者的污名从障碍变成了资源。他利用吸毒者之间的相似性作为突破口，在这群难以接触的人当中传播预防措施。

赫卡索恩和其他社会学家帮助这些城市开展外联工作，调动其社区内吸毒者的强烈团结感。值得注意的是，他们请吸毒者帮忙“招募”他们的同伴来进行艾滋病毒检测，以及倡导更安全的注射。到达外展服务中心接受检测和治疗的吸毒者被邀请成为下一批“招募人员”，依此类推。这个办法收效显著，吸毒者可能不会听公共卫生官员等传统权威人士的话，但他们会听其他吸毒者的话。

最初的外展服务工作范围已扩至以前没有记录在册的吸毒者，这些吸毒者也被说服参加艾滋病毒检测，并与同伴一起学习安全注射。被招募的人越多，对他人的社会确认作用就越大，安全注射项目的影响也就越广。这场运动令人惊讶的效果源于赫卡索恩的策略，它将污名转化为社会团结的源泉。在这一过程中，安全注射项目在这个被忽视的吸毒群体里被广泛地接受了。

从地区体育联盟到注射吸毒者，被感知到的相似性是多种多样的。但无论对相似性的感知是如何形成的，它们都具有传播团结感的重要作用。

最早论证这种力量的实验可以追溯到1954年进行的一项非正统研究。在俄克拉何马州一个偏远的男孩夏令营里，著名的社会心理学家穆扎弗·谢里夫和卡罗琳·谢里夫募集了一群美国中产阶级的男孩，他们都是12岁左右，有着相同的社会、经济和宗教背景。

男孩们被随机地分成两队，分别是响尾蛇队和老鹰队。团队身份没有特殊的意义。两支队伍被同等对待，没有特权或特殊待遇。然后他们在一系列比赛中互相竞争。

在透露令人不安的夏令营研究结果之前要强调一点，它遵循的不是我们现在认为合理的实验方案或道德规范。这样的实验在今天是不被允许的。但它让我们注意到了一个自那以后反复出现的研究发现：只要给陌生群体指定一个虚构的群体身份，团结感就可以在他们之间有效地传播。

两位心理学家对男孩们的操纵激发了两队内部强烈的忠诚感，导致男孩们的行为发生了戏剧性的变化——甚至导致两队自发的集体暴力行为。尽管男孩们在其他方面都是相似的，但响尾蛇队或老鹰队成员的新身份这一相似性，引发了对针对外群体的攻击的持续情感支持。

这种部落文化的力量让人想起美国和其他地方的政治运动。激昂的情绪常常能有效地动员真正的信徒。但那不就是把我们封闭在回音室（信息茧房）里吗？这种对相似的同伴投入更多情感的倾向，难道不会阻止人们超越传统的相似之处和不同之处来获得团结吗？

在上一章中，我们看到了宽桥是如何协调人们的语言并跨群体进行知识迁移的。它们也能传播情绪，而且不只是那些加强已有信仰和忠诚度的情感。值得注意的是，宽桥还可以用来影响人们对同伴相似性的判断，以及对团队忠诚度的体验。

2017年，耶鲁大学的社会科学家阿哈伦·利维和他的同事发表了一系列引人注目的研究，将宽桥概念应用于像以色列人和巴勒斯坦人这样的群体中，来完成传播团结感的艰巨任务。他们策略的关键是建立桥梁小组。小组的成员与双方都有相似之处，例如，阿拉伯裔以色列人对这两个群体都能感同身受，可以充当他们之间的桥梁。

单凭一己之力是无法完成的。桥梁小组需要与两个群体都建立宽桥连接。为了对这一过程进行实验研究，研究人员决定采用蓝色幽灵队和红色精灵队的研究方法。他们招募了几组以色列犹太学生来玩一个游戏，学生们会被随机分配到一个团队中，红队、蓝队或红 / 蓝队（中间的桥梁小组）。研究人员给参与者发了一些钱（比如 10 美元），并告诉他们可以把钱捐给红队或蓝队的人。这个实验的对照组只设置了两个团队——红队和蓝队，而实验组还包括了第三个团队：红 / 蓝队。

对照组的结果和预期的一样。正如两位心理学家和其他许多研究人员已经发现的那样，人们只忠于自己的群体，红队成员捐给红队成员，蓝队成员捐给蓝队成员。

但在加入桥梁小组的实验条件下，团队成员明显更愿意与其他组分享新获得的财富。这里出现了与两位心理学家的研究截然相反的结果。红队有成员捐给蓝队，反之亦然。仅仅是多了红 / 蓝队的存在，人们对谁和谁相似的感觉就改变了。最终结果是红队和蓝队对外来者都更慷慨。

那么，这个想法会对以色列人和巴勒斯坦人有多大作用？

在后续研究中，研究人员做了一个简单的实验，他们采访了以色列犹太人，询问他们是否支持对巴勒斯坦的军事政策，以及他们是否支持对巴勒斯坦人的经济和医疗援助。在对照条件下，参与者回答他们支持军事政策，不支持援助政策。而在实验条件下，参与者在做出选择之前，先阅读了一篇关于同时认同巴勒斯坦和以色列的阿拉伯裔以色列公民的文章。这种干预非常轻微，似乎根本不可能产生任何效果。但事实上，它起了作用——并且作用比研究人员预期的大得多。在实验条件下，参与者明显不倾向于支持对巴勒斯坦的侵略性军事政策，而倾向于将以色列的资源用于援助巴勒斯坦。引人注目的是，实验条件下的参与者表达了对巴勒斯坦人更强烈的个人认同感，他们的愤怒明显减少了很多。仅仅是桥梁小组的存在就改变了他们对外群体的感觉。

情感传播会被对相似性的感知放大。社会环境常常决定哪些人被视为相似之人，以及群体团结的定义。没有任何接触或仅仅用目光扫视对方的群体更容易激怒彼此。桥梁小组可以重新界定相似性，并改变情绪的传播方式。

原则 3：建立正当性

与原则 1 和原则 2 的相似性相比，原则 3 确定了影响多样性的环境。当一场运动或一项创新的正当性是其传播的关键因素时，多样性而非相似性将成为传播的主要原则。

为了理解多样性在成功的倡议变革中所扮演的重要角色，值得回顾一下民权运动的成功案例。运动组织在支持同性婚姻的活动中推广了红色和粉色的等号 logo。当研究人员拉达 · 阿达米克和波格丹 · 斯泰特研究该 logo 如何传播给近 300 万脸书用户时，他们揭露了复杂传播的新发现：不仅有多少联系人采纳了这种变化很重要，而且他们是哪种联系人同样重要。

在活动人士团体里，对等号运动的支持是被激动的情绪、自豪感和团结感调动的。正如你所预料的，它通过相似人群间的确认迅速传播。然而，为了普及 300 万人，这场运动需要在更广泛的社区中获得其正当性。现在到社会联系人的多样性发挥作用的时候了。

想一下你自己的社交媒体网络，你的朋友圈可能是由你的高中同学、大学同学、同事、家人以及其他朋友和熟人组成的。假设你的一些大学同学是性少数群体的一员，他们改变了自己的个人资料来支持同性婚姻。他们的决定并不一定意味着你的其他朋友和联系人也都支持这一运动。如果你是异性恋，你可能会好奇这种新趋势是否真的与你有关。事实上，采纳者彼此之间越相似，他们与其他人（所有未采纳者）的差异就越明显。你已经了解这一问题（在谷歌眼镜和史密斯飞船手势相关段落中介绍过），这是影响力抵消因子的问题。

采纳者之间的强烈相似性实际上加强了你朋友圈里未采纳者群体的影响力抵消因子。除了铁杆支持者外，这些不同的影响力抵消因子足以让所有人停下来。

但是当看到你的朋友圈里不同群体的人，你的家人、邻居、大学同学和同事，都在修改他们的个人资料照片来支持同性婚姻，会发生什么？此时，等号运动似乎具有更大的正当性，而不再仿佛只是符合特定小群体的倡议。阿达米克和斯泰特的研究表明，不需要数百个联系人支持就能说服你。实际上，来自朋友圈不同群体的 10 个联系人，通常就足以让人们相信运动是被广泛接受的。一旦这个阈值被突破，人们就会意识到，表示支持所带来的社会风险是最小的。

强大的多样性可以涵盖各式各样的情况，在这些情况下，正当性是潜在采纳者考虑的首要因素。一项 2016 年的关于政治竞选捐款的研究表明，政治捐款与等号运动都属于复杂传播。竞选捐款通过支持者群体间的社会确认进行传播。当一个候选人获得足够的早期支持时，竞选捐款就像雪球一样越滚越大，未来的捐款和支持随之也会越来越多。但是，早期支持的来源至关重要。

多样性是成功的关键。

这有些奇怪，似乎是反直觉的。政治学中的一句老话是要知道“基础动员”的重要性。事实上，这是政治竞选通往成功的必经之路。但在竞选的早期，过于狭隘地集中于基础动员的策略可能一不小心就会弄巧成拙。这又一次关乎影响力抵消因子。

如果一个候选人的所有支持都来自一个同质化的团体，它就隐晦地向其他所有人发出了一个清晰的信号：这个候选人代表一个专门的群体。这和人们在脸书上收到的只有性少数群体成员支持等号运动的信号一样。采纳者之间如果有太多相似之处，那就表明这只是一种特定群体的支持。同样地，早期支持者之间出现过多相似之处会表明候选人没有被广泛接受，也不能代表广泛民众的利益。这不仅可能会使候选人后期的竞选捐款受到影响，还可能直接将潜在支持者推向竞争对手的阵营。

对新候选人来说，基础动员的关键是争取多样性。不同来源的早期筹款渠道提供了一个强有力的信号，表明候选人具有广泛的吸引力。就像等号运动一样，早期支持者的数量不需要很多，支持者的质量比数量更重要。

这一道理对政治新秀尤为重要。每个捐款人都会好奇这个候选人是否够格当选。候选人呈现的受欢迎度越高，就越显得有望成功。这样的成功可能性就会成为一种自我应验的预言：早期建立受欢迎度可以持续为候选人赢得竞选资金，并进一步提高候选人的成功可能性。成功的关键在于以正确的方式开始。在竞选开始时，来自不同群体的捐款标志着候选人对广大捐款人的吸引力，这也会大大增加政治成功的可能性。

多样性不仅适用于社会运动和政治运动，也适用于创新产品的推广。尤其是社交科技产品的吸引力往往取决于它们被广泛接受的程度。在 2012 年的一项富有洞察力的研究中，计算机科学界的杰出人物乔恩·克莱因伯格与来自康奈尔大学和脸书的研究人员组成的研究团队证实了脸书取得非凡成就背后的关键社会网络原则。脸书的爆炸式发展不仅要归功于复杂传播，还受到了使用者募集网络的多样性的驱动。

为了确定脸书是如何实现高效增长的，研究人员调查了脸书用户发送的 5 400 万封邀请非用户加入该网站的电子邮件。令人惊讶的是，来自同一社交群体的多个同伴的确认信息并不是脸书传播的主要因素。然而，来自不同社交群体的邀请的确认直接预测了新用户的采纳率。

更进一步，研究人员证实了人们在加入脸书后继续使用的情况。结果是一样的，新用户是否会继续使用脸书，可以通过他们的活跃联系人的多样性来预测。更令人惊讶的是，一个人的活跃联系人网络的多样性比其整体规模更重要。

其中的要点是什么？

获得有效社会确认的策略取决于环境。在某些情况下，建立正当性或大众吸引力对进一步发展至关重要，而追求多样性是关键。正如我们在等号运动中看到的那样，确认的数量不一定是压倒性的。采纳者的来源与采纳者的数量同等重要。社会运动、社交平台、政治候选人的正当性会因社会各界的确认而得到强化。

前面的章节证实了传播基础的两个基本要素——宽桥和相关性。宽桥是社会确认信号在人群中实现传递的必要途径，而相关性原则可以帮助我们找出哪些确认信号最有影响力。

如上所述，当把相关性原则付诸实践时，环境才是王道。只有具体深入了解，才能确认关键因素是相似性（以及哪种相似性）还是多样性（以及哪种多样性）。在第 4 章，我向大家展示了社会传播的复杂性有几个可能的来源——包括对可信度、情绪感染力和正当性的需求。在特定的社会环境中，确定复杂性的具体来源将有助于确定不同变革运动中社会影响的相关因素。

本书的下一部分将从传播基础的基本要素转向如何点亮助你启航的灯这一关键问题。你应该把你的资源集中在哪里来发动变革？多大的临界规模才能使你获得成功？

第三部分回答了这些问题，以及最难的一个问题：如何改变一种已经根深蒂固的社会规范？

/// 第三部分 ///

25% 临界点

第8章

寻求新范式

1967年9月3日清晨5时50分，瑞典人焦急地等待着，高速公路上没有车，街道上也没有人，整个国家笼罩在末日降临般的可怕寂静之中。那天就是后来所说的“H日”[①]，也就是“右行交通日”。

一夜之间，瑞典政府将整个国家从左行交通改为右行交通。4年来，政府一直提醒着瑞典人这一天的到来。每天的电视和广播宣传，包括路边的广告牌，甚至小到“右行交通”内衣，都无时无刻不在提醒着“右行交通”的临近。政府甚至举办了一场全国流行歌曲大赛来庆祝“右行交通日”。一名地方记者赢得了比赛，这使得他的歌曲几乎全年霸占播放榜首。

9月3日0时59分，瑞典境内所有交通被中断。在接下来的5个小时里，开车是违法的。从凌晨1点到6点，全国各地将重新粉刷街道，更换路标，调整交通信号灯。这样的壮举也只有在这种小而富有且组织良好的国家才能完成。

然后在早上6点，道路重新开放，瑞典重生了。它成为一个靠右侧车道行驶的国家。瑞典政府的官方报告表明，此番操作取得了巨大成功。第一天仅发生137起车祸，并且其中只有11起有受伤情况出现。

但从瑞典居民那里得到的当日第一手资料更为生动。

---

① 这里的H是瑞典语högertrafik（右行交通）的缩写。——编者注

瑞典人记起“右行交通日”就会想到混乱。在报告的137起事故中，每一起附近都有数百起未报告的事故发生在不同的大街小巷。斯德哥尔摩居民比约恩·西尔文回忆说，那天的街道就是一场汽车和人的危险骚动。“在我的学校外面，”西尔文告诉记者，“我看到了三次汽车因转向错误差点儿撞到小学生。”

问题不是人们不知道该做什么。人人都知道那天是“右行交通日”。问题是人们不知道其他人会做什么。

想象一下，“右行交通日”早上6点半，你开车行驶在斯德哥尔摩郊外的乡间公路上。就像你期望别人做的那样，你行驶在右侧车道上。这时，一辆小汽车从地平线上的一座小山上驶入眼帘，向你行驶而来。从远处看不出它在路的哪一边，但当车灯靠近时，它似乎比应该保持的距离更接近你。你应该待在右边吗？你知道法律是怎么规定的。但是，也许这位正在向你驶来的司机累了，分心了，或者只是不喜欢新规定，因为他似乎正往你这边的车道开过来。你应该怎么做？妥协一下，移到左侧车道，还是坚持到底，留在右侧车道？

社会学家称这种情况为协调困境。在协调困境中，法律帮不了我们。甚至电视、广播和报纸的广告也不一定能真的帮上忙。不管法律怎么规定，也不管生活在斯德哥尔摩或这个国家任何地方的人们被要求怎么做，你唯一关心的是早上6点半在乡间公路上，另一个司机会怎么做。

解决协调困境需要一种日常的读心术。当你行驶在乡间公路上，看到迎面而来的车时，你相信自己理解对面司机的意图，并能预测他们会做什么。你也相信他们知道你的意图并能预测你将要做什么。你们都相信自己能读懂对方的想法。否则，朝着迎面而来的车辆高速行驶将是一件非常危险的事情。

如果你驶过路面上的一个坑时，突然转弯来到左侧车道上，另一个司机必须快速判断出你是习惯性地向左侧车道偏移，还是只是突然失控了一下，现在打算开回右侧车道。如果他们的反应是向左移动，那么你必须确定他们在想什么。他们向左移动是因为他们忘记了“右行交通日”，还是对你刚刚失控的应急反应？虽然做出这些判断仅需几毫秒，但这几毫秒至关重要。

当你不知道人们要做什么时，你就无法与他们协调。

这就是在瑞典发生的事情。汽车突然转向，再转向，或打滑冲出了道路。车辆拥堵在一起，交通停滞。一天过去，街上到处都是被遗弃的车辆。问题不在于没有人知道规则，每个人都知道规则。问题是人们不能读懂彼此的想法。其实，这种协调困境在生活中非常常见。你或许还能想起在走廊里不小心撞到某人的那一刻。当你们都恢复了镇静，再次试图从对方旁边通过时，你们却出乎意料地又一次朝着同一个方向移动，眨眼间你们就又回到了对方面前。通常的做法是笑着耸耸肩，承认你们都觉得这种情况很荒谬——就好像两个成年人不知道如何在走廊上走过而不会撞到对方一样。但这种情况如果一直发生，很快就会从有趣变得让人懊恼。

我们每天都会遇到这样的协调困境。直觉上，我们都知道如何解决它们——通过运用社会规范。在美国，通常每个人都向右移动，然后继续前进。但是，当社会规范改变时，会发生什么呢？

2014年，《商业内幕》报道了住在俄亥俄州的高管教练克里斯·帕吉特的奇怪案例。克里斯年近40岁，一头淡黄色的头发，脸上总是带着亲切的微笑。作为一名高管教练，他的工作是每月与高层管理人员举行会议，并就谈判策略、最佳管理方法和专业关系技巧等提供专业指导。要说有谁知道在商业环境中如何正确地互动，那么非克里斯莫属。

但就连克里斯也意识到社会规范的复杂性。几个月前，他遇到了一个新客户，这个客户是一位企业高管。克里斯注意到，这次会面不是以惯常的握手开始的，相反，他的客户一和他坐下来就直奔工作主题。这让克里斯觉得有些奇怪。“奇怪，”他想，“也许他只是忘了。”

会议很有成效，每个人都感到很满意。当他们都从椅子上站起来时，这位很高兴的高管看着克里斯笑了。然后，他把拳头伸向克里斯。“这让我很震惊。”克里斯回忆道，“位居高层的人通常会更遵守礼节，而这个 50 多岁的家伙却好像对礼节说了‘不’。”

他们的指关节在半空中碰在一起，克里斯与高管之间的碰拳完成了。

这对克里斯来说是一个启示。回顾最近的会议，他意识到自己之前已经注意到其他备受尊敬的资深人士也放弃了握手这一古老的传统，改为更时尚又能防止病毒传播的碰拳。握手是一种久经考验的商业传统，碰拳怎么能取代它呢？克里斯是商务礼仪方面的专业人士，但他没有预料到这一点。但此时他不得不重视起来。他的新客户第二天就要到了，他该如何问候他们呢？

不只是克里斯，高管们对碰拳的接受程度越来越高，这让全世界都感到意外。2012 年和 2013 年，《纽约时报》和《芝加哥论坛报》等顶级新闻媒体报道了碰拳永久取代握手的可能性。到 2014 年，《广告周刊》《商业内幕》《快公司》《福布斯》都在报道这种礼仪危机，为那些试图弄清楚是选择握手还是碰拳的高管提供建议。

对克里斯来说，这就像瑞典公路上的混乱。他不知道其他人会怎么做。没有人知道该怎么做，也没有一本专业期刊能帮他解决协调困境。当克里斯与一位新客户第一次见面时，他不知道他们读过哪些文章，或没有读过哪些文章。他不知道他们看到了什么趋势，或没有看到什么趋势。他们会觉得碰拳很俗气吗？还是会觉得握手过于传统？事实上，克里斯并不在乎他们是握手还是碰拳。他所关心的是让他的新客户感到舒适，并建立良好的关系。弄清楚该握手还是碰拳似乎是一个很小的协调困境，却会产生很大影响。对身处商界的每一个人来说，问候就是第一印象，你需要把它完成得很漂亮。

猎巫行动的可怕力量

20 世纪的著名哲学家大卫·刘易斯写道："质疑别人不假思索就接受的陈词滥调是哲学家的天职。"事实上，刘易斯说的是社会规范，比如右侧行驶或握手，它们让我们的世界看起来有序而正常。我们经常忘记它们有多重要，只有当它们崩溃或改变时，我们才开始注意到它们的重要性。

思考这样一个简单的例子。两个邻居坐在河中央的一艘划艇上，他们每个人手里都有一支桨，必须想办法划到岸边去。其中一个可能会选择努力划桨，而另一个人却可能晒着太阳偷懒。但这样做，船只会原地绕圈，他们不可能靠近岸边。或者，每个人都会奋力划船，但除非他们协调一致地努力，否则可能会相向而划，同样将停滞不前。

为了成功，他们必须共同努力。最重要的是，两个人都必须预料到对方会做什么，并相信另一个人能预料到他们会一起做什么。他们必须对什么是常态达成共识以解决协调困境。

这个简单的想法可以追溯到 1740 年，哲学家大卫·休谟在当时用它来比喻运转良好的民主制度。一根竹篙难渡海，但人们如果能达成一致、齐心协力，就可以取得成功，让每个人到达想去的彼岸。

这是社会规范的光明面，但它们也有阴暗面。

1956 年 6 月 21 日，美国剧作家阿瑟·米勒出现在众议院非美活动调查委员会（HUAC）面前。当时距离他和电影明星玛丽莲·梦露的婚礼还有不到一个月的时间，但他正在被其他事情困扰。联邦法院的传票迫使他来到华盛顿特区，回答调查委员会的问题。审讯持续了几个小时，但最后只有一个真正重要的问题："你现在知道了吗？你能提供任何共产主义拥护者的名字吗？"

对于当时任何一个被传唤到调查委员会面前的人来说，保护自己的社会名誉和职业不受影响的最好办法是支持反共规范，并成为该规范的执行者，也就是由被告变成原告。每增加一个通过指控同伴来保护自己的公民，都会在无意间增加反共规范的正当性。

业界领袖、好莱坞巨星，甚至当时的美国总统哈里·杜鲁门都对日益高涨的反共产主义情绪做出了让步。调查委员会策略的聪明之处在于，不将靶子对准人，而是对准他们的社会网络。通过将同伴变成彼此的告密者，调查委员会分化了不断增强的可能引发异见的信任和支持网络。集体猜疑削弱了共产主义者在美国社区内部的社会联系，破坏了友谊所含的信任，摧毁了发展共产主义所需的基础。

在米勒被调查委员会传唤之前几年，他写了一部戏剧作品，后来被认为是20世纪美国戏剧界最伟大的作品之一。剧作名为《萨勒姆的女巫》，这是一个与他即将面临的审判非常相似的故事。

《萨勒姆的女巫》讲述了1692年萨勒姆小镇的女巫审判案，刻画的场景与麦卡锡主义对所谓"非美活动"[①]露出獠牙的行径极为相似。米勒回忆道："《萨勒姆的女巫》描绘的是一种绝望的境地……我创作它主要是为了展现自由主义者因内心的恐惧而表现出的麻木，尽管他们对检察官侵犯公民权利的行为感到不安，但他们担心自己如果抗议得太过激烈，就会被理所当然地认定为共产主义者……我越是深入探究萨勒姆的恐慌，它就越能相应地唤起我对20世纪50年代那段群体

① 特指由非美活动调查委员会认定的"违反美国利益"的"非美国的"活动。——编者注

性经历的记忆：一个被列入黑名单的人，其老友为了避免被看到与他有过对话背身穿过马路而去；一位前左翼人士在一夜之间重新变成了爱国者；等等。”

20世纪是一个充斥着压迫，社会规范遭遇践踏的时代。在纳粹德国，反纳粹的市民在犹太人邻居被捕后不但没有进行抗议，反而主动指认了庇护犹太人的其他邻居。他们这样做并不是因为他们支持统治政权，而是如米勒所述，“你真诚忏悔的最好证明就是说出你在敌营里见过的其他人的名字”。在世界的各个角落，具有破坏性却又以某种方式自我实施的社会规范影响着整个社会。

猎巫行动的社会力量来自这样一个事实：公民唯一自保的方法是隐藏他们对日渐盛行的社会规范的厌恶，结果是人们失去了读懂彼此思想的能力。他们对自己应该对别人有什么期望，以及别人会对自己有什么期望的最佳猜测，都基于一种共同的错觉，即每个人都支持规范。人们越隐藏心中真正的信仰，就越会执行社会规范，因为他们害怕被视为持异见者。

这些令人毛骨悚然的故事唤起了我们对过去的恐惧。但这一切真的都过去了吗？多年来，美国警务政策中的种族歧视、工作场所和大学校园中的性别歧视以及有偏见的医疗操作都是非法的。但在过去十年中，包括“黑人性命攸关”和“#MeToo”等在社交媒体上爆发的抗议活动无不揭示，尽管法律在进步，但美国人对已经存在了几十年的种族主义和性别歧视的社会规范表现出隐匿性的从众心态。

从破坏性的规范，如反共产主义的猎巫行动和根深蒂固的歧视，到无害的规范，如与陌生人握手打招呼，为什么我们社会中这些看似永恒的特征转变为新的事物会如此困难？

转变科学范式的哥白尼

打破社会规范的挑战在于，我们会下意识地迎合这些规范——这意味着我们很少考虑其他选择。简单举例，让我们回想一下上次搭乘电梯的情景。（如果你在 COVID-19 大流行期间读到这部分内容，搭乘电梯可能会是一种遥远的记忆。）我相信你会像我和其他所有人一样，进入电梯后直接面向电梯门而立。但我们为什么不面朝里站？或者回忆一下你上次走近售票窗口的情景，那里排的队伍已经人头攒动，你是径直上前试着挤到窗口，还是走到后面排队等候呢？

通常情况下，我们选择如何站在电梯里或如何排队买票并非一种真正的决策，而更像一种本能反应。我们只是“自然而然地”在做这些事。我们不仅都遵守这些规范，而且有一种直觉告诉我们，如果我们无视它们，人们会感到不适。我们也会不舒服——尽管我们可能会理性地意识到，这些规范是很随意的，因社区和国家而异。通常我们不会注意到这些规范，直到去到一个新地方，发现那里的规范有所不同。例如，在意大利的部分地区，如果有人走到队伍最后排队，而不是挤到前面去，反而让人觉得很奇怪。在非洲和中东，男性牵手通常是异性恋者之间友谊的象征。

但是规范有一个重要的作用：它们让我们感觉生活井然有序，有恒常感。这就是在疫情大流行初期，当许多规范突然改变时，人们感到如此不安的部分原因。人们被迫质疑自己最基本的行为。此时，乘坐电梯、排队买票或在人行道上与陌生人打招呼的方式都可能会引发让人大脑空白的焦虑。我们不再对该站在哪里或如何与他人互动有自然的感受，曾经自动化的行为突然变成了每个人都在努力解决的协调困境。

好在我们日常生活的方方面面不都是这样。如果我们必须时刻关注自己的一言一行，那么生活将变得令人难以忍受——我们的大脑可能会短路。所以我们会依赖心理捷径。

但这里有个问题：这些心理捷径很快就会带来麻烦。人们会选择做出感觉“正确”的行为和感觉“正确”的决定——就像一个美国游客认为“正确”的做法是走到买票队伍的最后排队，而不是努力挤到前面去。在20世纪中期，不同种族的美国人觉得使用不同的饮水设备是“正确”的。如“#MeToo”运动所示，对工作场所的许多男性来说，对女员工发表性相关的评论或占女员工便宜是正确的和“正常”的。近年来，一些最激烈、最令人恼火的伦理和政治辩论都围绕着如何评价那些曾经“正常”但如今被广泛认为越轨的问题。仅仅感觉正确的事情并不一定就是正确的。

改变一种社会规范很难的原因和学习一门新语言很难的原因类似：二者都需要打破一些有效的路径，需要用新的陌生事物取代熟悉而自然的东西。在社会变革的时代，我们的母语失效，我们划船的共同努力被打乱，我们突然从专家变成了新手——不知该如何与他人沟通，也不清楚他人在想什么。

对人们在社会变革时期感到迷失的现象最好的描述之一，是物理学家托马斯·库恩创造的一个新词——“范式转变”。库恩在20世纪60年代成名，因为他证明了无论是在物理学、化学还是生物学领域的每一个重大科学突破，都伴随着一个社会困惑期。这些困惑期反映了社会规范的转变。库恩关于范式转变的思想远远超越其对社会规范的启示，但最令人惊讶的正是这些启示本身。在范式转变期间，那些被誉为世界领袖的科学家突然深感自己的无能为力或不合时宜。事实上，库恩把科学变革的这一过程描述为一场“革命”。

每个科学领域都有过许多这样的革命，但最著名的应该是“哥白尼革命”。它完美地诠释了社会规范的改变如何让世人感到在这个世界上失去了立足之本。在范式转变中，即使是科学专家也会觉得自己不再有担负专家之名的资格。仅仅一种新思想，就能带来这样的结果。

在哥白尼时代，物理学家相信太阳是绕着地球转动的。这似乎是正确的，显而易见，这正是它在天空中呈现的样子——太阳在地球的天空中运行，月亮亦是如此。显然，它们都围绕着我们运转，这似乎是说得通的。

但问题在于行星。

如果你观察夜空一段时间，你会注意到火星每天晚上都会向左偏移一些。夜复一夜，尽管速度非常缓慢，但它尽职地向左移动着。它的运动速度比太阳和月亮都慢得多，但它在我们天空中运动的基本方式和日月相同。然而，如果你继续观察，你就会注意到一个奇怪的现象。某一天晚上，没有预兆，火星会停止向左偏移。几天后，它出人意料地开始向右偏移。隔天晚上，它会继续向右偏移。

这看起来非同寻常。如果你再等几个晚上，当火星再次开始向左穿行天际时，你可能会欣慰地松一口气。宇宙又回到了轨道上。

这是怎么回事呢？

你不是第一个问这个问题的人。火星的反向运动引发了令人费解的情况，科学家称之为异常，因为它不符合公认的宇宙理论。如果所有的天体，太阳、月亮、恒星和行星，都以同样的方式围绕地球运转，火星怎么可能反向运动呢？

天文学家花了一千多年的时间才解释了这个问题。在这段时间里，无数理论得到了发展和完善。但理论越复杂，遇到的异常现象就越多。到了文艺复兴时期，天文学已经沦为一个令人尴尬的理论集合，它包含了一系列极其复杂却不能恰当相融的理论。

然后哥白尼出现了。在他那本革命性论著《天体运行论》的引言中，他坦言那些相信地心说（宇宙以地球为中心）的人已经在很大程度上解决了行星视运动的问题。但同时，他们引入了许多与匀速运动第一原则明显矛盾的概念。这就像被设计出来的人物画作，拼接了从不同地方临摹而来的胳膊、大腿、头和其他部位，但这样拼凑出来的生物无法代表人类，那是一头怪物，而不是完整的人体。

哥白尼有一个想法，它可以使所有的运行异常立即消失，但也会颠覆人们对宇宙的所有认知。当每个人都在忙着设计下一个以地球为中心的宇宙理论的巧妙变体时，哥白尼只是把地球移到了一边，然后把太阳置于宇宙的中心，让地球像其他行星一样围绕太阳运行。他很快便解决了天文学上的所有问题。

这就是“哥白尼革命”。一个小小的想法撼动了整个世界。

令人沮丧的是，以前似乎从没人这么想过。但是，科学的进步往往不仅取决于新思想的正确性，还取决于人们是否接受它。而哥白尼的简单解决方案遭遇了巨大的阻力。不仅教会反对哥白尼理论对神学的影响，甚至连其他科学家也拒绝相信哥白尼。过了一百多年，他绝妙的解决方案才被广泛接受。

哥白尼的新理论并不依赖于复杂的数学。事实上，它比当时许多公认的理论更简单。

但是阻碍天文学发展的不是数学问题，而是社会问题。如果哥白尼是对的，那么所有为解决流浪行星的问题而发展起来的科学理论和概念都会突然变得毫无意义。哥白尼不仅在既有的科学讨论中增加了一个新观点，还改变了科研方向。事实上，他改变了科研的内容，并让专业领域的整个体系发生了崩塌。

这就是范式转变应有的样貌。熟悉的言说方式和思维模式突然就被淘汰；多年的研究顷刻间化为乌有；严谨专业的研究人员突然觉得自己像变成了小学生，无法在他们的专业领域自信地行走了。这对很多人来说并不愉快。这也是为什么伟大的物理学家马克斯·普朗克隐晦地承认：“一个新的科学真理取得胜利，不是通过说服其对手，让他们看到光明，而是因为它的对手终将死去，新一代的人会成长起来去熟悉它。”

随着社会的变化，情况已有所不同。大部分人都可以相对快速地改变他们对社会规范的看法。想一想近几十年来，公众对职业女性或同性婚姻等话题所持观点的巨大转变。但是，阻碍科学变革的那种阻力也可能给任何想发起社会变革的人带来挑战。当社会规范被打破时，人们对社会能力和专业知识的日常感受会被焦虑和社会困惑感取代。

还记得克里斯和他那看似普通的职场困境——碰拳还是不碰吗？

做了多年的专业人士，克里斯突然不知道自己的行为会被如何解读。碰拳会被视为时髦行为还是粗鲁无礼呢？握手会被视为懂得尊重还是太过拘谨呢？克里斯从一个业内交流专家变成了一个在专业交流中犹豫不决的人。他陷入了困境，再也不能读懂客户的心思了。

要使社会变革取得成功，变革运动就必须把人们带过这片不确定的水域，迎接新的期望和新的能力。

成功做到这一点的秘诀在于了解语言是如何发挥作用的，以及它就社会规范是如何被广泛接受的这一问题揭示了什么。

维特根斯坦的小学哲学观察

哲学家路德维希·维特根斯坦成名于他 33 岁那年的秋天。他是一位身材瘦削、生性严肃的奥地利知识分子。他以一部简短但晦涩难懂的论著登上世界舞台，因其改变了哲学的进程而被人熟知。维特根斯坦追随他的导师、英国哲学家罗素的脚步，开发了一套分析语言如何运作的严密理论。他认为语言是一种逻辑系统，能够解开世界的奥秘。对维特根斯坦来说，语言就是一切。如果你理解语言，你就理解了这个世界。

他的思想奠定了一整代哲学、语言学、数学甚至社会学的基础。维特根斯坦在第一次世界大战期间还因勇气获得军事勋章，这大大提高了他的声誉。在战争的最后一年，他在战俘营里完成了自己论著的最终版本。回国后，他发表了《逻辑哲学论》这部作品，随即一举成名。

但这还不是故事最精彩的部分。

成名后，维特根斯坦神秘地消失了。他放弃了在学术界继续做哲学研究，而选择去乡下隐居。

十年后，维特根斯坦带着一个伟大的新思想回到了剑桥大学。这长达十年的间隔是他个人的一次范式转变，并再次改变了哲学的进程——这次是反向的。维特根斯坦在他的新著作中称，他的第一个世界性理论（他在十年前因其而闻名）完全是无稽之谈，研究它简直就是浪费时间。据报道，他说任何一个仍在研究这一理论的人都应该辞掉工作，做一些更有用的事情。

哲学领域有待复兴。

普林斯顿大学的著名哲学家索尔·克里普克在评价维特根斯坦的第二部论著《哲学研究》时说，维特根斯坦提出的问题仍然是“哲学界迄今为止最根本、最有创意的悖论”。1999 年，一项调查请数千名哲学教授选出 20 世纪最重要且最有影响力的作品，维特根斯坦的第二部专著取得了“压倒性胜利”。

维特根斯坦仍然相信语言是理解世界的关键，但他不再相信逻辑是理解语言的关键。相反，语言是社会性的。理解语言的秘密在于理解人们是如何与他人玩协调“游戏”的。

一个人的思维怎么会转变得如此彻底，能够从一个智力极端转向另一个呢？维特根斯坦隐居乡下远离哲学的那些年里发生了什么？

他成了一名小学教师。

据说，他的姐姐曾形容："这就像将一件精密的仪器当成铁撬棍。"但他不是在逃避，也没有浪费时间，而是在试验一种新的哲学研究方法。

原来，维特根斯坦一直把小学当作一个哲学研究的场所。他在观察孩子：他们玩耍的方式、学习的方式、构建思想的方式，以及遵守社会规范的方式。对他来说，小学是一个研究协调困境和寻找解决办法的研究所。

维特根斯坦的新哲学认为，社会生活可被提炼为一系列协调游戏。语言是人们玩的主要"游戏"，它定义了我们思考和社会运作的所有特征。

下面是一些例子：

1. 你和我第一次见面。

   我伸出手，想和你握手。你对我微笑，却拒绝了握手。

   下次再遇到陌生人时，我还会伸出手去握手吗？

   如果是你，下次再遇到陌生人时，你会主动握手吗？

   要经历多少次握手失败，我才会停止对陌生人使用这种打招呼的方式？如果停止了，我会用其他什么方式代替呢？

2. 你和我是新同事。

   我们在饮水机旁友善地交谈着。

   你提到你的工资比预期的低，并怀疑我们老板在薪酬方面不公平合理。

   我沉默了，然后尴尬地换了个话题。

下次你和其他新同事在饮水机旁的时候，你还会再提及你对我们工资公平性的担忧吗？

下次我和另一位新同事在饮水机旁的时候，如果对方问我关于工资公平性的问题，我还会尴尬地转移话题吗？

需要有多少位新同事询问工资的公平性，我才不会再转移话题而是审视他们的问题？

3. 你和我是新同事。

当你到达公司时，我赞美你魅力十足，并对你穿的衬衫也大加赞许。

你对我的评论感到不舒服。你开玩笑说，只要工作出色，穿什么并不重要。

下次我再看到有同事穿着我认为很有吸引力的衣服时，我还会称赞他们的魅力，评论他们的衣服吗？

下次当你的另一位同事称赞你的魅力和着装时，你还会表现出不舒服，并开玩笑说你的着装并不重要吗？

需要有多少位新同事对我的评论表现出不舒服，说穿着并不重要，我才会停止评论？

这些都是协调游戏。

维特根斯坦十分清晰地阐释了对这些语言游戏的深刻见解，为理解从握手到猎巫行动在内的各种社会规范塑造了科学模型。今天，维特根斯坦将社会生活分解为一系列协调游戏的观点已经成为心理学、社会学、哲学和计算机科学等领域研究社会规范的核心原则。这也让我在许多年后开发出一种方法来研究新的社会规范是如何形成的。

我的理论认为，每个协调游戏都有一个临界点，在这个临界点上，一种新奇的行为一旦获得足够的吸引力，每个人对于什么是可接受的看法就会突然改变。我深深被这个想法吸引。这意味着全人类都可以有效地从一种社会规范转向另一种社会规范，只需触发临界数量的早期采纳者。如果这是真的，我们就有可能对社会变革以及人们可能遵循的社会规范做出可靠的预测——包括我们使用的语言，我们愿意使用的问候方式，以及我们在工作中的行为方式。

第9章

临界规模：文化变革的秘密

如今，罗莎贝斯·莫斯·坎特是哈佛商学院的明星教授，也是世界知名的工作场所生产力研究专家。但在1977年，她是一位刚刚开启自己职业生涯的年轻学者。那一年，她发表了一项使她一跃成为学术明星的研究：一项关于性别不平等如何影响组织绩效的开创性研究。如果公司提供更公平的薪酬，它们会更有效率吗？如果女性在领导岗位上有更大的发言权，公司是否会更具创新性？为了回答这些问题，坎特对一家实力雄厚的工业公司的男性员工和女性员工之间的微妙动态进行了细致的人类学研究。在这个过程中，她发现了社会变革的一个关键点。

坎特发现，当女性在公司只占较小比例时，她们总会受到歧视、薪酬不平等和性骚扰等压迫性文化的影响。在这些公司，似乎很难提高女性的地位或改善她们的工作条件。然而，坎特的人类学研究也揭示了另一个进步方向：当女性在组织领导角色中占据一定比例，在20%~35%时，公司文化可能会发生巨大转变。换句话说，这个百分比将成为变革的一个引爆点。

你可能对“引爆点”（或“临界点”）这个概念很熟悉，这个术语出自马尔科姆·格拉德威尔的同名著作，因他的推行而广为人知。但我对这一概念的运用有所不同，我用它指代一种科学理论，即在组织和人群中存在一个可测量的临界规模，一旦达到这个临界规模，就能引发人们行为的彻底改变。例如，坎特认为，如果女性能够在一个组织高层中达到临界规模，她们就能打破性别歧视的规范，并建立新的规范以施行性别平等原则。

她发现了女性数量低于假设临界点的组织的几个明显的标志。最值得注意的是，这些组织中的女性只扮演着“象征性”的角色。她们在各种会议上很引人注目，因此被其男同事视为女性的代表。作为“象征”，她们的行为通常被认为代表了所有女性。因此，她们就成了女性能做什么和被期待如何行事的象征。

与此同时，这些女性被要求遵守一系列高度仪式化的社会规范。她们有义务对男同事表示尊重，根据情况需要表现出夸张的男性化或女性化行为，并比男同事更频繁地参加非正式的社交活动。通过遵循这些社会规范，并迎合其他女同事对她们作为女性代表应该如何表现的期望，女性避免了协调失败。

这些社会规范对女性的职业生涯有几个可衡量的影响。如果女性不尊重男同事，她们就会受到非正式的惩罚。因此，在这种公司里，女性的辞职率高于男性。此外，由于人数较少，女性缺乏适当的指导。当她们想要采取对男同事奏效的晋升策略时，她们经常会经历“角色冲突”，这些策略正是她们的男性导师所倡导的，却与女性在组织中应当如何表现的社会规范相冲突。这种冲突和它的近乎无解导致了较低的女性晋升率。一家公司的女性数量低于假设临界点的最突出标志就是人们熟悉的工资不平等、性骚扰和性侵犯等常见现象。

依循坎特的研究，其他学者将这些发现扩展到了政治领域。他们对斯堪的纳维亚地区立法机构中女性比例的变化进行详细研究并发现，当立法机构中的女性数量低于假设临界点时，她们推进新的诉讼案件和解决政治中女性具体问题的能力实际上就会被削弱。

对象征少数群体的女性政治家而言，最大的问题是她们在政治舞台上的正当角色不被认可。这种正当性的缺失使她们受制于一种大肆贬低女性在立法辩论中的贡献价值的政治文化，以及一种话语风格。作为立法机构里的象征性成员，成功当选的女性往往发现自己无法实现政策目标。醒悟以后，这些女性表现出不成比例的高辞职率，因为她们自愿放弃连任竞选。

对于商界和政界的象征性少数群体而言，关键问题在于他们难以达到临界规模，无法为他们所关心的话题创造正当性。因此，妇女无法转变行业话语，以解决影响她们的关键问题，如儿童保育或性骚扰。丹麦议会的一份报告发现："在大多数政治家的意识中，都缺乏相关词汇来谈论女性地位、歧视、不平等、女性疾病、无偿劳动、性别分工、性骚扰或针对女性的性暴力等议题。"因此，男议员在会议上讨论这些问题时会感到不自在。当女议员明确提出这些问题时，她们也会遭到强烈的反对。由于无法在这些问题上发表权威性意见，她们的男同事就会认为不适合在议会上辩论这些问题。从本质上说，政治的语言以及政治的实质，都是由政治家的性别支配的。

坎特的伟大构想在于，如果女性数量能达到临界点，这一切就可以改变。这是一个了不起的假说，过去是，现在亦然。但它对"#MeToo"运动和其他社会变革所能实现的目标产生了深远影响：如果有适当比例的人站出来，表示他们不会再容忍工作场所有关性的不当行为，那么即使只是一小部分人，也能引发一场重大的文化变革。

这是一个振奋人心的愿景。但它真的会奏效吗？

当我第一次接触这些观点时，我被它们诠释社会变革如何发生的可能性深深吸引。为社会变革找到一个精确的临界点，就等于找到了社会科学中的一座圣杯。相信这种"阈值"或临界点存在的观点已经有将近一个世纪的历史了。早在坎特用性别动力学的开创性研究赋予这一理论新的生命之前，至少从 20 世纪 50 年代开始，这个问题就经常引发科学家和哲学家的激烈辩论。在更实际的层面上，寻找变革所需的临界规模是活动人士、企业家和政策制定者数辈人梦寐以求之事。每个人都想知道：变革真的存在一个临界点吗？如果有，那它是多少？

对我来说，挑战归结为两个基本问题。第一，我们如何证明临界点确实存在？毕竟有许多因素可以解释为什么会发生变革：人口结构变化、新的立法、失业率下降、工作场所的创新技术、房价波动以及其他各种激发变革的力量。我们怎么能明确地知道，活动人士的数量达到临界点后就会触发社会规范的转变？

第二，如果我们能够确定临界点的存在，有没有数学方法能找出其位置？需要多大程度的社会确认才能达到临界点？我们能否确定社会变革发生的确切临界点？

我在维特根斯坦的作品中找到了解决这些挑战的方法。他看似一个并无关联的灵感来源：20 世纪上半叶一位朴素的奥地利哲学家，对于理解罗莎贝斯·莫斯·坎特在 20 世纪下半叶的组织性别问题研究，或现在“#MeToo”运动的成功，有什么关系？

事实证明，关系重大！

正如我在第 8 章所述，维特根斯坦认为，人们理解世界的方式（我们的行为和我们的信念）是一种基于语言的协调游戏。对我来说，这意味着临界点实际上就是人们若不改变行为范式，就无法再继续协调的点。例如，碰拳行为发生的临界点就是如果不从握手转变为碰拳，人们就不能成功完成他们的职业会面。尽管握手这一社会规范作为一项颇受推崇的悠久传统根植于美国商业文化，但我的看法是，当涉及社会规范时，我们对社会协调的需求比我们对传统的拥护更强大——这种需求就是社会变革的关键。

为了验证这一假设，我需要研究在现实世界的协调游戏中，人们的行为会如何改变。维特根斯坦找到了一所小学作为“哲学实验室”来研究社会行为。我能否找到或创造一个“社会学实验室”来检验临界点理论，不是像维特根斯坦那样研究儿童如何学习规范，而是对已经在使用规范的成年人进行研究，看一看达到临界规模的活动人士能否使人改变他们已经在遵循的规范？

我的想法是建立一个在线社区，让研究对象做我们在日常生活中经常玩的社会协调游戏，遵守语言和礼仪规范。我们都清楚在社会生活的各个领域，比如在工作中、在亲密关系中、和朋友聚会时或遇到陌生人时要如何表现，我认为我能以同样的方式在互联网上创建一个团体，我可以观察这个社会协调行动的过程。这将是一个社会培养皿，我可以从中观察到一种“文化”在人们的互动中产生。一旦每个人都建立了一套正常的交流行为，我就会看到我能否成功地打破它——通过在社区中插入一群“活动分子”，让每个人都采纳一种新的行为模式。这最终让我想到了一个根本的问题：需要多少个变革者才能促成改变？

取名游戏

20 世纪 70 年代，当坎特对大型企业进行研究时，她与越来越多的社会学家和经济学家开始接受这样一种观点：即使在大多数人仍在抵制变革的情况下，一小部分人也有可能引发变革。坎特的人类学研究还得出了这样一个假设：改变社会规范需要的临界规模大约为该群体的 20%~35%。多年后，我自己对社会网络的研究就是基于这些观点的。研究表明，如果足够的社会确认在一个社会网络中不断积聚，它就可能引发改变社会规范的广泛传播，并最终将这一改变传至每个人。我和我的同事都相信，我们可以利用复杂传播理论对临界点做出精确的数学预测。

我们的方法是设想一个克里斯那样的人。在放弃他所信赖的握手之前，他需要遇到多少次碰拳这样的新行为？尽管克里斯一直以来都使用握手礼，但当他决定想办法处理新情况时，他的新近经历可能比以前的更有意义。我们推断，如果碰拳成为克里斯新近记忆中最常遇到的行为，他就会改变他的行为，在下次与客户见面时使用碰拳礼。

需要多少早期采纳者来触发连锁反应，最终改变大众？我们得出的预测结果与坎特最初的研究是一致的：我们预测的临界点是 25%。我们假设，一旦人群的 1/4 接受了一种新的信仰或行为，其他人就会很快效仿。

当我们得出这一预测结果时，它是有争议的。前段时间，一个物理学家团队还预测，社会变革的临界点可能低至 10%。与此同时，许多社会科学家严肃地推测，社会中可能根本就不存在变革临界点。这些学者认为，协调社会规范的过程太过复杂，难以测量。鉴于这些不同的假设，我们的 25% 的预测还不十分确定，但这似乎是个不错的起点。

为了检验临界变革理论，我们创建了 10 个独立的在线社区。每个社区的规模从 20 人到 30 人不等。在每个社区，参与者相互联系，形成一个社会网络。

每个社区都玩一个“语言游戏”，在游戏中，他们可以尝试为一个随机出现的人取一个合适的名字。我们收集了 10 个不认识的人的照片，给每个社区一张。一些社区收到了一张男性的照片，其他社区收到的则是一张女性的照片。然后我们问：你认为那个人的名字可能是什么？

每一轮开始时，我们都会对每个社区的成员与他们的网络友邻进行随机配对。所以在一个 20 人的社区中，我们每轮会创造 10 对随机搭档。每对参与者有 20 秒的时间为照片中的人想出一个名字，每个人都要在规定时间内给出名字。每个玩家都是同时进行游戏的。

如果你正在玩这个游戏，当一轮游戏开始时，你会看到照片上的脸，然后你可以在一个地方输入你为他 / 她取的名字。你无法看到你的搭档以及搭档在输入什么。你只知道你们俩都有 20 秒的时间来选择一个名字，而且你们正在努力配合对方。在这一轮结束时，每个玩家都会看到自己搭档取的名字。然后你将再与社区中的不同成员配对，并再次玩这个游戏。

如果你和你的搭档选择了相同的名字，你们就都会得到一笔现金。但如果你和你的搭档选择了不同的名字，你们就都会输钱。人们讨厌输钱，所以他们非常努力地与对方协调。

玩这个游戏的人就像克里斯一样，想要弄清楚是要握手还是要碰拳，还是有别的礼仪。克里斯想要与他的新客户协调一致。但更重要的是，他不希望协调失误。在每次与新客户的会面中，克里斯都会了解到他的专业圈子里的人正在使用的行为，然后他会利用这些经验就如何与下一位新客户打招呼做出明智的决定。

在我们的游戏中也是如此。

这个游戏的有趣之处在于没有正确答案。人们可以取任何他们想要的名字（他们确实这么做了），但这也是最难的一点：你不知道其他人会怎么取名。你只能看到你前一轮的搭档输入的名字。你不知道社区里其他人选用的名字。你甚至不知道你的社区里有多少人，也不知道你会遇到多少人。就像克里斯一样，你不能通过群体层面的信息来推断你遇到的下一个人会怎么做。

我们的游戏持续了 50 个回合。一轮又一轮，你必须不断地尝试名字，直到你能够幸运地与队友协调一致，想出相同的名字。但是，就像克里斯一样，与一个人的合作并不能帮助你猜测出其他人的想法。每一轮，你都只能猜测下一个人会给出什么名字。

起初是一片混乱。在最初的几轮中，一个 24 人的社区可能会给出 60 多个名字，但没有一对是成功的。

这犹如“右行交通日”重现。

但每隔一段时间，就会有一对随机玩家配合成功——比如说，都用了“米娅”这个名字。在经历了如此多的前期失败后，两名玩家都为最终的成功而激动不已。下一轮，他们都会用“米娅”这个名字与新搭档再次做尝试。即使“米娅”在这一轮中没有成功，他们至少也还会用它再去尝试一两次。

到了网络开始发挥作用的时候了。如果这两个玩家都使用“米娅”与对方的联系人进行互动，那么这些联系人就会从他们那里看到“米娅”这个名字。现在，假设这些人配对成了搭档。

因为“米娅”最近在他们那里得到了确认，他们可能都会尝试。

感到惊奇吧！他们会成功。

现在，这些玩家在接下来的几轮游戏中都会尝试使用“米娅”。

你可以想到接下来会发生什么。“米娅”在一个社区的网络中被确认的次数越多，就会有越多的人开始尝试它——他们也就越有可能成功。这一切都让“米娅”更有可能继续传播，直到最终每个人在每一轮中都使用“米娅”。

你认为一个 24 人的团体要花多长时间才能建立他们自己的社会规范？ 10 分钟？ 20 分钟？事实是通常不到 5 分钟，有时甚至更快。

每个社区开始时都是无秩序的。但小小的协调火花很快就让人们与他们的同伴、他们同伴的同伴以及更多同伴开始在相同的行为上有所协调。到了第 15 轮，每当有人遇到陌生人时，他们就会立刻知道如何协调一致。

一旦形成了一种规范，大家对彼此的想法就都有了了解，就比如握手。

在第3章，我讲述了避孕措施在韩国是怎么传播的。这个事件中最令人惊讶的事实是，尽管每个社区在计划生育规范上趋同，但他们达成一致的特定行为因村而异。有些是“宫内节育器村”，有些是“避孕药村”，还有一些是“输精管切除术村”。在韩国，避孕措施被采纳并不取决于特定的避孕方法，而取决于每个社区内的社会协调。重要的是社会规范，而不是具体的方法。

在我们的取名游戏实验中也发生了同样的事情。每个社区内的个体都成功地接纳了自己的社会规范，但每一个社区的规范都是不同的。甚至当我们尝试给两个不同的社区相同的照片时，每个社区在协调一致后使用的名字也是不同的。一个社区可能集体采用“伊丽莎白”，而另一个社区则可能会集体采用“米娅”。在某种程度上，每个社区都建立了自己的文化。

一旦大家变得协调一致，他们就会坚守自己建立的规范。如果他们尝试新的东西，达不到协调一致，他们就会输钱。但是如果他们持续使用相同的名字，他们便能够在游戏中赚取更多收益，直到游戏结束。

你会怎么做?

你可以想象，一旦一种规范形成，它就不会轻易改变。玩家还有几十轮要玩，如果坚持已形成的社会规范，他们就能赚很多钱。如果他们开始偏离，他们就会输很多钱。

这时活动分子进入游戏。

然后，我们在这10个社区的每一个里都安排了一组独特的“活动分子”。这些神秘的活动分子实际上是我研究团队的成员。他们只有一个任务：推翻既定的社会规范。他们对社会影响是免疫的。每一轮，不管与谁互动，活动分子都会使用他们希望成为新规范的名字。

例如，如果在一个社区内大家都在使用“米娅”这个名字，活动分子就会突然出现，开始在每一轮使用“英格丽德”这个名字。他们致力于发动社会变革。

在我们研究中的不同社区里，我们加入了人数不同的活动分子团体。最小的活动分子团体占社区总人数的 17%（远低于我们预测的临界点），最大的活动分子团体占社区总人数的 31%（远高于我们预测的临界点）。我们称他们为“坚定少数群体”，因为他们决心无论如何都坚持使用“英格丽德”。下面就是这 10 个社区：

社区 1：17% 的坚定少数群体。

社区 2：19% 的坚定少数群体。

社区 3：19% 的坚定少数群体。

社区 4：20% 的坚定少数群体。

社区 5：21% 的坚定少数群体。

社区 6：25% 的坚定少数群体。

社区 7：27% 的坚定少数群体。

社区 8：28% 的坚定少数群体。

社区 9：28% 的坚定少数群体。

社区 10：31% 的坚定少数群体。

从社区 1 到社区 5（17% 到 21% 的坚定少数群体），结果是坚定少数群体失败了。虽然我们已经预测到了这一点，但这个结果仍然有些令人失望。几十轮持续的行为对多数群体没有任何影响。即使一个社区里的活动分子占了 21%，他们对其他玩家也几乎没有任何影响。多数群体遵循着既定的社会规范，完全无视活动分子的存在。不管活动分子对“英格丽德”表现得多坚定，爱“米娅”的多数群体始终如一。

在社区 6，我们把活动分子的比例稍微提高到 25%……这样就成功了。

临界点。少数群体的“英格丽德”打败了多数群体的“米娅”。

尽管我们也预测到了这一点，但这一发现仍然令人震惊。

“失败”的社区 5 和“成功”的社区 6 之间仅差 4%。将活动分子的数量从 10% 增加到 14%，或从 17% 增加到 21%，对社区内的多数群体是没有影响的。但一旦微调至 25% 的临界点，坚定少数群体就会对多数群体产生不成比例的影响。在社区 6 到社区 10 中，坚定少数群体每次都能成功。

这就是为什么临界点如此重要，以及为什么社会变革总是突然出现的。因为低于临界点时，即使活动分子的数量大幅增加，也不会对其他群体产生影响。例如，将活动分子从 10% 大幅增至 20%，对其他人不会产生显著影响。但即便是一个微小的调整，一旦少数群体占比高于临界点，那就可以影响每一个人。

1995 年，经济学家蒂穆尔·库兰写了一篇具有前瞻性的文章，题为《未来发生大规模变革的必然性》。他认为，当活动人士占比低于临界点时，社会似乎是稳定的——但实际上这只是海市蜃楼。尽管还没有人知道，但这些活动人士正处于社会革命的边缘。只要再多一点儿努力，社会变革就会爆发，而且是出人意料地爆发。

出人意料的革命的爆发次数比一般性革命多：1989 年柏林墙的倒塌；2016 年“#MeToo”运动的兴起；部分地区大麻的合法化。

这些社会变革令人惊讶，是因为几十年的抗议和活动人士的努力似乎收效甚微。但一旦达到临界点，这些运动就会突然影响每个人。

临界点之后

尽管临界点很强大，但有些规范似乎坚不可摧，永远不会改变。在几代人的时间里，政治上的性别偏见似乎就是其一。女性在政界面临的挑战似乎是无法克服的。

在前文中，我向你展示了丹麦议会中的女政客数量在临界点以下的工作环境。女性不被视为正当的政治角色；她们关切的问题没有被纳入政治讨论的有效话题；她们的辞职率较高，政治目标的实现率较低，而且几乎没有能力引入新的语言规范来解决选民关注的问题，如妇女地位、性骚扰和家庭暴力。如果在政府中女政客的数量达到一个临界点，这些规范真的会改变吗？

是的，它们会改变，而且已经改变了。

对斯堪的纳维亚立法机构的女性职员进行的研究发现，一旦女性职员数量超过临界点，她们就不再是象征性的少数群体，公开反对女性参政的人数就会明显减少。其中一个原因是，当政府中有更多的女性时，刻板印象就更难形成。女性的代表性越大，对女性群体的嘲讽就越少，毕竟批评一个群体比批评某个象征性代表难得多。在丹麦，立法机构中女性代表的增加使得公开反对女性政治家的声音完全消失了。这并不是说隐晦存在的歧视也被完全消除了。然而，人们已经不再能容忍在公开场合贬低女性候选人——这是一个明显的迹象，表明女性在政界的社会规范已经发生了变化。

成功的少数群体的一个基本特征不仅是他们的数量，还有他们的坚定。研究越来越多的女性走进政治界的学者们最担心的是，随着女性所扮演的角色的增加，她们会被男性的政治文化同化。如果女性官员只能处理与她们的男性同行有关的问题，女性在政治上对妇女生活和妇女问题的影响就变得微不足道了。如果这样，女性扮演的就是男性的角色。值得庆幸的是，临界点的研究结果显示并非如此。

在瑞典，随着女性在地方立法机构中所占比例达到 25%~30% 的临界规模，她们能够有效地相互协作，推动解决女性关切的新议题。这不仅使女性成为更有效的立法者，也让她们能够更好地管理自己的政治生涯。女性从政的辞职率以前很高，现在已下降到与男性相同的水平。同等资历的男性和女性能以相同的比率再次当选。女性能够将儿童保育、妇女生育健康和同工同酬等问题纳入政治讨论范围。这些改革大大减少了女议员遇到的家庭生活和职业生活之间的冲突，使她们能够更有效地完成议员工作。

一旦达到临界点，在斯堪的纳维亚立法机构里，政治话语的规范就发生了变化。在许多国家，对所有职业政客（无论性别）而言，妇女问题已经成为公认的政治工作的一部分。由此产生的体制变革见证了政府内部的地位平等委员会的成立，其任务是确保平等政策在整个立法机关得到执行。

第 10 章

自我意识的盲点：临界变革的意外触发点

2006 年春，普林斯顿大学的 44 名本科生得到一个机会，对大学一系列的新政策提案进行评估。这些政策将对普林斯顿大学产生深远的影响，尤其是在学生录取方面。例如，有一项提案建议将普林斯顿大学的“提前决定申请”政策从具有约束力改为不具有约束力。新政策将给予申请人更大的助学金申请灵活性，但它将大幅增加普林斯顿大学收到的早期申请数量，可能会削弱其争取最优秀的申请者的能力。这是一项有争议的提案。学生们会支持还是反对呢？

这项调查不仅仅是对高年级学生的统计。它是一个对照实验，和你之前看过的从众研究很相似。当学生们评估每项提案时，他们同时会看到其他学生的意见。很显然，问题是学生是会做出与其他学生一致的选择，还是会做出不同的选择。但这项研究有两个不同之处。

如你所料，实验结果表明，学生们明显更愿意支持他们的同伴所支持的建议。但研究人员对仅仅识别学生与社会规范的一致性并不感兴趣，他们想看看参与者是否意识到自己的社会从众性。因此，研究的下一步是询问学生为什么会选择支持或拒绝每项提案。

他们的选择是同伴影响的结果吗？是因为提案的具体特点吗？是出于他们对大学未来的考虑（或对身为校友的自己的考虑）吗？

学生们几乎一致地回答说，他们的选择基于提案的质量和对学校的潜在影响。他们很少把同伴列为影响自己决定的主要原因。

这项研究的最后一个不同点是最有趣的。之后，研究人员给学生们提供了与他们投票一致的学生的资料，然后请他们评估这些学生做出决定的原因。他们做出选择的原因是同伴的影响、提案的质量还是对自己或大学的预期利益？

这一次，学生的反应明显不同。他们倾向于从同伴影响的角度来解释其他学生的决定。其他许多研究也显示了同样的结果。人们经常解释别人的选择是为了迎合社会规范，但很少认为自己也是如此。当涉及自己的决定时，大多数人确信他们的选择基于理智推断和个人偏好。这种观察结果后来被称为内省错觉。

另一个例子：在 2004 年《纽约时报》的一篇文章中，一名记者报道了美国中产阶级奢侈享受之风日益增长的趋势。新泽西州的一名女子选择购买了一台 7 000 美元的炉子。“该女子称，她不是为了攀比才想买一台维京牌炉子的。是因为她是一个高标准又喜欢宴客的厨师，这种炉子有她需要的功能。”

绝大多数时候，改变人们行为的社会影响发生在他们的视野之外——在他们的盲点上。在过去的几十年里，社会科学实验越来越擅长找出这些盲点，并评估它们对人们行为的影响。内省错觉为我们提供了一个清晰的视角来理解这个盲点：人们用自己内心的感受而不是外部发生的事情来解释自己的行为。这个简单的观察结果对社会科学在研究社会规范方面有着重大影响。这意味着人们自认为改变他们行为的动机通常并不可靠，并非真正促使他们改变的缘由。事实上，人们认为的行为动机可能是对自己行为最不可靠的解释。

2007 年，一项由两个部分组成的创意研究展示了内省错觉是如何为公共政策制造一个障碍的，以及如何成功地跨越这个障碍。在研究的第一部分，近千名加州居民被问及是否愿意在自己家中采用节能策略。当时，为了促进能源节约，已经研发了几个项目。这些措施包括宣传对业主的经济激励，宣传全球变暖的危险，以及宣传对公民后代的道德责任。加州居民被问及什么原因最有可能使他们减少对能源的使用：（1）他们的环保价值观和社会责任感；（2）省钱的机会；（3）同伴中的社会规范。

正如你现在所预测的，每个人都声称，他们在家中采取可持续性能源保护做法的动机要么是为了保护环境，要么是为了省钱。没有人重视社会规范——尽管就像普林斯顿的学生一样，这些加州居民也认为其他人才可能会受到社会规范的影响。

然后研究人员开始了第二部分的研究。他们选取了类似于第一组的第二组加州家庭，做了一个由 3 个步骤组成的实验。首先，他们记录了每个家庭的实际能源使用情况。然后，在接下来的几周里，他们在每个家庭的门上挂了小册子，介绍了节能措施（比如关闭不用的灯，缩短淋浴时间，用风扇代替空调，等等）。他们把这些家庭分成三组。除了节能广告，有一组还收到了这些措施对社会和环境有益的信息，有一组则收到了采纳这些新方法可以节省的费用的信息，还有一组被告知他们的邻居中有多少人已经通过这种方式降低了能源消耗的水平。

一个月后，研究人员进行了跟进。他们采访了每一位居民，并通过检查他们家里的能量计来记录这些家庭的能源使用情况。这使得研究人员能够将人们自己的主观判断与真实改变他们行为的因素进行比较。

在跟进采访中，业主被问及他们认为哪种信息对他们来说最有效——是极具说服力的节能措施有利于社会和环境，或减少能源消耗可以省钱，还是邻居们接受了节能措施。

人们再次回答说，影响他们家庭行为的最佳方法是向他们提供对社会和环境保护有益的信息，或者告诉他们每月可以节省的开支，例如缩短淋浴时间或关掉不用的灯。每个人都认为，同伴的行为信息是最不可能影响他们日常生活的因素。

研究人员发现了什么？

事实上，只有那些收到邻居行为信息的家庭的能源消耗显著减少。值得注意的是，生活在社会规范中的人们——那些行为直接受到同伴影响的人——仍然像其他人一样相信其他策略更有效。

如果这看起来出人意料，太不真实，那么设想如果一个研究人员问你什么会影响你的能源消费行为，你会怎么说。你会把环境保护列为主要原因吗？那省钱呢？或者你会相信你只是盲目地随波逐流吗？

这项研究中的重要发现不仅仅是人们对自己动机的看法不能有效地指导和解释他们真实的行为。我相信没有人听到这个会感到非常惊讶（至少当对象是其他人时是这样的）。真正惊人的发现是，人们真心认为最不可能影响他们的策略，最终却成为改变他们行为的最有效方法。

多年来，这些盲点削弱了各种可再生能源计划。那些试图推动美国走向更可持续的能源发展政策的创新者对这些政策的无效感到困惑，尤其是在有充足证据证明美国人明显倾向于支持可持续发展的情况下。同样令人困惑的是，一些看似面临同样挑战的国家却取得了成功。

这些国家能提供什么建议？从那些成功地将社会规范转向新的可持续发展策略的政府那里，我们可以学到哪些战略上的经验？

邻里效应

20 世纪 90 年代初，欧洲正处在向太阳能转型的风口浪尖。瑞士、德国、法国、意大利和其他欧洲国家率先制定了一些极具进步意义的立法。但是关于在屋顶安装太阳能电池板的社会规范仍然没有进展，人们不愿意做出这个转变。

这就是临界点的悖论：如果每个人都在等待其他人先去尝试，怎么能触发一个临界点呢？

在这些情况下，最常见的策略是使用金钱激励。自2008年以来，瑞士政府提供了巨大的激励措施，鼓励业主在自己的房子上安装太阳能电池板。如果操作得当，这个系统是非常巧妙的。房主可以在屋顶安装太阳能电池板，再加上一台小型变频器，它们会将电力直接输送到当地的电网。然后，瑞士政府以高于市场价的价格向业主购买自产电力，这不仅为住宅和社区提供能源，还为业主带来了可观的利润。这是一个双赢策略！

为了落实这一倡议，瑞士政府组织了大量的信息宣传活动，来宣传太阳能对环境的重要性，还在全国范围内投放广告，宣传家用太阳能的节约收益。这一策略有效地推动了第一拨太阳能电池板安装风潮，有少数早期采纳该策略的业主进行了安装。但随后浪潮渐渐退去，它没有达到临界点。

研究人员后来发现，问题在于瑞士居民是否选择安装太阳能电池板最终不取决于经济激励或对信息的意识，而是由在社区安装了太阳能电池板的邻居数量决定的。越多的邻居采纳，居民就越相信太阳能电池板值得安装。在采纳率低的社区，对太阳能的后续投资依然很低，甚至完全消失。

20世纪80年代末，德国面临同样的挑战。环保管理者和行业创新者花了近十年的时间制定立法和财政激励措施，以促进德国的太阳能电池生产。同样地，真正的问题在消费者一方：政府如何在公民中改变社会规范，从而触发民众对太阳能的广泛接受？

德国希望太阳能像电视、录像机、智能手机、个人电脑、电子邮件、互联网和社交媒体那样广泛普及每个人。从过往的这些成功经验中，他们发现了一个明显的模式。每种产品的普及都受到价格、可用性和知名度等主要因素的影响，但对每一种产品的采纳情况也呈现出社会聚集性。当朋友、邻居和同事开始使用这些技术时，人们自己也会开始使用这些技术。同样的原则也适用于可再生能源。

猎枪策略、银弹策略和雪球策略

还记得韩国在所有社区推行措施吗？假设我们刚好回到韩国开始倡议之前。

假设你是一名韩国政府官员，负责推广这次活动。你的工作是设计一种策略，使计划生育规范达到变革临界点。

进一步假设，每个韩国村庄里有 1 000 人，你有一张社会网络图，展示了所有村民之间社会关系的确切模式。你的任务是使用这张网络图，在社会网络中瞄准那些能够最大限度发挥作用、帮助你完成社会变革运动的人。

你的预算有限：对于每个村庄，你只有 10 美元可以随意分配。你可以集中你的资源，把 10 美元都给一个人。你也可以在整个社会网络中分配你的资源，10 个人中每人给 1 美元。一旦你决定了你想要采取的方法，你的第二个问题就来了：你选择把钱给哪个人（或哪 10 个人）？

我和我的同事在过去的十年里一直在寻找这两个问题的最佳答案。我们提出了数十种策略，从病毒式营销到影响力营销。但这些广泛的方法最终都可以归结为 3 个核心策略：猎枪策略、银弹策略和雪球策略。

最简单的临界变革策略是猎枪策略。它是在病毒式营销原理的基础上发展而来的。要使用这个策略，你要广泛地分配你的资源，就像用霰弹猎枪射击一样。你在每个村庄选择 10 个目标人，或者说传播避孕的“变革推动者”。你给每个人 1 美元让他们采纳避孕措施并宣传它。这个策略的关键在于，你的 10 个变革推动者可以最大范围地覆盖整个村庄的社会网络——他们彼此之间的距离越远越好。这将为你的策略推广创造最大的曝光度。

猎枪策略在传播麻疹方面非常有效。假设你选择了在网络中分布最广的 10 个人，并让他们每个人都感染了麻疹病毒。然后，每个人将疾病传播给他们的直接接触群体，该村庄就会产生 10 个独立的病毒暴发源。每个暴发源都会迅速蔓延，直到传给村子里的每一个人，其集体效应将是一场全村范围的流行病。

猎枪策略是应病毒式营销理论而生的。这种策略可以使传播范围最大化，并可以在最短的时间内传播给最多的人。

但猎枪策略的根本问题在于，每一个被选中的变革推动者周围都是一群不愿接受变革的未采纳者。变革工作的初始“触达”范围通过变革推动者实现与人群接触的最大化来扩大。但这会最小化变革推动者的网络冗余。

对于麻疹的传播来说，这是理想的。猎枪策略会尽可能地为每个麻疹病毒携带者提供最丰富的传播环境。

但如果传染的不是一种病原体，而是一种社会规范，那么猎枪策略就会在人们对改变的抗拒面前失效。

如果在韩国的推广避孕措施运动中使用猎枪策略，你很快就会遇到一些障碍。首先是缺乏社会确认。在社会网络中，变革推动者彼此相距遥远，这使得每个变革推动者都是他们社交圈中唯一采纳改革措施的人。如果变革推动者周围的人不认为避孕措施是一种社会公认的做法，那么一个单独的变革推动者将无法改变众人的看法。同理，一个单独的变革推动者是不能为避孕措施的可信度或安全性提供很多证据的，特别是如果变革推动者周围的人知道他们是被金钱激励才采纳避孕措施的。此外，如果村里的每个人都已经对计划生育的现状达成了一致，那么他们社交圈里的一个人采纳避孕措施并不能使众人相信该措施会在社会中流行起来，因为他们认识的其他人都没有在使用避孕措施。

同样的障碍也是德国太阳能计划需要克服的。在只有一个采纳者的社区里，单独的变革者几乎不可能得到邻居们对太阳能规范的支持。在邻里无人接受一项创新的情况下，仅凭一己之力是无法建立该变革的正当性、可信度或社会流行性的。

猎枪策略的第二个问题是，即使是备受激励的变革推动者也不能免受同伴压力的影响。问题不在于激励机制本身，而在于怎么在战略上部署这些激励机制。如果使用得当，激励可以促使社会规范发生变化。但是，如果将变革者独立放入社会网络的不同部分，这样就会使每个变革者采纳避孕措施的动机与他们周围的人所遵循的社会规范对立起来。其结果会是，变革推动者不仅无法传播避孕措施，而且很可能自己就会放弃。

第三个问题是，一旦这场战斗开打，如果输了，人们是不会忘记的。还记得 Google+ 的事情吗？谷歌推出社交平台一事获得了广泛的关注，曾经每个人的社交网络中都有一两个人在使用它。但它就是缺乏足够的社会确认，使人们无法为它弃脸书这一在任王者于不顾。所以，不仅每个人都知道 Google+，而且他们知道几乎没有人在使用它。

这种棱镜效应非常不妙。如果你的创新技术成功地吸引了公众的注意力，但没有取得他们实际的行动支持，那么就会有适得其反的危险。Google+ 造成的反作用力使其市场份额下降乃至被迫退出市场。

这对猎枪策略来说是个严重的问题。如果一项社会创新的信息得以迅速而广泛地传播，但对创新本身的采纳度滞后，这可能会在公众心中留下质疑的空间。人们不免怀疑创新失败了，并会找寻原因。而一旦人们开始相信这一创新出了问题——成本太高、难度太大或不受欢迎，他们就很容易为自己过去不使用、未来不采纳这一创新找到合理解释。这些对创新产品挥之不去的疑虑会削弱未来宣传活动的效果。

但值得庆幸的是，还有另外两种临界变革策略可以考虑。

银弹策略是猎枪策略的通用替代品，因为它避免了资源分配过于分散的问题。相反，它把所有的资源集中在一个目标上。

它是一种影响力策略。对于韩国的计划生育运动来说，这就相当于在社会网络中找到极具魅力且人脉通达的人，把 10 美元全部给他们，让他们在自己的社交圈内推广避孕措施。这种策略基于这样一个想法：每个村庄都有一个人脉广、影响力大的人，可以引发连锁反应，改变整个社区的社会规范。

在本书的开头，我讲述了影响力人物的神奇之处。使用银弹策略的主要挑战之一是，一个人脉通达的人周围会有比普通人多得多的影响力抵消因子。在韩国农村，一个普通人可能有 10 个联系人，在社会网络中呈现聚集形态，而影响力人物可能有 50 个联系人，他们广泛分布于整个社会网络。如果影响力人物的所有联系人都遵循既定的计划生育社会规范，那么这位影响力人物是不太可能接受金钱激励，公开反对现有社会规范的。

但为了进行思维实验，让我们假设 10 美元的激励起作用了，并且一个人脉通达的人被说服采纳和推广避孕措施。然后，这个人说服了他社交圈里所有的 50 个联系人都采纳并开始推广避孕措施。接下来会发生什么？

此时，银弹策略变得非常类似于猎枪策略。只不过现在有 50 个而不是 10 个分布广泛的变革推动者。对于像麻疹这样仅需简单传播的事物，这种策略会非常有效地创造一种“病毒性”流行。这就是影响力人物营销如此受欢迎的原因。

但如果这种传播物是一种社会规范呢？影响力人物的 50 个联系人将处于与猎枪策略中的 10 个变革推动者相同的位置——被阻力包围，甚至没有得到 1 美元的激励。

就像猎枪策略一样，银弹策略在传播麻疹方面异常有效的因素也是导致它传播避孕措施失败的原因。首先，影响力人物的每个联系人都是分散的，相距很远，因此缺乏来自其他采纳者的社会确认来帮助传播避孕措施。其次，影响力人物的 50 个联系人同样面临着来自他们周围仍然遵循传统计划生育规范的人的影响力抵消因子。

但我们来反方向思考一下吧。

只有当影响力人物的联系人广泛分布时，这些问题才会出现。如果影响力人物的联系人是连接在一起的呢？或许影响力人物可以将注意力集中在建立确认的几个邻居小群体上，而不是广泛传播消息呢？

这并不是一个坏主意，但它会破坏使用银弹策略的全部意义。这种策略的理念是，高价雇用影响力人物的正当性在于，他们有能力将一项创新的影响范围扩大到整个人群。为一个影响力人物支付这么多钱，然后把他的影响范围努力限制在一小群人身上，这样的操作是没有意义的。我马上就会向你展示，瞄准小型社会集群的概念确实是成功的关键。但有一种可供使用的方法比雇用影响力人物更简单、更便宜，最终也更有效。

在完全放弃银弹策略之前，让我们再想象一下它可能成功的另一种方式。试想一下，如果一个影响力人物发挥的作用比我们想象的大得多，会发生什么。如果一个影响力人物的联系人众多，他们自己就可以触发临界变革，将会怎样？例如，在一个有 1 000 名居民的村庄，影响力人物可能有 250 个可以直接影响的联系人。或者在一个有

6 000 万选民的国家，假设影响力人物有 1 500 万个联系人，每个人都会直接受到这个人的影响。（那真是太棒了。）很容易就可以看出一个简单传播是如何起作用的。但在韩国的计划生育运动中，影响力人物的每一个联系人周围都是遵循传统计划生育规范的人。当自己的社会网络中没有其他人使用避孕措施时，一个影响力人物不太可能成功地说服他的联系人，避孕措施是可信而正当的，或者具有社会流行性。影响力人物唯一的成功之路就是说服他的每一个联系人无视他们的朋友和邻居在遵循的社会规范。但这是不太可能的事情。

对银弹策略的最后观察不是关注它的成功，而是关注它的反作用力。如果银弹策略成功地将信息传播给所有人，但没有获得足够的采纳度，它就将面临与猎枪策略一样的适得其反的风险。但这次情况会更糟糕。一场失败的影响力人物传播运动可能不仅会让人们对一项创新的优势失去兴趣，还可能激起人们对它的反对。

还记得谷歌眼镜吗？

谷歌眼镜的宣传就使用了银弹策略。一小群高地位的影响力人物受到了激励，采纳了谷歌极具未来感的眼镜。但眼镜推广活动有一个盲点：未采纳者遵循的社会规范。

谷歌的高地位影响力人物非常严重地侵犯了未采纳者的社会规范，导致人们原本对面对面互动装置的隐性期待和对社会监视的担忧被激发为一场显性的文化战争。谷歌眼镜成为一种被污名化的技术的代名词，没人想和它扯上关系。这场传播运动不仅在谷歌眼镜的销售方面引起了适得其反的效果，也使人们对谷歌产生了诸多负面印象。

虽然没有人希望设计一场失败的变革运动，但更没有人希望设计一场损害企业声誉的变革运动。这就是银弹策略的教训：如果你的社会创新产品挑战了既定的社会规范——例如关于节育或替代能源策略的社会规范，而引爆策略优先考虑传播意识而不是建立当地支持率的目标，那就可能会适得其反。

幸运的是，第三个也是最后一个引爆策略提供了一个解决方案，那就是雪球策略。

与猎枪策略和银弹策略的范围和规模相比，雪球策略似乎平平无奇。尽管这一策略并不迷人，但它行之有效。

雪球策略不针对能够将创新产品传播得更远、更广的特殊人群，而是基于瞄准社会网络中能够使创新产品被广泛接受的特殊位置。雪球策略的目标不是说服所有人立即采纳创新产品。相反，它会逐渐为创新产品赢得支持，直到达到临界规模。

在韩国避孕倡议中使用雪球策略，就像使用猎枪策略一样，你要选择 10 个变革者，给他们每人 1 美元，让他们采纳和推广避孕措施。然而，与猎枪策略不同的是，不是选择 10 个分散在网络各个角落的人，而是选择 10 个同属一个社会集群的变革推动者。雪球策略的关键在于，被选中的所有变革推动者都相互认识。

这不是传播麻疹的有效策略。对于任何一种简单传播，雪球策略都属于浪费资源。如果变革推动者仅需互相介绍创新产品，这有什么意义呢？

但对传播一种社会规范来说，这种冗余是非常有效的。

在使用雪球策略时，每一个变革推动者不再面临大量的影响力抵消因子。相反，他们可以互相谈论采纳避孕措施的决定。他们能够分享彼此的经验，重申对使用避孕措施的共同承诺。这使得他们更可能持续支持该措施。

雪球策略不仅可以帮助变革推动者持续支持创新，还能帮助他们进行传播。因为变革推动者们同属一个社会集群，他们与相同的未采纳者们都有着社会联系。这使得变革推动者们能够协调一致，在他们共同的朋友和共同的邻居当中增加避孕措施的正当性和可信度。此外，避孕的社会流行度也会在变革推动者的同伴群体中得到提高，因为他们的联系人可以观察到他们在使用避孕措施方面协调一致。这样，在社会网络中，雪球策略就为避孕措施建立了立足点。

一旦一种新的社会规范在变革推动者的社会集群中扎根，它就不会在原地停留太久。传播基础是接下来的关键：跨越宽桥的社会确认可以使一种新规范从一个社会集群传至另一个。这就是雪球策略成功的原因：一小群早期采纳者像雪球一样滚动，形成一场社会运动，继而颠覆整个社区的社会规范。

事实上，韩国的计划生育运动就是这样成功的。每个村庄内紧密联系的妇女团体协调一致，探索避孕的机会。一旦有一个妇女团体接受了避孕措施，传播基础就开始发挥作用。这种新的行为像滚雪球一样从早期采纳者团体扩散至其他妇女团体，依次传播，直到避孕措施在每个村庄都被接受。

丹麦物理学家苏涅·莱曼和他的团队用同样的策略在推特上部署了他们的39个发布机器人。他们把自己的发布机器人连接在一起，形成了一个支持他们的新标签的社会确认集群，将“#注射流感疫苗”“#与陌生人击掌”等标签成功地在成千上万人中传播。在第一次世界大战中，兄弟营也是这样被动员起来的。通过共同朋友集群来招募新兵，这些朋友间的确认关系在他们的社区和城镇引发了一连串的入伍行动。

这就是脸书在大学校园流行，推特的用户扩展至整个美国的方式。从创新技术到革命运动，新的社会规范通过在社会集群中获得支持并不断扩张，直到达到临界点，从而实现传播。

这对可持续性意味着什么？雪球策略真的能帮助一个国家接受关于可持续技术的社会规范吗？

2010年，马拉维政府和一群美国经济学家决定找出答案。

马拉维实验

非洲小国马拉维坐落在美丽的草地高原之间，东西部分别比邻坦桑尼亚和赞比亚，南部则临近莫桑比克的热带内陆森林。从北向南，乡村地貌逐渐变得柔和，由崎岖多山的地形变成平缓起伏的丘陵，一直延伸到南部的低地。边缘蜿蜒曲折的马拉维湖为该国近2/3的边界提供了肥沃的内陆湖岸，创造了丰富的耕地和健康的作物。

但是，和非洲大陆的其他地方一样，食物在这里仍然是一个问题。自20世纪90年代以来，马拉维政府一直在努力推广环保农业技术。而传统的农业技术，如垄作，已经被几代人使用。垄作包括将土地分成平坦的条状土埂和沟槽。作物成行种在土埂上，而沟槽用来收集水源。这种技术适合短期种植，但在降水少的年份不能有效蓄水，就会导致水土流失和作物年产量下降。随着紧迫性的增加，马拉维政府已经在努力说服农民采用新的耕作方式。但这并不容易。让农民接受更可持续的种植技术的社会规范，已经成为马拉维重要的经济和社会挑战之一。

不仅在马拉维，而且在其他几个非洲国家，粮食产量都远远低于现有农田的生产能力。2008年，马拉维的生产力差距是最大的，他们使用传统农业技术的产量据估计是其农田产能的1/5。解决这个问题的方法之一就是穴植，它不需要垄，只需要为每棵植物挖一个较大的洞。洞里不仅种植了植物，还填满了粪肥和化肥，这样可以有效地利用雨水，给土壤增加营养。这个非常简单的办法就可以帮助马拉维解决粮食问题。

但与所有社会创新产品一样，真正的挑战不是开发解决方案，而是说服人们使用它。在马拉维的村庄，穴植这种新方法并不受欢迎。

政府对更具可持续性和产量更高的穴植技术的推广活动，打破了农民从父母及其祖辈那里学到的方法。即便多年来政府和非政府组织赞助的信息宣传活动和村庄外展服务一直在努力开展，2009 年也只有不到 1% 的马拉维农民采纳了穴植技术。

正如考虑是否安装太阳能电池板的德国业主，以及评估家庭能源使用情况的加州居民一样，信息宣传活动和政府外展服务的努力是不够的。在周围群体中没有人使用新种植技术的情况下，这些策略是不会取得成功的。

2010 年，一个由西北大学的经济学家洛里·比曼领导的雄心勃勃的科学家团队，决定尝试用一种社会临界变革方法来解决这个问题。他们的想法是把你在前文中读过的同一个思维实验放到现实生活中做——在马拉维的 200 个村庄里。他们与马拉维农业和食品安全部合作，在马拉维全国范围内做一个为期 4 年的社会临界变革策略实验。

第一年，比曼和她的团队挨家挨户地进行调查和采访。研究团队让人们列出村里他们认识的人、他们信任的人，以及他们会与之谈论农业的人。研究团队充分收集了农户的同伴关系数据，用来分析每个村庄的社会网络（每个村庄大约 200 人）。这是一项浩大的工程，但是最终的网络图可以帮助研究团队在选择变革推动者时确定正确的网络位置。

第二年，他们与马拉维政府协作，培训了一小群农民，使他们成为每个村庄的"变革推动者"。每个变革推动者都得到了使用新的穴植技术所需的资源和培训，并被鼓励在其社区中推广这项技术。

比曼和她的团队将 200 个村庄随机分成 4 组，每组 50 个村庄，使用 4 种引爆策略中的一种：猎枪策略；雪球策略；雪球策略的另一个版本，我称之为雪球社区策略；以及马拉维政府现有的银弹策略。

在第一组中，50 个村庄都使用了猎枪策略。变革推动者是随机选取的，他们广泛地分布在每个村庄。

在第二组中，50 个村庄都使用了雪球策略。比曼和她的团队在同一个团体中遴选了变革推动者，这些人相互联系，并且有共同的朋友。

在第三组的 50 个村庄中，科学家使用了雪球社区策略。他们没有使用社会网络来确定他们的目标，而是在一个居民社区里选择了所有的变革推动者。每个村庄的社区都很大，因此被随意挑选出来的变革推动者之间不太可能有社会联系。但与猎枪策略相比，雪球社区策略有更大的概率创造一个由变革推动者组成的社会集群。此外，如果雪球社区策略有效，那么在未来实施雪球社区策略会容易得多。因为那样就没有必要把宝贵的时间用来收集社会网络数据，政策制定者可以简单地在同一居民社区随意地选定变革推动者。

在最后一组的 50 个村庄中，科学家使用了政府版本的银弹策略。它基于马拉维政府已经在使用的外展服务推广运动。政府会在每个村庄找出知名的影响力人物，鼓励他们成为穴植的变革推动者。因为马拉维政府已经在其他地方使用了这一策略，最后这一组会成为实验标准，或者说对照组，与其他三组进行对比评估。

2011 年至 2013 年的 3 年间，科学家走访了每一个村庄，评估了穴植技术的使用情况。他们试图回答两个问题：第一，这些引爆策略是否对农民学习穴植技术有影响？第二，这些策略是否真的促使人们采纳了新的种植技术？

首先要弄清楚的是，穴植技术是一种简单传播还是一种复杂传播。农民从一个变革推动者那里听到这个技术的消息就足够了吗，还是需要与多个变革推动者接触？

到第一年年末，已经证实，新的农业技术推广是一种复杂传播。农民了解新技术的意愿完全取决于社会确认。与只跟一个变革推动者有接触的农民相比，跟一个以上变革推动者有接触的农民了解穴植技术是什么和如何应用它的可能性大 200% 以上。

到第二年年末，这些知识已经转化为行为。跟一个以上变革推动者有接触的农民采纳穴植技术的可能性同样比只跟一个变革推动者有接触的农民大 200% 以上。

这对每种引爆策略意味着什么？

在研究结束时，4 组村庄的结果有了一个明确的排名，尤其是那些以前从未接触过穴植技术的村庄。

排名垫底的是政府默认的“影响力人物”策略。无论是在穴植技术的传播方面，还是在实际使用方面，该策略对农民接受新种植技术几乎毫无作用。

排在第三位的是猎枪策略。这组村庄的表现只比使用政府银弹策略的对照组略好。

与使用猎枪策略的村庄相比，位列第二名的雪球社区策略使该组村庄穴植技术采纳率增加了 50%。这是一种进步，但对社会规范的最终影响还是微不足道。

遥遥领先的第一名是雪球策略，这种策略不依赖于物理上的邻近性，而是依赖于网络架构。与猎枪策略相比，它产生了近 300% 的采纳率，而且它更有效地传播了对穴植技术的了解。在使用雪球策略的村庄中，除了采纳了新技术的村民，还有更多的农民了解了穴植技术以及如何实施它。

也许在马拉维实验中最值得注意的事情是他们使用的变革推动者的数量。你认为他们在每个村庄安排了多少个变革推动者？在韩国的思维实验中，我们设想每个村庄有 10 个变革推动者。

在马拉维，只有 2 个！

这么少的变革推动者是如何在每组村庄中发挥巨大影响力的呢？

答案是社会冗余。

在取名游戏实验中，“米娅”的传播也发生了同样的事情。在马拉维实验中，雪球策略选择的是具有共同联系人的变革推动者。每一个联系人都会观察到他们的两个同伴采纳了穴植技术，这使他们更愿意了解新技术。一旦他们参观了同伴的农场，并看到了穴植的实际效果，他们就更有可能采纳这种技术。接下来发生的事情就像“米娅”的传播一样：采纳穴植技术的农民与变革推动者一起，为他们所在的社会集群中的其他农民增加了新技术的可信度和正当性。随后，这些农民便更有兴趣参观他们同村的穴植农场来了解这项技术。这转而又增加了他们采纳这项技术的可能性。

这就是雪球策略的魅力。仅需一点点社会确认就能成就大事，有越多的社会确认，雪球的滚动速度就越快。

对雪球策略而言，两个变革推动者绝对是创造社会冗余的最低标准。在这方面，马拉维进行的 4 年实验是对雪球策略最严格的测试，检验了它能否对可持续技术的传播产生直接影响，而结果是肯定的。但如果有更多的变革推动者，这种策略就会更有效地触发一连串社会确认。

猎枪策略或银弹策略并非如此。

对于这两者来说，原则是相同的——触达大于冗余。这意味着被选中的变革推动者分布得越广泛越好。对于复杂传播，不管有 2 个还是 10 个变革推动者，社会确认的缺乏以及来自影响力抵消因子的持续压力，都可能会导致这一引爆策略失效。

相比之下，雪球社区策略对变革推动者的数量最为敏感。在同一地区选择更多的变革推动者，将显著增加随机选取的变革推动者属于同一社会集群的概率。这将使社会确认在目标社区内生根，然后传播到其他社区。

就雪球策略和雪球社区策略这两者而言，人数越多意味着社会确认度越高。想象一下，如果每个村庄都有 4 个变革推动者，而不是只有 2 个。临界规模将是两倍大，等于成倍地增加了变革推动者在村庄网络中的总体影响。如果有 6 个，或者 10 个呢？这样不仅可以创建更大的变革推动者群体，还可以在每个村庄创建更多的变革推动者群体。一小群变革推动者运用正确的引爆策略可以发挥出这么惊人的效果，这是一件多么令人兴奋的事！

这种策略的运用并不局限于马拉维。我们可以想象它能被应用在很多地方，例如，可以用来在欧洲或美国传播可持续技术。

但是来自马拉维村庄的研究结果真的适用于现代工业化情况吗？美国的社区享有先进的大众媒体机构，以及组织良好、资金充足的政府和企业外展服务项目，这些差异是否表明有更好的策略来传播可持续技术？

令人惊讶的是，并非如此。事实上，美国历史上农业可持续发展技术的传播与马拉维的发现有着不可思议的相似之处。即使在现代工业化环境下，美国历史上最伟大的可持续农业技术变革之一的故事也表明，社会临界变革策略依然适用于美国并非常有效。

这是一个杂交玉米的故事。

玉米革命

20 世纪 20 年代，美国花费了数百万美元研发和推广杂交玉米。尽管有科学智慧和市场营销的支持，以及农民对杂交玉米的迫切需求，但杂交玉米的推广在初期还是一败涂地。

最终，这一近乎惨败的局面演变成了 20 世纪最成功的变革运动之一。正如经常发生的那样，杂交玉米最终的成功推广是一个意外。它是社会网络的侥幸，是一种罕见的侥幸，它揭示了使用最好的营销手段推广创新技术也会失败的原因，以及怎样可以帮助推广活动取得成功。

故事始于大萧条时期。在 1929 年股市崩盘后的漫长两年里，美国一直陷于经济混乱中。到 1931 年，整个工业都崩溃了。在纽约和芝加哥等城市，处处体现着市场的艰难运转。而在中西部的偏远乡镇，农民和他们的孩子们正遭受着另一种痛苦：一场无尽的大规模干旱摧毁了整个地区的农场。

在约翰·斯坦贝克的著名小说《愤怒的葡萄》中，开篇就讲述了一场始料未及的自然灾难降临到了美国农场。“太阳日复一日地照射着正在生长的玉米，直到嫩绿的玉米皮边缘出现了一丝棕黄，然后棕黄逐渐蔓延……大地开始龟裂，地面结出了一层薄薄的坚壳，天空变得苍白，大地也变得苍白，红色的原野成了粉色，灰色的原野成了白色。”

然后风来了——无情的风，卷走了农场、家园和美国伟大的繁荣梦。

几年之内，数百万人无家可归，忍饥挨饿。不断扩大的“沙尘地带”——干旱、大风和管理不善的作物轮作导致大规模的水土流失——从得克萨斯州和俄克拉何马州向北蔓延到堪萨斯州和内布拉斯加州。农田被风吹走了，致命的微尘颗粒感染了所有用肺部呼吸的生物——牲畜、农民和孩子们。

后来，这场灾难又从内布拉斯加州向东蔓延。到了 20 世纪 30 年代中期，这场使作物枯萎的天灾隐约出现在艾奥瓦州的地平线上。但在 20 世纪 30 年代初期，在沙尘到来之前，艾奥瓦州种植玉米的农民面临着另一个问题：玉米本身。

他们种植了几十上百年的玉米已经成为近亲繁殖的作物。通过授粉作用生长出来的玉米种子是由它们的近亲授粉而来的。到 20 世纪 20 年代中期，这个问题变得越发突出。柔软的茎秆在成长过程中开始弯腰驼背，很难结出玉米。而且这些植株易受病害影响，不适应气候变化或干旱灾害。许多农民每年超过一半的作物无收。随着大萧条的降临，以及邻近各州不断扩大的干旱灾情和水土流失，玉米的产量灾难性地创下新低。

此前 10 年，科学家就已经预料到了玉米的这些问题。多年的调查和研究发现，利用异花授粉和施肥技术可以生产出一种新的玉米种子：杂交玉米。基于人工异花授粉的经典原理，新一代玉米种子具有很强的抗旱性。而且，它的产量高，茎长得又高又挺拔，很容易收割。1927 年，经过多年的试验，杂交玉米准备上市。艾奥瓦州的农民迫切需要的解决方案来了。杂交玉米就是答案。

从 1929 年开始，在艾奥瓦州推广杂交玉米的活动遵循了传统的媒体广告和病毒式营销的所有原则。在频繁的广播广告之外，销售代表挨家挨户地走访农民，向他们解释新玉米种子的价值，并向农民提供试种的机会，目标是进行广泛的市场渗透。像现在一样，当时的想法是希望更高的曝光率带来更高的采纳率。营销人员撒网撒得越广，杂交玉米种子就越有可能流行起来。

到 1931 年，超过 60% 的艾奥瓦州农民从媒体广告和当地销售代表那里得到了关于杂交玉米的信息。到 1933 年，近 70% 的农民听说过杂交玉米。这场信息宣传活动非常成功。

但问题是当时并没有人买。1933 年，只有不到 1% 的农民购买了杂交玉米种子。

一定是哪里出了大问题。杂交玉米推广活动似乎已经取得了巨大的成功。对生产者来说，很明显这项创新为农民解了燃眉之急，农民需要杂交玉米。市场宣传部门也已经全力以赴地推广了这项创新，在对农民进行家访、分发小册子、进行媒体广告宣传等方面投入了大量的资源和时间，可以说是对市场发起了全面进攻。

但是这些努力都白费了。为什么农民不买杂交玉米种子呢？

首先，杂交玉米种子价格很贵。继续种植普通玉米对农民来说没有任何成本，因为他们可以简单地从现有的作物中收集种子。但杂交玉米的新种子必须购买，而且并不便宜。耕种预算已经很紧张了。每一年，农民们都在努力地维持收支平衡。举债购买杂交玉米种子要冒很大的风险。

其次，当然是对未知的恐惧。唯一能向农民证明杂交玉米种子值得购买的方法是，让农民看到杂交玉米的表现明显优于农民或农民的邻居以前见过的所有玉米。但这似乎不太现实。

然后是即将到来的“黑色风暴”。未来可能更为艰难的生活只会增加农民对这个未知品种的玉米种子的警惕性。很讽刺的是，杂交玉米实际上比普通玉米更具抗旱抗沙性。不断扩大的干旱本应弱化而不是增强农民对杂交玉米的抵制。但是正如在社会规范领域经常发生的那样，在复杂的拒绝采纳一项创新的社会原因面前，这一创新的重要性或正当合理的科学理由都无能为力。

这就是不确定性的本质。当人们害怕时，他们会坚守己见，不敢轻易冒险。对濒临破产的农民来说，不断恶化的干旱是坚持既定做法而不去冒险购买未知新品种玉米种子的一个理由。

除了经济原因外，农民对杂交玉米的不熟悉也引发了其他的阻力。

农民拒绝杂交玉米的第三个原因是杂交玉米看起来很奇怪。它的穗子的颜色和普通玉米的不一样，它也没有被视为优质玉米特征的完美对称的一排排玉米粒。当时研究杂交玉米传播的社会学家简明扼要地总结道："从外观上看，它不是那种会让农民惊呼'这是真正的玉米！'的玉米。"

作为研究的一部分，社会学家采访了农民，询问他们抵制新品种的玉米种子的原因。

一位农民说："我有好种子，为什么要换呢？"

另一个人说："一个男人是不会马上尝试新事物的。"

对杂交玉米的抵制各有各的标准答案：有怀疑营销人员的说法的，有不愿尝试新事物的，当然，还有等待社会确认的。最常见的一种回答是："我只是想让邻居们先试试。"

但问题是邻居们并没有在尝试。这也是最后一个障碍。你已经见过很多次了——是影响力抵消因子的问题。宣传活动越成功，没有人使用创新产品的局面就越引人注目。

农民们担心他们的同伴会怎么看他们，特别是担心他们的同伴会如何判断他们决策的质量和投资的稳健性。尤其是在困难时期，当大家一起挣扎过活的时候，农民依靠银行、商店和他们的同伴来维持他们的信贷额度。如果他们在一项被所有人拒绝的创新上冒险并失败，这不仅会让他们看起来很倒霉，还会使他们看上去很愚蠢、容易受骗、无能。在充满挑战的行业，获得无能的名声不仅会让人感到尴尬，在经济上也可能是致命的。它会影响未来的贷款、信贷额度，并最终影响销售。玉米的产量可能每年都会变化，但声誉一旦受损就很难恢复。

这些宣传的影响都位于农民的盲点。但是农民们仍然需要证明他们的决定是正确的。就像加州的业主为他们的家庭能源消耗找理由，或者瑞士和德国的居民为没有安装太阳能电池板找借口一样，艾奥瓦州的农民也列出了一长串不接受杂交玉米的动人原因。农民纷纷猜测，这种新种子一定有问题。有传言说，杂交玉米的大小和形状不符合食用标准，而且它的黏稠度不适合喂牲畜。农民们一致认为它可能会对土壤造成伤害，或者对正常使用来说“太硬”。在杂交玉米广告推广的目标人群中，这些谣言开始口口相传。

最终，依附于简单传播的营销策略相继宣告失败。营销人员试图使用新的科学证据来反驳农民的谣言，但这只会让农民更加怀疑有问题。杂交玉米的信息扩散到了前所未有的范围，但遭到了谣言的破坏。

到 1934 年，推广杂交玉米的公司几乎都放弃了。他们耗尽了营销预算，但市场对新种子的接受度几乎为零。他们准备放弃艾奥瓦州及那里的农场。

然后意想不到的事情发生了。

在艾奥瓦州有一小群大胆的早期采纳者，他们形成了一个社会集群。当时观察它的社会学家称其为“社区实验室”，农民可以在这里试种新玉米，同时相互支持，这在一定程度上使他们免受未采纳者的影响力抵消因子。这些早期采纳者成为他们社会网络中的变革推动者。实际上，他们是传播杂交玉米的“种子”。

一旦杂交玉米在艾奥瓦州的这群农民中流行开来，最初它被抵制的原因就成了被采纳的最有力理由。农民们看到种植杂交玉米的邻居取得了成功，这为新玉米种子提高了可信度。这种社会确认使得购买新种子的风险看起来小了。采纳新种子的邻居越多，新玉米种子就越具正当性，奇形怪状的新玉米和种植新玉米的农民遭受的谣言和猜测就变得越少。社会规范开始达到变革临界点。杂交玉米被越来越多的农民接受，并特别受正在努力抵御干旱的农民的欢迎。

这是一种社会变革。改变杂交玉米潮流的秘密武器不是它的价格，也不是它的营销活动。相反，是早期采纳者的网络触发了社会规范的变革临界点。不到 10 年，杂交玉米从 1933 年在艾奥瓦州仅被 1% 的农民种植的惨败转变为被全州 98% 的农民种植的无与伦比的胜利。

它并没有就此停止。杂交玉米在艾奥瓦州普及之后，马上就传遍了全美国，市场饱和度更是达到了 100%。

杂交玉米成为新规范。

1 000 户屋顶策略

让我们回到德国的太阳能运动。1990 年，德国距离制定的可再生能源目标还很远。国家领导人需要找到一种方法来绕过人们的盲点，启动这项全国性的太阳能发电计划。

但他们被经典的临界点问题困住了。德国正在等待一场人人都想要的变革，但似乎注定就是达不到临界规模。

于是德国政府想出了一个巧妙之法解决了这个矛盾。它被称为“1 000 户屋顶”倡议。在短短几年里，政府在全国 2 000 多个并网家庭的屋顶安装了太阳能电池板。但对一个拥有近 4 000 万户家庭的国家来说，这只是沧海一粟。现在你可以猜到，影响德国可再生能源未来的关键因素不是目标家庭的总数，而是这些家庭如何在社会网络中形成集群。

在得克萨斯州、康涅狄格州和加利福尼亚州推行太阳能电池板的研究中发现，同伴之间的相互影响具有明显的地方性。人们从左邻右舍获得的社会确认越多，太阳能技术就越有可能流行起来，走进千家万户。德国政府在制订计划时并没有考虑到雪球策略，但这就是他们倡议中的“灵魂”所在。如果他们在足够多的社区安装太阳能电池板，也许就可以引发人们对太阳能的接受态度的巨大转变。

2016 年，一项关于德国太阳能普及的研究报告了这一倡议的结果。在那些早期采纳者达到临界规模的社区，整个地区发展成为安装太阳能电池板的密集地区。邻里间期盼的社会确认刺激了安装者的邻居，以及邻居的邻居，他们开始竞相安装太阳能电池板。至关重要的是，这些社会确认效应并不局限于目标社区。这种社会协调过程会从一个社区蔓延到下一个社区——它本质上通过的是社区之间的宽桥，这些宽桥跨越了州界甚至国界。太阳能发展的关键不在于居民所居住的特定省份或州，而在于社区之间的社会确认，它使对太阳能的接受从一个社区传播到周围的社区。

从 1992 年到 2009 年，德国安装太阳能电池板的家庭数量从 2 000 户增加到超过 576 000 户。到 2016 年，德国的人均太阳能发电量居世界首位。德国政府努力宣传太阳能的优势，设计了激励机制，鼓励行业生产者开发新的太阳能技术，同时也激励家庭消费者安装太阳能电池板。

但德国的成功并不仅仅源于这些激励计划和信息宣传活动。2016 年，在对德国倡议的分析中发现，邻里层面的社会影响对德国这次成功转型的速度和规模至关重要。社会确认的区域传播——具体到人们居住的特定街区和街道——在推动德国的社会规范转变为在全国范围内接受使用太阳能上发挥了至关重要的作用。

过去的几年里，在对其他国家成功的替代能源推广运动的调查中发现，同样的雪球效应也发挥了作用。在英国，邻里效应是太阳能使用率增长的重要原因。社区之间的社会溢出效应不仅增加了安装数量，还提高了安装速度。同样，跟随德国的脚步，日本政府投资了一个“7 万户屋顶”项目。2014 年的一项对日本太阳能使用的分析发现，同样是邻里效应发挥了作用：对日本居民是否会接受安装太阳能设备的最强预测物不是他们获取的信息和对他们的激励，而是他们安装了太阳能电池板的邻居的数量。

这些成功举措的应用前景远远超出了可持续能源项目。它们为促进疫苗接种、选民投票率和经济发展提供了社会政策方面的信息，而这些都会受到居民社区里建立的规范的影响。

德国的案例表明，雪球社区策略也可以有效地产生变革性的变化。但是，这一策略的成功取决于两个关键因素。

首先，在一个社区的小范围群体中（一个特定的街道或街区），需要有足够的采纳者让他们的邻居感到压力，促使这些邻居为新的行为做出协调。其次，这种行为得是可见的，就像两代人以前屋顶的电视天线，以及最新一代的蓝色回收箱一样。为了让这一策略发挥作用，当人们采纳了一种新的规范后，要让他们的邻居能够看到这种采纳行为。

雪球社区策略是推广家用太阳能的理想方法。社区中安装太阳能电池板的人越多，没有安装太阳能电池板的邻居就越引人注目。随着每个街区安装的太阳能电池板的数量成倍增加，没有安装的居民就会越来越意识到他们社区中日益增加的对安装太阳能电池板的社会期望。

这就是太阳能电池板成功地在德国乃至整个欧洲得到安装的原因。（1992—2014 年，人均太阳能发电量不低于 0.1 瓦的国家的太阳能发电量呈现十分显著的增长态势。）

也许你会惊讶地发现，太阳能电池板在欧洲的普及与 6 个世纪前黑死病的传播有着惊人的相似之处。似乎不太可能还有什么东西仍会以这种方式传播。但黑死病按区域传播是因为当时没有可利用的远距离弱关系。COVID-19 病毒没有这种限制，所以它能以惊人的速度在世界各地传播。

但这些都是简单传播。

对于复杂传播，即使在 20 世纪、21 世纪之交，创新事物的传播仍然需要通过在人们亲近的社会网络中得到确认而获得正当性、可信度和社会流行性。欧洲国家努力制定促进太阳能发展的政策，但这些政策本身并不能引发社会变革。尤其是对于像家用太阳能这样的技术而言，获得广泛接受的最有效方式是在居民社区中传播社会规范。

//// 第四部分 ////

纷争、混乱与发现

第11章

优化创新：社会网络新发现

对于怎么策划出更好、更有创造力的团队协作，复杂传播科学讲述了什么？应该如何构建一个团队，以便快速地挖掘出下一个伟大的创新事物？

近年来，随着社会网络动力学的发展和延伸，各个领域的从业者和领导者都在寻求利用这门新科学来推广新形式的创新。工程师寻找技术解决方案，医学研究人员和从业者寻求突破性医疗手段，音乐家努力探索下一首名曲，以及企业研发新产品，这些都依赖于在同事和合作者的网络中发现创新的方法和机会。本章解释了我在前几章中描述的概念——包括宽桥、相关性、社会确认和社会集群——如何在各种类型的组织中激发创造力和创新性。

《汉密尔顿》的魔力

当《汉密尔顿》在2015年登上百老汇舞台时，它立刻改变了游戏规则。几周内，这部新音乐剧就被称赞是一部为新一代重新定义了艺术形式的作品。奥巴马总统、外国元首、行业领袖和欧洲王室成员来到理查德·罗杰斯剧院，重温历史的记忆。大家都乘兴而来，满意而归。

《汉密尔顿》背后的宏伟构想似乎不可能实现。这部音乐剧以说唱的形式讲述美国开国元勋的故事，主要讲述了经常被忽略的亚历山大·汉密尔顿的一生，从他的爱情到他为美国财政部设计的概念模型。剧中所有的主要角色都由有色人种扮演，包括著名的奴隶主乔治·华盛顿和托马斯·杰斐逊。这个故事把受人尊敬的美国英雄托马斯·杰斐逊变成了一个流浪的花花公子，以衬托真诚而英勇的汉密尔顿，这让史学家和学者们感到不安。总之，这是不礼貌的。

《汉密尔顿》对著名历史辩论的呈现方式尤其如此。你可能还记得高中和大学历史课上的这些辩论——在联邦制、税收和银行监管等方面，杰斐逊、华盛顿、汉密尔顿、麦迪逊及其他所有人之间无休止的争论。

什么能让这一切变得新颖而有趣呢？

在《汉密尔顿》中，开国元勋们通过说唱之战阐述了美国民主的命运。想象一下坎耶·维斯特与埃米纳姆对如何回应英国的新税收规定进行激烈交锋。很难想象吗？然后想想每个政治人物——杰斐逊、华盛顿、汉密尔顿、麦迪逊——独有的狡猾和智慧，都要通过各自独特的抒情风格和灵巧节奏表现出来。

随着杰斐逊和汉密尔顿的激烈交锋，节奏加快了。一群人围在他们周围，欢呼和嘲笑这些伟大的历史人物，放大了一招一式的攻击效果。杰斐逊首先用简单的押韵诗，以标准的 4/4 拍进行攻击（想想美国著名的黑人说唱乐队 Run DMC）。汉密尔顿做出回应，用大众喜爱的头韵为号，双关语为鼓，展开决战，他用了娴熟的、几乎是野蛮的 3/16 拍。嘲笑的人群陷入敬畏的沉默中。

《纽约时报》的戏剧评论家本·布兰特利称："在这一点上，几乎可以宽慰地说，《汉密尔顿》在名声大噪后不忘初心。"

然后他毫不犹豫地承认："是的，它真的很好。"

《汉密尔顿》在百老汇的演出场场爆满，并打破纪录，获得了 16

项托尼奖提名。它还获得了普利策奖。

每个人都想问的问题是：这种创意从何而来？我们怎样才能使其再现呢？

百老汇的协调之法

百老汇在国际舞台上崛起的故事，也是创新科学如何运作的故事，始于《俄克拉何马》。

1943 年，理查德 · 罗杰斯和奥斯卡 · 汉默斯坦二世的轰动之作开启了现代音乐剧时代。《俄克拉何马》取得了行业有史以来最大的成功，而罗杰斯和汉默斯坦的音乐剧之路才刚刚开启。

他们的下一部作品《旋转木马》进一步重塑了这一风格，并对情节进行了重新设计，用情节、歌曲和叙事交织相融的方式呈现。它比《俄克拉何马》更受欢迎，被《时代》杂志评为“20 世纪最佳音乐剧”。

音乐二重奏的风格延续了下去。紧随其后的是《音乐之声》和《南太平洋》，后者的影响力远远超出了百老汇，赢得了 1950 年的普利策戏剧奖，并在首演那年赚了 300 万美元（这在 1950 年是一大笔钱）。

衡量在百老汇的成功有两种方法。首先是音乐剧是否取得了关键性的成功：歌曲是否具有创新性？故事是否引人入胜？这部作品是否推动了这一流派的发展，或者对重要的社会问题或已存在的主题有了新的见解？受到评论界认可的作品才有可能获得托尼奖，为数不多的特别优秀的作品才有可能获得普利策奖。

第二个衡量标准是商业成功。简而言之，这部剧有没有赚很多钱？

很明显，这两种衡量成功的标准有时并不同步。但一部百老汇音乐剧要被真正认为是成功的，这两点都是必不可少的。创新的真正力量——无论是在百老汇还是在董事会——是创造某个具有深远意义，同时也象征着商业成功的新事物。

在百老汇音乐剧的世界里，仅有几部知名的热门剧作，但有数百部不知名的失败剧作。我们中的许多人都知道热门剧作：《汉密尔顿》《狮子王》《芝加哥》《歌舞线上》等。我们大多数人都没听说过不知名的作品，但它们的数量远远超过了成功的作品。尽管失败了，但这些失败的作品有顶尖的演艺人才、强大的资助人、足够有趣的歌曲和情节设计，同样值得在百老汇上演。

为了让一场演出登上百老汇舞台，很多人需要相信它是会成功的。事实上，剧作在百老汇上演时，成功与失败是无法区分的。这些剧作都具备成功的所有关键要素。

考虑到这一点，失败和成功之间的差距之大令人震惊。百老汇最热门的剧作之一《狮子王》已经连续演出了 20 多年，票房总收入超过 15 亿美元。相比之下，罗杰斯和汉默斯坦这两位现代音乐剧的缔造者组成的传奇团队在《南太平洋》之后又推出了《白日梦》，但只演出了不到 250 场，亏损了，票房收入低于制作成本。

市场营销者和学者们研究了几十年，想弄清楚是什么关键因素造就了成功作品并淘汰了一长串的失败作品。在很长一段时间里，这个问题似乎是无解的。

但时代在变化。

21 世纪初，社会学家布赖恩·乌齐和贾里特·斯皮罗花了几年时间调整网络科学的策略，分析在百老汇舞台上获得创造性成功的关键特征。他们的突破对创造力科学提出了一些非凡的新见解。

他们的主要发现是，在百老汇决定创作成功的因素并不是艺术家，也不是特别的歌曲、色彩、服装，甚至不是音乐剧的主题。相反，热门作品来自一场演出背后的协作团队的特殊动态。成功的作品产生于协作中，有才华的一群人能够找到他们从之前的协作中学到的演出经验与他们在当前的协作中共同创造的新想法的平衡点。创新的成功来自平衡协调与创造力的社会网络。

百老汇音乐剧的奇异历史为我们提供了一个难得的机会，来了解这些成功的社会网络究竟是什么样子的。

就像纽约证券交易所的商品价格一样，百老汇过去创新成功的历史被详细地记录了下来。

在罗杰斯和汉默斯坦于 1943 年取得突破之前，百老汇音乐剧的演出很频繁，但不是特别有创造力。这一类型的表演并没有得到评论界或商业界的太多关注。直到《俄克拉何马》改变了这一切。它不仅在艺术和经济上带来了一股新的成功浪潮，也开创了协作的新时代。百老汇音乐剧在 20 世纪 40 年代、50 年代直至 60 年代都处于鼎盛时期，一场接一场的演出大受欢迎。

这股上升的浪潮最终在 20 世纪 60 年代末退去，随后的热门音乐剧少之又少。看上去，百老汇音乐剧的鼎盛时期已经结束，整个行业也可能彻底消亡。但随后，一场意外的复兴给行业带来了新的生机。在 20 世纪 70 年代末和 80 年代，《歌舞线上》《安妮》《猫》《悲惨世界》《剧院魅影》等大热剧作彻底改变了音乐剧的风格，《剧院魅影》创造了有史以来最受欢迎的百老汇音乐剧的纪录（演出超过 13 000 场，而且还在增加）。

但这是为什么？在百老汇，这些创新的历史高峰和平息的背后又有什么故事？可以从一个不同寻常的角度研究这一问题：仔细观察行业内社会网络的变化模式。

就像科学或工程领域的创新努力一样，艺术领域的创新往往来自具有互补性的团队。创作音乐剧的基本方式是众所周知的。需要作曲家谱曲，作词家写词，剧作家写故事情节，舞蹈指导编排舞蹈，导演向演员传达团队的构想，最后，制作人支付账单。大多数团队每个角色都是一个人，但是团队的规模也会有变化。开发一部百老汇音乐剧的经典团队一般由 5 到 9 人组成。在社会网络的术语中，单个团队就是我所说的一个“社会集群”。

最明显的问题是：成功的团队需要具备哪些特征？团队规模能预测成功吗？答案是不能。成功也不取决于团队的具体构成，因为每位作曲家、导演和舞蹈指导等都有很多成功和失败的作品。而能够预测成功的一个特征是团队如何与百老汇的其他专业创作人士组成的更大网络相连。

在百老汇的创作的鼎盛时期，行业合作网络是通过宽桥将各团队紧密聚集起来的。它的网络模式和参与人类基因组计划的各国研究中心的合作模式，以及硅谷公司在开放式创新的最佳时期的网络模式类似。在这些情况下，创造力都是由一个传播基础来维持的，这个基础可以在团队之间进行知识迁移，从而引起创新的爆炸式发展。

但百老汇并非一直如此。在 20 世纪 40 年代的全盛时期之前，百老汇的社会网络模式是一个密集的烟花状网络，主要以个体之间的联系为主，社会集群性合作不是很明显。当时行业的多样性也不强，并且每个团队都有一些鲜明的特点和主导主题。在很大程度上，音乐剧遵循了一个标准套路，熟悉的情节是一个男孩遇见了一个女孩，引出中间一大段以爱情为主题的音乐剧表演。尽管当时百老汇的才华横溢者众多，罗杰斯、汉默斯坦、格什温、波特和其他人都在努力工作，但像《演艺船》这样的热门作品出奇地少。90% 的作品都是失败的。

20 世纪 30 年代，在百老汇的舞台上更是难以见到优秀的创新作品，原因就像同时代在艾奥瓦州，农民很难接受杂交玉米一样。大家都认为当时的标准模式已经取得了不错的成绩，倾向于维持现状的影响力抵消因子笼罩着整个行业，有新想法的人经常被排挤到一旁或被迫顺从。

20 世纪 40 年代，一切开始变得不同。随着经济的快速增长和社会流动性的提高，百老汇的表演迎来了更多的观众。与此同时，在第二次世界大战期间，百老汇失去了许多有才华的艺术家，形成了真空，因此有大量的新鲜血液涌入纽约市的这座创作殿堂。此时的百老汇社区中的社会网络开始呈现多样化。不同的群体开始形成，新的艺术风格也开始涌现。百老汇的传播基础已经建好了。社会集群保持了创意的多样性，而团队之间的联系使经验丰富的艺术家和新人能够共同努力以促进创新。新出现的宽桥将以前从未在一起工作过的人们的想法结合在一起。新颖的想法和传统的技艺在百老汇新社会网络的创意熔炉中交融。百老汇在协调与创造力之间取得了神奇的平衡——成功的创新产品的秘诀。

在罗杰斯和汉默斯坦取得连续成功之后，百老汇的音乐巨作层出不穷。1957 年的热门剧作《西区故事》是获奖作曲家兼作词家斯蒂芬·桑德海姆和剧作家阿瑟·劳伦茨的首次合作。《时代》杂志称该剧为“音乐剧史上的一座里程碑”。这是首部将舞蹈作为主要叙事元素的音乐剧，它改变了百老汇音乐剧的形式。1959 年，桑德海姆和劳伦茨再次合作，创作了热门音乐剧《玫瑰舞后》。《玫瑰舞后》之所以成功是因为其延续了桑德海姆和劳伦茨在《西区故事》中所采用的抒情和叙事元素，同时结合了新的编舞和导演风格。著名戏剧评论家克莱夫·巴恩斯称《玫瑰舞后》是“有史以来最好的音乐剧之一”。《玫瑰舞后》的成功让导演杰罗姆·罗宾斯与劳伦茨再次合作了 1967 年的热门剧作《屋顶上的小提琴手》。这部作品结合了罗宾斯和劳伦茨在《玫瑰舞后》中使用的导演风格和叙事元素，以及谢尔顿·哈尼克和杰里·博克的新的抒情手法和音乐手法。《屋顶上的小提琴手》成为当时最成功的百老汇音乐剧，演出超过 3 000 场。

百老汇新的协作动态网络引发了对新领域的积极探索，允许艺术家们对种族主义、政治压迫、性别关系和同性恋等重要话题进行表达。各团队以识别度高又新颖的方式重新定义了行业规范。在《西区故事》中首创的编舞思想演变成新的技巧，并在《玫瑰舞后》中得到强化，后来又捧红了其他热门剧作。

战后的百老汇舞台似乎有着无穷的创造力和成功的能力，它怎么可能崩溃呢？

答案是：电视和好莱坞。

20 世纪 60 年代末，电视的日益普及和好莱坞不断变得明朗的经济前景吸引了百老汇的人才。短短几年内，音乐剧界的社会网络遭到重创。编剧、导演和制片人都离开了纽约，去其他市场寻找商机。团队四分五裂，不同剧作之间的知识迁移被中断。协调停滞，创新的合作性大为减弱。偶尔也会有个别的热门作品，但整个行业陷入了衰退，而且每况愈下。

从街道上就可以看到这种衰落。走在百老汇曾经熠熠生辉的“不夜街”上，顺手牵羊随处可见，吓跑了游客也吓走了人才。每个新问题都会引发一系列的连锁反应。成功的作品少了，观众也减少了，制作人也就不愿投资了，这样导致工作环境越来越差，其结果就是更难吸引到新人才了。

百老汇的繁荣似乎结束了。事实上，如果不是一系列对整个纽约尤其是百老汇的战略支持，百老汇可能永远不会复苏。

20 世纪 80 年代初，一项积极清理百老汇的举措，连同一场大型的公共宣传活动，吸引了大批国际游客来到纽约。（还记得“我爱纽约”的营销活动吗？）这些国际游客的到来不仅为百老汇表演带来了新的投资者，也带来了新的资源，有才华的剧作家、作曲家、演员和导演都因此重新回到百老汇。几年内，整个行业的协作网络开始重组为一种熟悉的网络模式，这种模式曾在20世纪40年代和50年代有效地支持了创新。

创意行业里新的宽桥协调了不同的团队，并支持人才重新融入新的团队合作。这些团队之间的知识迁移点燃了新老艺术家之间合作的火花，带来了新一轮创新的爆炸式发展。《歌舞线上》《猫》《悲惨世界》《剧院魅影》等热门作品相继问世。几年后，《狮子王》携雷鸣之势而来，它为百老汇音乐剧注入了全新的元素，成为有史以来票房最高的音乐剧。

团队协作的新科学

传播基础的概念为我们提供了一种思考如何组织全行业或整个公司以提升创造力和创新性的方式。但是小规模团队呢？单一管理者极少有能力控制一个行业甚至其组织的网络结构，但他们确实能掌控自己的团队。

关于如何将团队成员——为火星着陆器设计原型机的科学家、创作百老汇新作的艺术家、开发新型个人电脑的工程师——联系起来以实现他们创新能力的最大化这个问题，网络科学能告诉我们什么？

传统观点认为，一个团队的沟通网络传播信息的效率越高——意味着团队社会网络中存在的弱关系越多——团队协作就越高效。事实上，这个观点说的是，一个团队要解决的问题越难，弱关系对创新就越重要。结构类似烟花状网络模式的团队应该在共享信息、信息更新、促进团队的发现过程方面最有效率。

传统观点推荐一个优化信息共享的网络结构的原因很明显。团队中任何一个成员发现好想法都可以将其迅速传播给团队的其他成员，这样加速了整个团队汇聚新想法并进一步创新的能力的形成。

这似乎是显而易见的。事实上，这已经明显到几十年来的管理实践都在忠实地遵循这一理念。确保信息快速交流的管理惯例——每周例会、按时签到和高密度的办公空间——旨在让每个人都能及时了解团队成员中最新和最大的突破。

但是，解决简单问题的策略真的可以推广到面临复杂问题的团队吗？

如果你在管理一个研究一种新的癌症治疗药物的生物化学家团队呢？或者如果你在亚马逊或塔吉特带领一个数据科学家团队，试图开发一种更好的算法来预测客户对产品的偏好呢？如果你负责管理一个内科医生团队，团队成员正努力为一种新的阿片类药物替代品制订最佳方案，该怎么办？这些都是复杂问题。你应该如何组织你的团队，发挥团队的最大潜力找出创新方案呢？

这些都是我想要回答的问题。

要做到这一点，我需要研究出研究团队的结构是如何影响它们的创造力和生产力的。有没有一种方法可以复制创新的过程，这样我就可以用科学的方法来研究它？

大约在 2014 年，我很幸运地开始与一名才华横溢的研究生德文·布拉克比尔合作，他也对这个想法非常感兴趣。我们开始设想如何建造一个我曾经用来研究临界点的那种“社会学实验室”。那么，我们能创建一个研究创新过程和科学发现的实验室吗？

了不起的是，德文找到了一个解决方法。他借鉴了网飞在 21 世纪初使用的一种方法，这种策略不仅帮助网飞解决了当时的核心业务问题，而且无意间帮助建立了现代数据科学领域。

渔网结构团队的力量

2005年，网飞根据用户之前的租片情况，定期向他们推荐可观看的新电影。但问题是网飞在推荐电影方面做得不是很好。这是一个很重要的情况：推荐了合适的影片，客户就会继续使用网飞；给出了错误的建议，客户就会感到厌烦并会弃用网飞。该公司的数据分析师使用了数千万份公司记录——客户多年来的观影和评分数据——来开发他们自己的内部推荐系统Cinematch。但网飞的发展速度已经超越了Cinematch。该系统无法跟上源源不断的新内容和不断变化的消费者口味。因此，网飞的用户合约量出现了惊人的下降。公司墙上写着：干大事，否则订阅收入会一落千丈。

网飞决定把公司内部的问题变成一个公共科学问题。它打算众包（群众外包）问题。早在几十年前，波音和通用电气等工程公司就已经提出了通过举办公开竞赛为具有挑战性的工程问题寻找解决方案的想法。但是网飞做了一些不同的事情。它没有简单地宣布它的问题，然后看看谁能提供最好的解决方案。它公开了用户观影和评分历史的宝贵数据，邀请数据分析团队破解这些数据，从而找到一种生成影视推荐的有效算法。

2006年10月2日，网飞奖被设立，承诺将奖励提供了最佳电影预测算法的团队100万美元的奖金。比赛持续了3年，来自世界各地的数万名专业程序员加入了比赛。大学生利用暑假时间研究推荐算法，教授围绕它开设课程，企业家为了解决这个问题专门创办了公司。它成为自20世纪90年代中期的搜索引擎问题以来，计算机科学中最受关注的问题。（众所周知，谷歌解决了这个问题，并占领了搜索引擎市场。）

2015年，当我和德文在搜寻管理创新的秘诀时，他提出网飞的比赛是一个潜在的洞察来源。我们对网飞的影视推荐问题并不感兴趣，但对他们寻求解决方案的策略非常感兴趣。自2009年网飞奖最终确定得主以来，数据科学领域充斥着模仿网飞奖理念的网页端竞赛。Kaggle、CrowdANALYTIX、Innocentive、TunedIT等网站为公司、政府和个人提供了一块数字公告板，为数据分析问题的公开比赛做宣传，奖金通常在5万~50万美元。

这种新的社会空间——探索解决方案的公开竞赛——为德文和我提供了一个绝佳的机会，让我们看到高筹码的创造性协作是如何运作的，以及团队之间的联系如何影响它们的创新能力。有可能通过在数据科学家团队中设计合适的社会网络来"管理创新"吗？在协作团队中建立传播基础，会成为更快、更好地找到解决方案的有效途径吗？

在国家科学基金会的慷慨资助下，我和德文建立了自己版本的网飞奖，名为安能博格数据科学竞赛。与网飞的挑战类似，我们组建的问题研究团队由分布在全球各地的研究人员组成，他们的挑战是加速在机器学习、人工智能、统计和计算分析方面的突破。与网飞的挑战不同，我们的目标不是找出怎么生成更好的影视推荐。我们的科学竞赛是为了观察不同的社会网络模型是否有可能改变研究人员的创新能力。是使用复杂传播的原理——将研究人员以渔网模式连接起来——会产生更多的创新，还是以有利于信息快速传播的烟花模式连接的研究人员表现得更出色？

我们从大学校园和招聘网站招募了180名数据科学家，并将他们随机分成16个小组——8个小组为烟花模式组，8个小组为渔网模式组。在8个烟花小组中，研究人员（或者说"选手"）与他们的队友全部可以直接联系，信息流通完全实现最大化，团队网络是密集的烟花爆炸模式。小组中的每个人都可以看到他们的队友发现的最佳解决方案。

相比之下，在另外 8 个渔网小组中，每位选手只与小组中的少数成员有联系。他们只能看到与他们有直接联系的成员的解决方案。因此，要了解一个远程成员（在网络中需要通过数人才能联系上）的发现，他们必须等待想法通过几座宽桥，最终到达他们面前。

和网飞奖一样，我们比赛的选手都为了奖金而来。研究人员的奖励会根据他们最终解决方案的质量分配，最好的解决方案将赢得最多的钱。

但我们增加了难度，每个小组只有 15 分钟来解决这个问题。

比赛开始时，我们向每个小组提供了非常详细的销售数据和产品数据，这些数据来自《财富》500 强公司公开的业绩记录。我们要求参赛者找出解释公司产品取得成功的最佳预测模型。

预测鞋子销量的因素是什么？是价格、款式、名人效应，还是一些因素的某种组合？什么是啤酒销量的决定性因素？是广告、口感、酒精含量、区域定位、碳酸含量，还是其他因素的组合？每个因素都与其他因素相互影响，较低的价格似乎会推动鞋子的销售，直到把名人效应考虑在内后，较高的价格反而会提高销量。这些数据组合出超过 15 000 种可能的解决方案。

这种竞赛很好地反映了在快节奏工作中的研究团队的状态。选手们都是聪明、训练有素、积极性很高的数据科学家，他们都面临着极大的时间压力来解决这个具有挑战性的技术问题。

那么他们的表现如何呢？

起初，8 个烟花小组迅速领先。好的解决方案在几分钟内就可以传递到每个人，小组成员可以很快联合起来共同执行同一策略。但问题是，尽管每个小组的早期发现始终是好的解决方案，但它们距离潜在的最佳解决方案还很远。而且，一旦小组中的每个成员都采用了一个好的解决方案，他们未来的探索就变得非常接近。当每个人开始用同样的方式看待同一个问题时，创新就停止了。

我和德文发现，烟花状网络的问题在于，好的解决方案传播得太快了。人们不再探索解决这个问题的不同的、具有潜在创新性的方法。

我们从中得出，发现和扩散一样，需要社会集群。

原因是群体保护了多样性。不是人的多样性，而是信息的多样性。

渔网状网络传播信息的效率较低，阻止了早期过快地把相对好的发现传递给小组中的所有人。通过放慢信息传播的速度，渔网状网络“保护”了研究人员，使他们免受其他人的影响，能够发现其他人没有预想到的真正有创新性的解决方案。

在信息传递效率较低的网络中，探索的效率更高。

在最开始，这个结果使我们迷惑不解，但后来我们就明白了。我们意识到创新的最大障碍之一是：常见的解决方案是简单传播。它们很容易被理解，也很容易传播。它们符合我们之前对世界运行方式的认知。这些可预测的解决方案在以烟花模式连接的小组之间快速传播。

我们在组织比赛时对组员水平进行了平均分配，每个小组都由拥有相同的技术水平、专业经验和经济动机的数据科学家组成。每个小组要解决的问题也都完全相同。但到比赛结束时，8 个渔网小组都找到了比 8 个烟花小组更好的解决方案。事实上，每个渔网小组都找到了一个比所有烟花小组找到的最佳方案更好的解决方案。

在每个渔网小组中，研究人员直到比赛的最后一秒都在努力地探索各种变量组合，试图找到最好的预测模型。但在烟花小组中，人们很快就聚集在同一种方法上，他们所有的探索都很少比早期那个相当好的发现有所改善。

开始的时候，渔网小组也是如此。早期的发现在每个小组的网络中传播。但是随着这些解决方案的传播，其他探索替代方法的小组成员会找到更好的解决方案。随着这些新发现开始缓慢传播，小组网络另一部分的研究人员会找到比之前的新发现更好的解决方案。通过减缓信息传播的速度，渔网模式提高了小组探索新想法的效率。

事实上，渔网小组表现得如此出众，我和德文于是开始思考他们的解决方案能否与用计算机解决这些复杂问题的方法进行对比。在工程和医学等领域，人工智能的前景让那些试图解决复杂、时间紧迫的问题的管理者松了一口气。这也适用于我们比赛中的问题吗？

为了找到答案，我们招募了一个新选手：宾夕法尼亚大学的超级计算机组，我们要求它运行综合性的人工智能算法，用同样的数据解决之前人类小组已解决的问题。

毫不意外地，我们发现人工智能算法的表现常常超过人类小组。但令我们惊讶的是，这只适用于烟花模式的小组。渔网模式的小组通常比计算机表现得更好！

原来，算法也遇到了我们在烟花小组中发现的那个问题：它们知道得太多了。

我们使用的人工智能算法完全是系统化的，采用的典型算法是每次为每个预测模型评估一个变量。它会选择最佳变量，然后继续寻找下一个要添加的变量。它会有条不紊地添加或排除每个变量，直到得出最佳解决方案。

但是，这种方法可能会落入与烟花小组一样的陷阱。如果在早期发现了具有高度预测性的变量，那么所有未来的解决方案都将包含该变量。但这并不总是正确的方法。也可能会存在一种奇怪的变量组合，每一个单独的变量都不突出，但组合起来提供了一个更高级的解决方案。研究人员只有在早期受到保护，不接触其他更传统、更有前景的想法，才能发现这种不寻常的解决方案。只有能够探索那些看似不可能成功的变量的人最终才能找到最佳解决方案。这是我们的人工智能算法和烟花小组都不可能遵循的方法。

一个设计良好的团队的标志是，它在保有思维多样性的同时促进了协调。就像 20 世纪 40 年代末和 50 年代的百老汇一样，协调与创造力之间的完美平衡是在独立创新群体之间搭起社会网络的宽桥。在设计良好的团队中，团队成员受到了足够的保护，以保持信息的多样性。这让他们能够深入探索一些不太可能的领域，发现一些意外的惊喜。但宽桥也可以使他们之间的联系足够紧密，创新的想法一旦被发现，就可以得到社会确认。

对管理者来说，这意味着当遇到复杂问题时，会议次数较少的团队可能会比那些通过更频繁的大型会议来保持信息持续流动的团队表现得更好。亚马逊 CEO 杰夫·贝索斯就巧妙地利用了这个想法，他即兴地提出了“两张比萨原则”。他的理由是，会议的规模应该小到两张比萨足够所有参加会议的人吃。如果需要更多的比萨，那参加会议的人可能就太多了，社会网络也就太多了，而信息多样性、探索和创新的潜力可能正在丧失。

第12章

偏见、信念和改变的意愿

在伍迪·艾伦的经典电影《安妮·霍尔》中有一个著名场景，艾伦饰演的艾维·辛格的心理治疗师询问辛格和女友安妮发生性关系的频率。他沮丧地回答："很少，可能一周三次吧。"当黛安·基顿扮演的安妮被自己的治疗师问到同样的问题时，她（在分屏上）说："经常，我想说一周三次。"

是的，这个结果很有趣。但它同时揭示了真相。两个人可以用完全不同的方式表达完全相同的事件或信息。两类人亦然，比如企业高管和工薪阶层，或者对立的两个政党。人们的社会网络通常会强化他们的信仰体系，这可能会让那些从不同角度看待世界的人很难在有争议的问题上达成共识。

上一章展示了传播基础对发现新思想的重要性。这一章将说明传播基础对接受新思想的重要性，特别是某些群体比其他群体更容易接受的思想。

美国国家航空航天局的气候障碍

美国国家航空航天局在北冰洋有关全球趋势的新发现就是一个恰当的例子。北冰洋或许是我们评估全球气候变化的最佳指标。海冰减少的速度越快，海平面上升、气温升高和海水盐度降低带来的危险就越紧迫。每一项指标的恶化都关乎世界各地沿海和深海海洋生态系统的存亡。如果这些生态系统遭到破坏，那么地球上的其他地方也不能幸免。

在过去的30年里，美国国家航空航天局使用轨道卫星来记录北极的这些趋势。2013年，记录结果被公布。对航天局的科学家来说，记录结果给出了充分的科学证据，证明北冰洋的海冰正在迅速减少，需要采取迅速而果断的行动。值得注意的是，虽然航天局公布的统计图显示了北冰洋海冰的水平呈现明显下降的趋势，在最近的15年里下降得尤其快，但公众对这张统计图的解读出现了不同的对立声音：一些团体把这张统计图作为证据，认为气候变化的威胁被夸大了。

为了更仔细地研究这一现象，我和我的两个研究生（道格拉斯·吉尔博和乔舒亚·贝克尔）在2017年做了一项研究，要求自由派和保守派使用美国国家航空航天局的数据分别预测出2025年北冰洋海冰的水平。大多数自由派人士认为这张统计图意味着北冰洋海冰正在减少。但近一半的保守派人士认为，北冰洋海冰正在增加。他们预测，2025年北冰洋海冰的水平将远远高于现在的水平。如果他们是正确的，那就意味着美国国家航空航天局数据引发的所有对需要制定积极的技术和公共政策策略来处理（并减缓）即将到来的气候危机的警示，都可以完全解除了。

美国国家航空航天局的官员曾认为，他们的发现将证明气候变化的潜在危机。然而，怎么会有这么多人的解读与他们长达数十年的研究结果恰恰相反呢？

社会网络如何影响偏见

问题的答案可以在世界著名心理学家利昂·费斯廷格的研究中找到。费斯廷格用“动机推理”这个词来描述一个人的心理偏见和政治偏见会严重扭曲他们对中性信息的解读。正如他所说：“一个有坚定信念的人是很难改变的。告诉他你不同意，他就走开了。如果向他展示事实或数据，他就会质疑你的事实和数据的来源。如果你讲逻辑，他又听不懂你在讲什么。”

这种特定形式的认知偏见会使一些人对气候变化的新科学数据缺乏理性思考。更糟糕的是，社会网络加剧了这种偏见。因为社会网络是大量信息交流传播的渠道，它们在我们如何解读新信息方面扮演着过滤器的角色，无论是在面对面的互动中还是在社交媒体上。如今，许多热点话题最终都难逃信息在其中传播的社会网络的支配，甚至到了令人不安的程度，即使这些信息与最无懈可击的科学研究结果相矛盾。因为我们生活在一个政治上同质又两极分化的信息茧房时代，党派偏见经常通过志同道合者之间的反复互动而得到确认。

当我研究人们对美国国家航空航天局发布的数据的反应时，我开始意识到“回音室”正是组织学者所说的“筒仓”。当群体之间没有桥梁时，就会出现筒仓效应，阻止有价值的信息在群体之间传播。正如你在第 6 章中看到的，窄桥可以传播信息，但通常不足以在群体之间实现知识迁移。知识迁移需要宽桥。

一个有可能解决“回音室”问题（以及由它产生的错误观点）的方法是增加两极化群体的桥梁宽度。也许，在桥上稍微加一些社会确认有助于缓解令人担忧的文化和政治分歧加剧的情况。这正是我们在 2017 年研究气候变化的初衷。

当我们发现保守派和自由派人士对美国国家航空航天局气候变化统计图的解读差异巨大时，我们把这两派人士聚集在社会网络中，他们可以直接互动，讨论对气候变化趋势截然不同的观点。每个社会网络有 40 个人［20 个共和党人（保守派）和 20 个民主党人（自由派）］，以渔网模式连接在一起。我们重复了 12 次研究（使用了 12 个独立的社会网络，共 480 人）。我们从一开始就决定，只有偏见在 12 个网络中都减轻，我们才能够得出结论：宽桥连接能够起减少政治两极分化的作用。

那么，这些互动解决了问题吗？人们是否互相学习，协调了关于气候趋势的新认识呢？

不，没有。

在我们进行的 12 次重复研究中，民主党人和共和党人都没有学到任何新东西，也没有改变他们的想法。两极分化坚固如初，两组人在理解或解释美国国家航空航天局的气候变化数据方面也同样没有显著进步。跨越党派界限的宽桥未能解决问题。

但后来我们注意到了一些情况。

我们把我们的实验界面设计得类似于一个社交媒体网站，比如推特。在屏幕的左下角，我们放上了共和党 logo（一头红白蓝相间的大象）和民主党 logo（一头红白蓝相间的驴）的图像。使用这些图像没有任何目的。它们没有指出人们与谁互动，也没有为研究中的任何人提供党派信息。它们只是有趣又引人注目的图像。

这应该不会有影响，对吧？

然后我们观察了另一组民主党人和共和党人。

在气候变化的议题上，他们就像第一组一样两极分化严重。我们像之前一样把他们通过社会网络连接起来：480 人被分成 12 个社会网络，每个网络一半是共和党人，一半是民主党人；每个网络以渔网模式连接起来，在政治社区之间架设了宽桥。

然而，这一次，我们从屏幕上删除了带有政治意义的图像。

这一次，一切都不一样了。

这些网络中的跨党派互动不仅提高了群体的“智力”（每个人都能正确地阅读统计图），还完全消除了信念的两极分化。研究结束时，自由派和保守派的预测都比我们想象的准确得多。更令人吃惊的是，他们对美国国家航空航天局数据的解读的准确率都达到了近 90%！

12 个社会网络都显示了同样的结果，政治两极化消失了。在每一个小组中，我们将民主党人和共和党人通过宽桥连接成一个网络，可以看到他们解读气候变化趋势的能力有了显著的提高——两党派人士都是如此。

但是，如果宽桥如此有效，为什么这种策略在第一次党派 logo 存在时没有发挥作用呢？

如果一个人曾经试图解决敌对公司之间的争端，或缓和长期竞争的对手之间的紧张关系，那么他就会知道，简单地把冲突集团联系在一起并不能解决它们的问题。如果操作不当，这些社会干预可能会适得其反，使冲突变得更严重。

当偏见在发挥作用时，宽桥只是解决方案的第一部分，还有另外两个重要因素要考虑。第二部分就是框架及其如何决定相关性。

第 7 章主要讲述了群体团结和归属感在得到社会确认后具有很强的传播力。你看到了在俄克拉何马州的一个夏令营中，这种群体团结和归属感被用来在一群十一二岁的美国男孩之间创造虚拟的群体界限。即使是表面上的相似性（比如把男孩分成响尾蛇队和老鹰队）也可以使诱发群体间暴力的情感得以传播。

我们在社交媒体的“现实世界”中也看到了同样的影响。民主党人和共和党人一直在社交媒体上互动，但互动结果总是很糟糕。言行粗暴和日益增长的敌意加剧了两党的两极分化，加深了党派间的敌意。

我们的研究结果表明，造成这种群体间敌意的原因不是互动本身，而是这些互动的构建方式。社交媒体上充斥着大量的视频和图片，这些视频和图片无时无刻不在提醒着人们，世界是两极分化的。政党logo、政治图标和表情图片充斥着推特圈，这些图像根据人们的党派身份框定了他们的思维。这些图像影响了人们对谁与之相关和无关的判断。它们决定了谁会被视为圈内人和圈外人，并在无形中标明了社会影响的边界。

我们发现，社交媒体的这些看似无关紧要的特点和功能——特别是提醒人们对党派忠诚的图片——对社会网络的运行有着重要的影响。群体间的宽桥可以促进学习和相互理解，但只有当这些互动可以使不同的参与者之间具有相关性时才会发挥作用。如果互动是为了激发对所属党派的忠诚感，那么即使是像驴和大象这样微不足道的图片，也会削弱人们听取不同意见的能力，甚至使他们无法看清事情的真相。

对任何社会变革运动来说，设计一个具有号召力的口号都是很重要的。但框架效应可以决定人们实际听到的是什么。正如美国国家航空航天局发现的那样，框架效应比口号本身对人们最终信念的影响更大。

宽桥和框架效应是解开偏见谜团在社会网络中运行的两块关键拼图。第三块也是最后一块拼图是网络中心化。在本书的开头，我介绍了人脉通达的影响力人物是社会网络的“中心”。这些人与其他所有人的联系越紧密，社会网络的集中程度就越高。一个中心化的社会网络呈现的是烟花爆炸的辐散模式。一个人脉通达的社会明星正处在对话的中心。在信息交流中，这个人对其他人有着不成比例的影响，而来自外围的声音很容易被压制。

与之相对的是渔网状网络。这个网络不是中心化的，而是平均分布的。

在平均分布的网络中，每个人在对话中都有平等的发言权。实际上，每个人都是一个庞大而相互联系的外围的一部分。人们通常在小群体中互动，通过宽桥进行思想交流。平等网络的关键特征是，新的想法和意见可以从社区的任何一个地方出现，并传播给网络中的每个人，不用担心会受到网络中心那个力量强大的社会明星的封锁。

在前面的章节中，你可以了解到为什么中心化的社会网络适用于简单传播，而对于复杂传播却不是很有效。现在我想讲述一下为什么中心化网络的特征会使人们更容易产生偏见，以及你能对此做些什么。

我们在研究人们如何解读美国国家航空航天局的气候变化数据的实验中，把民主党人和共和党人放入了渔网模式。为了了解社会网络中心化对我们的发现有什么影响，我们进行了一系列新的研究。为了看看究竟会发生什么，我们再一次做了第二个实验——没有党派logo的实验。但这一次，民主党人和共和党人被分配到一个中心化网络——一个单一的烟花状网络中，而不是渔网状网络。我们随机地选择不同的人作为网络的中心，有时是民主党人，有时是共和党人。

这一次，两极分化不再是问题，但是偏见成了问题。如果处于中心的那个人有任何偏见，该偏见就会在网络中被放大。网络中心化使得所有人——包括民主党人和共和党人——都倾向于认同中心人物的观点。

这也是中心化的一个优势。如果处于网络中心的人完全没有任何偏见，那就可以弱化整个群体的偏见。

但这只是一线希望。中心人物的细小偏见或错误都会增加整个群体对一个有偏见的观点的倾向。

我们发现，这个问题在更多样化的群体中不那么严重，比如观点各异的民主党人和共和党人组成的社会网络。他们不同的观点有助于弱化中心个体的偏见。

在思想相似的人群中，中心化是一个非常严重的问题。当社区按照共同的政治、社会或文化信仰组建时，加强社区现有信念的想法就是简单传播：它们容易理解，也容易传播。在政治回音室中，处于对话中心、人脉通达的影响力人物很容易传播迎合群体偏见的错误信息。

相比之下，挑战群体偏见的有争议的想法是复杂传播：这些想法会面临强烈的反对之声，因此不太可能从那些人脉通达的个体中产生，因为他们面临着大量的影响力抵消因子。能够挑战现状的新想法最常出现在适度连接的社会网络边缘，在那里，每个人的声音都会被平等地接收到，新想法可以在同伴之间得到确认，并避免遇到太多影响力抵消因子。

偏见的问题影响着每一个人，从有权力的 CEO 到一个国家里最脆弱的公民。影响力人物的影响力的自然不对称性（他们擅长进行简单传播，不擅长进行复杂传播）对利用群体偏见传播错误信息尤为重要。例如，对医疗条件较差的社会群体，特别是非裔美国人和拉丁裔妇女群体的研究发现，这些社群的成员都对国家医疗保障制度存在不成比例的不信任，这往往源于多年的贫穷和歧视性待遇。因此，这些社群中人脉通达的影响力人物就可以快速传播错误信息，放大人们对当前预防性卫生措施的不信任，如计划生育、疫苗接种和新冠疫情的预防措施。这种错误信息的快速传播，会进一步加剧卫生保障的不平等，使本就不信任主流医疗保健的社会群体越来越容易受到负面影响，而不容易接受预防疾病、保护健康的措施。

这种情况不仅仅出现在公共健康领域。

正如你接下来将看到的，中心化网络会在公司经理、政治领袖和职业体育教练，甚至还有那些要做出生死决定的医生中强化偏见，而平等网络则会弱化偏见。

我们大多数人都被教导将偏见视为个人信仰的特征——有些人有偏见，有些人没有。但最重要的偏见形式不是在人们的头脑中，而是在他们的社会网络中。

一次（异常迟缓的）医学突破

1929 年，25 岁的沃纳·福斯曼是一名雄心勃勃的心血管疾病专家，在德国偏远小镇埃伯斯瓦尔德的一家小型医院工作。他有一个改变心脏病学领域的伟大构想，那就是利用医生称为导管的小塑料管。

自 19 世纪晚期以来，导管已被用于泌尿科及相关领域的静脉注射，用来导出体内的血液和尿液等液体。

福斯曼立意新奇的想法是，这项技术也可以用于心脏内部。假如能把这些导管从患者的手臂一直推到他们的胸腔里会怎么样呢？这将使医生能够检查患者心肌的情况，识别病变组织，甚至可以直接向心包输送救命的药物。

也有一个不能这么做的极佳理由，那就是整个医学界认定，将一根塑料管插入一个人的心脏会立即杀死他。

每个人都这么认为，但福斯曼不在其中。

他读到过在动物身上做类似手术的记录，并认为没有理由不相信它在人身上同样有效。当时，没有手术室或实验室来处理这种手术。真的有可能把一根 5 英尺长的塑料管插入患者的胳膊或腿，并引导它一直进入他们的心脏——而不杀死他们吗？你怎么能看到导管是否已经到达腔静脉或者右心房了呢？即使能够成功地将导管引导到心脏，你要如何使用它来做诊断或治疗呢？

福斯曼有了一些自己的想法。

他说服了一位名叫格尔达·迪岑的护士来帮助自己。福斯曼告诉她，他打算在自己身上做这个手术。在迪岑看来，福斯曼的行为无异于自杀，所以迪岑坚持让他在她的身上做手术。这样一来，如果出现任何问题，他就可以在危及生命之前终止手术。

他同意了。当她帮助他进入手术室，为他准备好麻醉、切口、置管和提取等所需的所有无菌材料后，他使用手术束缚装置将她固定在手术台上。她已经准备好开始了。

但她什么感觉都没有。

她等待着切口，等待着塑料管滑入手臂的钝感。福斯曼俯下身来，似乎要开始手术了。看起来他在切口并插入导管，但她仍然没有任何感觉。没过多久她就意识到，他狡猾地把胳膊放在了她的胳膊旁，他没有在她身上做手术，而是在自己身上切开了一个口子！

她无助地被绑在手术台上时，年轻的心血管疾病专家正把塑料管塞进自己的前臂。她惊恐地看着他把导管往身体里越插越深，寻找着自己的胸腔。她吓坏了。

他看起来像是要杀死自己。

但是，这位年轻的医生是有准备的。

他让迪岑跟他一起下楼去 X 光室，她同意了。他解开了她的束缚装置。他们俩从外科手术室匆匆离开，穿过长长的走廊来到 X 光室，福斯曼的左臂上还插着一根几英尺长的塑料管。福斯曼站在 X 光成像机前，一边在显示器上观察自己的胸腔，一边引导导管进入自己的躯干，绕过心包囊，进入右心室。他让迪岑拍了一张他完成手术的 X 光照片。照片显示，塑料管插进了福斯曼的左前臂，一直伸到他的肩窝，并穿过他的胸腔，正停留在他的心脏里。福斯曼的大胆尝试成功了。

几周前，福斯曼的上司，也是医院的首席外科医生，禁止了福斯曼尝试这个手术。现在这位首席医生会怎么想呢？

他既愤怒又高兴。让他大为光火的是，福斯曼对自己的身体健康如此不管不顾（公然无视首席医生的命令）。但是，首席医生还是禁不住为试验的成功而高兴。他知道他们这家埃伯斯瓦尔德的小医院即将创造医学史的新篇章。

预料到同行会有愤怒的反应，福斯曼和首席外科医生决定证明这种手术的治疗价值。他们使用了福斯曼导管插入的方法，将心脏药物直接输送到一名心脏病晚期患者的右心室。这种方法被证明比传统的静脉注射方法更有效。随着这场演示的成功完成，福斯曼觉得已经可以向世界宣布他改变行业规范的想法了。

他向德国一家著名的医学杂志社提交了关于手术过程的报告。仅仅几周之内，报告就通过了审核，可以发表了。

看来沃纳·福斯曼已走在名利双收的路上了。那一年，他从埃伯斯瓦尔德的小医院来到了柏林著名的查理特医院，他计划在那里继续进行心脏导管方面的探索工作。

然后文章发表了。

他的开创性文章刚发表，他的事业却开始陷入困境。医疗机构对这位不顾后果，用一己之力来挑战心脏病学公认智慧的新起之秀不以为然。

1929 年，当时医学界的社会规范已经确立。福斯曼显然违反了这些规范。福斯曼的开创性论文获得国际媒体的关注度越高，他从医学界同行那里收到的不满就越多。他的新上司，查理特医院的首席外科医生，下令即刻解雇福斯曼。这位年轻的外科医生失业了。

在接下来的 30 年里，福斯曼辗转于心脏内科、泌尿科和其他科室，再未真正地在医学领域找到一份合适的职业。

也许你还记得本书开头故事的转折。几十年后，50 多岁的福斯曼在德国小镇巴特克罗伊茨纳赫的一家当地医院找到了一份泌尿科医生的工作。1956 年一个寒冷的秋夜，在福斯曼唯一一篇重要论文发表近 30 年后，他正在当地的一家酒吧里喝酒。他的妻子给酒吧打电话，让他回家，因为有个记者正在找他。但福斯曼对与记者交谈不感兴趣，所以他又和朋友们一起喝了一轮酒。晚上 10 点左右，当福斯曼终于回到他那简朴的乡村住所时，他得知那通电话是要通知他，他获得了 1957 年的诺贝尔生理学或医学奖。

今天，心导管插入术是医学界最常规的手术之一，世界上各大心脏内科均使用它进行诊断和治疗。

但这项技术花了如此长的时间才被认可。

在前几章，我讲述了社会规范是如何运行的，以及为什么它们如此难以改变。你可能会认为社会规范在医生做决定时不会起任何作用，毕竟，医学应该是客观和实证的。

遗憾的是，医生和其他人一样容易受到社会规范的影响，也许更甚。

在第 10 章中，你看到了农民不愿意接受杂交玉米，其部分原因是如果农民做出不明智的决定，他们的声誉可能会受到影响。随着赌注越来越高，做出不受欢迎的决定的社会风险也越来越大。在涉及很大不确定性和高风险的职业，比如金融和医药中，成功人士对其职业的社会规范有着敏锐的认识。风险越高，不确定性越大，人们就越容易遵从社会规范。

2020 年，由哈佛医学院的南希·基廷领导的一项针对这一现象的开创性研究表明，医生是否愿意使用新的生物疗法来治疗癌症患者，在极大程度上取决于其医疗社群中的社会网络。

基廷和她的团队研究了 800 多名医生的治疗决定，这些医生来自 400 多个不同医疗社群的 432 家诊所。从 2005 年开始，基廷的团队在接下来4年的研究中研究了医生将对癌症患者的治疗方法从传统化疗转向新的生物疗法贝伐单抗的原因。基廷发现，解释医生为什么对有些患者使用了这种新疗法，而对有些患者却没有使用的，既不是患者的病情，也不是医生的背景和经验等特点。甚至医生诊所的规模似乎也不重要。临床上完全相同的乳腺癌患者接受医学背景、出身、经验都相似的医生的治疗，但医生采用的治疗方法截然不同。最明显的解释就是钱。但是，引人注目的是，基廷的分析发现，没有标准的经济学理论或医学指导方针可以解释为什么一些医疗社群使用这种疗法，而另一些没有使用。

最后，他们终于弄清楚了。

原因既不是医学，也不是经济学，而是社会学。

医生使用贝伐单抗的情况取决于他们社会网络中的社会确认。一旦一种治疗方法在临床医生的社群中达到临界规模，它在社会层面就会被接受使用。如果这种疗法没有在医生的社会网络中流行起来，医生通常不会使用它。

基廷和她的团队发现，决定肿瘤科医生是否使用这种新疗法的并不是信息意识。在开出处方之前，他们需要确认这种治疗方法在他们的社会网络中的正当性。他们得到的确认越多，就越有可能开出这种治疗处方。

这未必是件坏事。正如你在我们的研究中所见，在民主党人和共和党人对美国国家航空航天局的气候数据进行解读时，来自同伴网络的社会影响可以显著提高人们的判断能力。有了正确的社会网络，当一种新疗法存在不确定性时，医生依靠同行的智慧并不是一个坏主意。

但是如果是错误的网络，情况也会变得非常糟糕。

临床治疗中的医疗偏见

到20世纪90年代，福斯曼获得诺贝尔生理学或医学奖的事已经成为一个传奇。几十年里，他的故事作为激励特立独行的年轻医生的故事被反复讲述。而且，心导管插入术已经非常成熟了。美国的医疗指南明确规定，在有需要的时候，美国的每一家大医院都要有专门设计的做心导管插入术的手术室。

不过，1997年，一群来自宾夕法尼亚大学、乔治敦大学和兰德公司的社会科学家和医生开始调查他们产生的一种怀疑。他们认为这种挽救生命的方法没有被公平地使用。他们怀疑存在制度性歧视，根据不同的种族和性别，医生会给出是否使用心导管插入术疗法的建议。

早期的研究已经证实了不平等的医疗保障措施在美国引发的破坏性影响。医疗统计数据显示，对医疗保健方面的偏见往往源于真正的差异，而这些差异显示，健康在很大程度上基于财富、饮食、环境因素和种族。这些因素往往是相互关联的。一旦这些相关性在医学界广为人知，医生通常就会不可避免地接受它们。随后，社会规范开始起作用：医生开始根据患者的种族对患者做出预判，而他们的同行往往会在不经意间确认这种预判。结果是，黑人患者的不良健康情况更可能归因于他们的生活方式或背景，而不是临床医生的不充分治疗。医生有时也会对白人患者做出类似的基于生活方式的假设，但不像对黑人患者那么频繁。而白人男性是最可能免受这类偏见影响的群体。

很难纠正这些偏见的原因是，它们往往是无意识的，或者是隐性的。隐性偏见的问题在于，它并不存在于固执己见的医生和护士的心中，而是存在于其职业社会规范和确认这些规范的网络之中。过去几十年的数十项研究发现，隐性偏见在整个美国的医疗决策中普遍存在。而毫不意外地，研究还发现，有色人种女性遭受的隐性偏见是最严重的。即使是富裕的、受过教育的、受人尊敬的有色人种女性，也得不到与白人男性相同标准的护理。

因此，心导管插入术研究人员有充分的理由怀疑医生对患者的治疗做出了不平等的决定。但是研究人员怎么就此做出证明呢？在美国，没有心血管疾病专家会认为自己提出了带有种族主义或性别歧视的临床建议，更不用说在调查中承认这一点了。

学者们想出了一个巧妙的计划，来检测心导管插入术的处方是否存在不公平。他们在 1997 年的美国医师协会和美国家庭医学协会年会上设立了私人电脑展台。这样的展台在医生年会上很常见。通常会有小额的金钱奖励来激励医生参与正在进行的调查和研究。研究人员巧妙地将他们的展台设计成投票站的样子，周围挂着厚厚的帘子，这样医生就可以匿名参与。

在他们的研究中，每一个参与者都观看了一个视频显示器，里面有一个患者描述了自己的症状。这就像一个虚拟的看病现场。随后，临床医生要回答一系列关于患者病情的问题，最后一个问题是患者是否应该接受心导管插入术。

这种“虚拟患者”场景是医学培训的主要内容。在医学院、住院医生实习期和专科训练期，医生经常会接触这样的标准化的看病体验。无论是面对面还是通过视频，医生都要诊断那些演员假扮的患者的病情。演员描述症状，有时会用肢体语言，甚至含糊不清的语言（例如在脑损伤病例中），这会是很典型的患者的真实情况。医生要做的是找出问题，做出正确的诊断，并开出正确的检查处方或治疗处方。这是一种常见的执业练习，一些演员可以通过在知名医院全职扮演标准化病人过上很不错的生活。这里面并不存在欺骗：医生知道这些“患者”就是演员。但医生也知道对他们的表现是有评估的，所以他们会认真对待测试。

参与这项研究的临床医生不知道的是，病人的视频有几十个不同的版本。在每一个版本中，患者表现出的症状、病史和医疗记录略有不同。这么多不同版本的病例使得任何两个在年会上偶遇的临床医生都不太可能对他们的测试经验进行交流，因为他们看到的病例很有可能是不同的。

此外，医生也不知道，设置这么多不同的病例的真正目的在很大程度上不是测试医生的职业能力。真实的实验设计系统地改变了视频中患者的种族和性别，以观察患者的这些特征是否影响了临床医生的建议。

这篇文章在《新英格兰医学杂志》上发表后，引起了原子弹爆炸般的反响。研究结果显示，黑人女性接受心导管插入术的可能性明显低于白人男性。这是第一个证明种族和性别偏见对临床医生的治疗建议有直接影响的对照实验。数十篇新闻报道和评论都提到了它，随后有数百篇文章引用了它。这个报告结果加深了每个人对医疗保健不平等的思考。隐性偏见成了一个热门话题。

从那时起，就不断有人提出，对于这一问题应该做些什么。

去偏见化的社会网络

你已经看到了在解读美国国家航空航天局的气候数据时，平等的社会网络是如何消除民主党人和共和党人的偏见的。我相信这也适用于临床医生评估患者。问题是如何把它表现出来。

《新英格兰医学杂志》给出了一个令人意想不到的答案。

事实证明，执业的临床医生会花大量的时间做专业测验。有时这些测验是为赚钱而做的，和在美国医师协会年会上做的测验类似。在其他情况下，临床医生通过参加测验来证明他们了解最新的医学进展，从而获得专业荣誉。《新英格兰医学杂志》每一期都在封底上刊登这些小测验。医生写下他们的答案，然后急切地查看下一周的期刊，看看他们的答案是否正确。

2016 年，我有了一个想法：设计一个类似的问答游戏，来评估临床医生在医学推断中的偏见。我会在全美范围内开展这项研究，涉及数百家诊所。这个游戏就像 20 年前进行的检测心导管插入术的处方是否存在不公平性的研究一样，只不过临床医生不是在年会的投票亭里观看虚拟的心脏病患者的视频，而是在网上观看并做出诊断和治疗的决定。我召集了一个由宾夕法尼亚大学和加州大学旧金山分校的同事组成的团队，我们一起设计了这个实验。

我们意识到的第一件事是，要招募执业的临床医生，我们需要让激励措施值得他们参与。我们决定，如果答对了，就给他们几百美元，如果答错了，就不会有任何报酬。这招儿奏效了：我们的招募非常有效。来自全国各地的数千名临床医生急切地注册了我们的研究，并下载了我们的应用程序。

在两个月里，我们做了 7 次重复实验，每次都首先向所有已注册的临床医生发送通知。他们如果很忙，就可以忽略通知；如果想参加测验，就可以点击链接。通常，每次都会有数百名临床医生参加。

每次研究开始时，临床医生会看到一段患者的视频，就像在心导管插入术处方研究中使用的视频一样。视频有两个版本，演员都使用相同的剧本。他们会抱怨胸闷，还表示自己有家族心脏病史。但在两个版本的视频中，一个患者是黑人女性，而另一个患者是白人男性。然后我们请临床医生为他们选择最好的治疗方案。方案选项包括将患者送回家，将患者转到急诊室立即进行评估，以及建议立即进行心脏手术。

每次实验有 4 种情况。前两种情况下，医生独自完成诊疗，就像1997 年这项研究的最初版本中的医生一样。第一组由 40 名独立的临床医生组成，他们观看了黑人女性患者的视频，并给出了自己的治疗建议。第二组同样由 40 名独立的临床医生组成，但他们观看的是白人男性患者的视频，并同样给出了自己的建议。在做出决定后，两组临床医生都有思考的时间，思考后可以对自己的答案进行修改，然后提交他们的最终答复。

我们期望这两组能分别产出一些有关医学隐性偏见的有用数据。但我真正感兴趣的是网络动态如何影响这些偏见。我们希望剩下的两组可以提供一些答案。一组观看黑人女性的视频，另一组则观看白人男性的视频。同样，每组 40 名临床医生独立地提出自己的初始建议。然后，我们将每组连入各自的平等网络。在每个网络中，临床医生可以匿名与其他联系人分享他们最初的治疗决定，并可以查看其他联系人的决定，然后可以修改自己的答案。最后，临床医生要提交他们的最终建议。

每一组的最初方案都显示了很严重的偏见。正确的建议是将患者转到急诊室立即进行评估。然而，我们发现白人男性被告知立即接受评估的诊断结果几乎是黑人女性的两倍。这是惊人的不平等。这意味着需要立即接受心脏监测的黑人女性经常会被送回家。

在对照组中，临床医生在提交最终建议之前是有机会对建议做反思并进行修改的，但结果是无人做出改动。他们最后的回答和最初的回答一样有偏见。这令人沮丧。

但实验组展现了一些不同寻常的东西。

临床医生在平等网络中交换意见后，黑人女性被转诊立即接受评估的比率几乎翻了一番。研究结束时，白人男性和黑人女性的转诊率已经没有太大差异。事实上，我们发现对于这两类患者，平等网络中的临床医生从最初对患者治疗不周到最终提供正确医疗建议的可能性比非网络群体中的临床医生大 11 倍，这太令人震惊了。在实践中，这意味着临床生师有可能会错误地让情况危险的心脏病患者出院，但现在他们做出正确的决定、将病人转到急诊室的可能性大 11 倍。而这个变化仅仅源于他们的社会网络。

除了心脏病研究，我们还利用不同的临床案例做了超过 6 个版本的实验——从阿片类药物处方到糖尿病治疗。我们总共做了 100 多次重复实验。结果是一致的：当医生处在一个平等的、可比对病历的社会网络中时，不仅他们治疗建议中的偏见减轻了，而且他们为所有种族和背景的病人提供更好治疗的可能性有所增加。

来自网络边缘的专家

从这些实验中得到的最意想不到的一个发现是，临床医生在一些测验中得分高，在另一些测验中得分低。每个测验中最好的临床医生都不一样。在渔网模式中，个人表现的忽高忽低并不影响整个网络中每个人在每个测验中表现的改善。但这种变化在中心化网络中成为一个突出的（也是不可避免的）问题：如果一个高度权威的外科医生始终处于网络中心，那么即使是在远离他自己专业知识的主题上，他也会拥有很大的影响力。当他在某件事上犯错时——他有时会犯错——他的错误就会迅速地传播开来。

在现实生活中，如何解决这样的问题？如何增加社会网络边缘人群的影响力？一个中心化的网络真的能变得更平等吗？

2018 年，美国总统巴拉克·奥巴马在麻省理工学院斯隆管理学院的一次演讲中谈到了这个问题。他讲的是领导者如何在不确定的情况下做出正确的决定。

他描述了自己和内阁成员围坐在一张桌子旁做出艰难的政策抉择的情景。他注意到，他和他的内阁成员围坐的那张锃亮的深色橡木桌子和高高的皮革椅子，显示出一种威严。他开玩笑地说："这感觉很像总统。"

他还记得一群工作人员在昏暗的房间外围排成一行。这些都是级别较低的工作人员——数据分析师、政策研究员和作家，手里拿着"活页夹和笔记"，他们的工作是准备内阁成员用来提出建议的材料。奥巴马特意指出，围坐在会议桌旁的"重要人物"是没有时间看数据的。相反，他们会翻看高级别下属提供的重要政策信息，然后——奥巴马只是半开玩笑地指出——"解释这些信息，而他们的解释很有可能并不准确"。

他承认，现代世界的高度复杂性使这种提炼成为必要，以便将数百页的研究压缩成对总统有用的信息。

但随后他让我们注意到关乎决策成败的核心观点。关键就在于社会网络边缘。

"我的一个诀窍是，我养成了一个习惯，开会时会叫上那些外部人员"，也就是那些站在房间边缘的工作人员，"因为我知道是他们在执行所有的工作"。工作人员吓坏了，而他们的上司曾告诫他们不要说话。但是当总统有明确要求时，他们会听从他的要求，把自己有用的智慧从网络外围带到对话中心。

奥巴马还说："如果你想要倾听广泛的声音，你就会听到。"它们在外围，在"外缘"。但他强调，领导人必须有意识地将这些声音带入对话。奥巴马总结道："在当今的文化中，如果你不主动听取广泛的意见，你就会落伍。在政治上如此，在商业上亦如此。"

如何改变教练的观念

几年前，我接到费城 76 人队（一支美国职业篮球联赛篮球队）的技术研发总监的电话。他看到了我关于社会网络的研究的一些内容，想知道我的研究工作是否对 NBA（美国职业篮球联赛）有帮助。

他解释说，他们在物色优秀球员。

如果你读过迈克尔·刘易斯的《魔球》(或者看过布拉德·皮特和乔纳·希尔主演的电影《点球成金》)，你就会立刻明白这个问题：职业体育球探工作和医学一样，长期以来都是老男孩的俱乐部。大多数职业球探都是前球员或前经理。对于如何评估球员，他们有着根深蒂固的偏见。而存在已久的规范可能会偏爱某些类型的球员（他们往往会失败），而忽略其他类型的球员（他们可能会成功）。

《点球成金》描述了奥克兰运动家队如何抛弃了受推崇的组队规范，设计了一种全新的球队阵容组建方式。新的球探策略使奥克兰运动家队打破了美国联盟历史上最长的连胜纪录。

费城 76 人队的人问的问题是："我们也能做到吗？"

在 NBA，有过不少职业球探出现严重失误的故事，这些故事一直被大家津津乐道。2011 年，NBA 选秀大会上的最后一个新秀——确切地说，最后一个进入球队的人——是以赛亚·托马斯。这个名字对很多人来说都很熟悉，因为它来自 20 世纪 80 年代底特律活塞队名人堂巨星伊塞亚·托马斯。以赛亚·托马斯身高 1.75 米，在 2011 年选秀大会上最后一个被选中，并不像与他"同名"的那位球员一样是一个重要的大学球星。事实上，他能在萨克拉门托国王队的花名册上占有一席之地已经很幸运。许多人认为他很快就会消失。但他在 NBA 一路高歌猛进，最终在 2016 年和 2017 年连续两次入选 NBA 全明星，并在 2016—2017 年赛季获得了享有盛誉的最佳阵容荣誉。

相比之下，2013 年 NBA 选秀大会的状元，万众瞩目的首轮第一位是安东尼·本内特。这位内华达大学拉斯维加斯分校的大前锋身高 2.03 米，被拿来与篮球巨星拉里·伯德比较。本内特本来是要成为全明星的。但在 2017 年，就在以赛亚·托马斯第二次出现在 NBA 全明星阵容中时，本内特经历了一系列令人失望的赛季，最后沦落到去了小联盟。

2017 年，本内特效力于缅因红爪队。2018 年，他被交换到安大略阿瓜卡连特快船队。这些球队是我们大多数人从未听说过的。

当费城 76 人队给我打电话的时候，他们心里想着 NBA 总冠军。他们想知道如何改进他们的球探工作环节，以帮助他们发现更多世界上不大可能存在的“以赛亚·托马斯”，同时避免选中不幸的“安东尼·本内特”。

电话还没结束，我就知道他们必须做什么了。我只是不知道他们是否愿意这么做。

当时，费城 76 人队已经有了一大批数据科学家，他们分析球员的一切，从每场比赛中每个球员上场的总时间，到每个球员的总行程，再到球员在比赛中的姿势和肢体语言的数据。有任其支配的数据，似乎就一定有办法找到能让他们成功的秘密算法——会带领他们走向胜利的“定海神针”。

我的方法是不同的。

它基于这样一种想法：尽管数据科学是解开这个谜题的重要部分，但还有很多隐性的人类知识从未包含在数据分析中，主要因为很难知道哪些知识是重要的，哪些是不重要的。如果正确的信息从未被记录下来，它们就永远无法被加入算法。

我对了解隐形于费城 76 人队工作人员中的社会网络比较感兴趣。费城 76 人队教练的“外缘”是否有未开发的资源可以用来提高他们的球探水平？

主要的挑战是职业体育中的组织网络高度中心化。和成功的管理者、政治家、医生一样，教练也工作在一个等级分明的世界里。教练组的一些成员比另一些更有权力。影响力从网络中心的人（比如主教练或总经理）流向其他人。我的目标是查明改变这些网络的模式能否更好地预测球员的表现。

你可能也想知道这是否真的可能。在一支职业运动队中，每年都有损失数亿美元的风险。现有的指挥结构很难打破。当美国总统可以有意识地从网络外围引入不同的声音时，社会学家能做些什么来使费城 76 人队的网络更平等呢？

我的想法是采取与医学研究相同的方法：我们可以把教练的球探工作问题变为一个问答游戏。

我和我的研究团队开发了一个简单的应用程序，这样当教练们使用他们的手机或笔记本电脑登录时，他们就会以渔网模式连接在一起。然后他们要回答有关参选球员的表现的问题，球员表现也正是费城 76 人队正在积极考察的。

时值球探季，费城 76 人队已经开始审核他们在即将到来的选秀大会上的潜在最佳球员。在研究期间，我发过誓要保密。我或我的研究团队的任何泄露都可能导致费城 76 人队的入选球员受到更多的媒体关注，这可能会在选秀时引起其他球队的兴趣。

在几个星期里，费城 76 人队带着他们最看好的新秀球员去参观球队的训练中心。他们会让球员进行一系列的训练，包括简短的二对二和三对三比赛、罚球、冲刺、三分球等。费城 76 人队每周都会接触几次 NBA 新秀，他们在加紧寻找最好的“射手”。

每天，我或我的一个研究生都会在上午晚些时候到达新泽西州卡姆登的费城 76 人队训练基地。训练和练习早就已经开始了。一旦我们准备好了需要的材料，我们的团队联系人就会通知所有的教练，让他们知道参加研究的时间到了。到那时，就剩最后一项训练要完成了。那就是三分球训练。

我们在 5 个不同的日子里总共做了 5 次这样的研究，每一次的研究方法是相同的。一旦教练们被通知研究即将开始，每个人就都会登录网站，查看当天潜在最佳球员的资料。然后他们按要求输入自己（基于他们当天所观察到的一切）预测的每个球员在马上就要开始的练习中的三分球命中率。

与关于医学偏见的研究实验一样，在教练做出最初的预测后，他们可以看到网络中与他们有联系的其他教练做出的匿名预测。他们要么忽略这些信息，坚持自己的直觉判断，要么利用同事的意见来修正自己的预测。然后他们就会提交自己的最终判断。

这就是研究过程。

每次测试大约需要 10 分钟，然后教练们就会回去工作。几个小时后，球员将完成三分球练习，我们就可以检查教练的预测。在训练中，教练们同时观察了几名球员。他们可以很容易地评估投篮姿势，但他们不知道准确性。教练们必须像其他人一样等待研究结果。

第一周的研究进行得并不顺利。

大多数教练对此漠不关心，但也有一些对此觉得很恼火。基本上如你所想，他们的评论中有很多是笑话。

但在第一周之后，每个人的态度都有了明显的改善。事实上，教练们也想参与进来。在第一周的测试结束后发生了一些事情，促使他们改变了原来的想法。

首先，教练们意识到这个测试很有趣。其次，就像临床医生一样，教练是天生的好胜者。一旦对测试有了充分的理解，并且知道他们可以比其他教练做得更好或更差时，他们就会更有参与的动力。

但让教练们更投入的主要原因是渔网模式带来的意外惊喜：教练们意识到他们的声音被听到了。

最初，教练们以为教练组中排名靠前的人会在问答游戏中占据主导地位。他们并不了解连接他们的平等网络。在第一次测试结束之后，一些排名靠后的教练（来自网络外围）意识到他们也可以对整个团队产生真正的影响。他们感受到一种权力在握的感觉。

在之前的研究中，我没有注意到这种赋权的现象，很可能是因为我以前从未有与参与者面对面交流的机会。我没有预料到这一点，还因为对于一群身高近 2 米的前运动员来说，赋权似乎是一件很奇怪的事情。但显然，有些教练觉得他们的声音并不总是被重视。在后来与他们交谈时，一些人向我提到，这个测试令人满意是因为他们可以看到自己能够影响团队的决定，并促使团队向更好的方向发展。而更值得注意的是，每一个与我交谈过的人都很高兴地看到，团队的意见没有被那些通常会影响会议的资深人士主导。在研究的剩余几周内，这一事实极大地帮助教练们建立了认同感。

在我们将 5 次研究的数据全部汇总后，结果是惊人的。在短短 10 分钟内，教练们准确预测球员三分球命中率的能力显著提高，准确率从 57% 提高到 66%。教练们认为这些发现很有趣，但对此给予最大关注和重视的是费城 76 人队管理层。他们通过实验得到了新的领悟，深入地了解了教练和工作人员组成的网络外围不仅可以提高球探决策质量，还可以帮助判断运动员合理的场上时长、练习应该持续的时长，以及合理的中场休息时间。在社会网络边缘隐藏着大量的隐性知识，而平等网络则提供了一种收集和利用隐性知识的新方式。

偏见是很奇怪的东西。即使错误的代价高昂，它们也会使我们倾向于选择熟悉的而不是正确的答案。中心化网络则会强化这些坏的思维习惯。一旦形成偏见，与他人就偏见产生共鸣就等于形成了简单传播。这些想法很容易理解，也很容易传播。真正的问题是我们的偏见，以及强化偏见的网络，会阻止我们找到解决难题的新方法。它们甚至可能让我们看不清、读不懂眼前的信息。

值得庆幸的是，网络外围能够支持并且确实支持了真正的社会变革。2001 年，奥克兰运动家队是美国职业棒球大联盟中第二穷的球队，它试图通过使用一种不同寻常的组队策略获得成功。当时没人认为这行得通。

如今，这种不同寻常的策略已经被每一支大联盟球队接受。美国职业棒球大联盟球探的社会规范也因此发生了翻天覆地的变化，而这种变化是从外围开始传播的。

第13章

变革的7个基本策略

在本书的开头，我讲述了一些令人沮丧的失败案例，它们源于涉及变革发生方式的流行迷思。由于缺乏更好的解释，这些失败通常被归咎于运气不好。但现在你已知道，运气在一个行为或一项创新是否会被采纳上并没有许多人想象的那么重要。

品牌营销大师、政治战略家、咨询公司和一大批专家都声称知道“病毒式传播”的秘诀。在某种程度上，他们确实知道：他们可能知道以往哪些类型的信息和产品被证明有传播价值，他们可能了解如何选择和衡量成功的媒体信息。有很多令人印象深刻的简单传播方面的知识。

但涉及复杂传播时，这些策略就失效了。

所以，如果你想要传播一个属于你自己的变化呢？也许你是管理一个团队网络的首席执行官。也许你只是想把你的一个新想法在你所在的社区、教会团体、州议会或临时组建的篮球队中传播。你将如何运用这些网络科学的突破来改变你的社会网络中的其他联系人的行为呢？有7个有用的策略可以帮助你把本书中的经验运用到你自己的变革倡议中。

策略1：不要依赖接触性传播。

社会变革不会像病毒一样传播。病毒式的广告宣传并不能让新想法站稳脚跟，只吸引众人眼球是不够的。不仅如此，这还可能会引发适得其反的效果。如果每个人都听说了一项创新，但没有人采纳它，那么非预期效应会产生的结果是，这项创新看起来并不受欢迎。想想Google+。巨量宣传所带来的负面影响会削弱未来的努力。

如果想让你的变革倡议取得成功，就不要依靠信息的简单传播来解决问题。要设计支持复杂传播的策略，它会使行为改变得以生根壮大。

策略 2：保护创新者。

未采纳者往往就是影响力抵消因子。任何需要正当性或社会协调的社会变革都需要限制未采纳者的怀疑信号，同时需要增加采纳者的确认信号。杂交玉米的例子就是实证。

当创新挑战既定的根深蒂固的社会规范时，早期采纳者在全网的较低曝光度可以使创新更有效地传播。这是保护和连接之间的平衡问题。你需要建立足够多的宽桥，让创新者一起工作，传播新想法，同时让他们给予彼此充分的社会确认，这样他们就不会被影响力抵消因子淹没。实现这一点的一个好办法就是瞄准网络外围的社会集群。

策略 3：动员社会网络外围。

人脉通达的影响力人物可能是社会变革的障碍，因为他们与大量的影响力抵消因子连接在一起，也就是说，人们习惯遵从现状。发起社会变革的关键是以网络外围为目标。网络外围与活动人士信息的大量传播和抗议活动中更多的到场支持者都息息相关。

不要再寻找特别的人，而要把注意力放在特别的地方。想想韩国避孕措施的普及。你的资源是宝贵的，把它们用在可以产生最大影响的地方。处于外围的人与全网联系较少，因此受到了更多的保护。社会网络外围是一个允许创新扎根和传播的地方。

策略 4：建立宽桥连接。

窄桥通常由群体之间的单一弱关系连接。窄桥可以触达，但缺乏冗余，而冗余是复杂传播的必要条件。为了将一种新行为从一个群体传播到另一个群体，宽桥对建立必要的信任、可信度和正当性至关重要。想想“黑人性命攸关”运动的发展。

任何协调大规模、多样化的人群的努力都应建立在宽桥的基础上，这些宽桥位于不同的小群体之间，包括一个组织内部不同的部门之间、不同的社区和区域之间、不同的政治选区之间。

策略 5：创造相关性。

世上没有帮助创造相关性的灵丹妙药，也没有永远有影响力并可定义的单一特征。但是，以下几个一般原则可以帮助理解相关性是如何在不同环境下建立的。

原则 1：当行为变革需要社会证明一项特定的创新对人们有用时，与采纳者的相似性就是创造相关性的关键因素。

原则 2：当行为变革需要一定程度的情绪感染力或忠诚感和凝聚力时，那么确认来源的相似性将有助于激发行为变革。

原则 3：当行为变革基于正当性，也就是基于相信行为正被广泛接受时，相反的说法才是正确的：确认来源的多样性是传播创新的关键。想想脸书上的等号运动。

谈及创造相关性，环境才是王道。判断关键因素是多样性还是相似性（以及什么类型的相似性）取决于采纳的障碍——你想要促成的行为变革最有可能遇到的阻力。是可信度、正当性还是兴奋情绪的问题？一旦你确定了阻力的类型，你就知道了如何创造相关性。

策略 6：采用雪球策略。

社会集群是触发临界变革的关键。策略性地瞄准社会网络中的位置，使早期采纳者可以对你的倡议进行互相确认。可以回忆一下马拉维的案例。雪球策略在一个个稳定的小群体内为一项创新创造了正当性。

这里的重点同样是特别的地方，而不是特别的人。邻里社区的孵化可以使一种新的行为与既定的规范抗衡。与几十年来研究简单传播的经验所得截然不同的是，过早地将采纳者群体曝光于未采纳者群体面前会适得其反。将变革推动者集中在一起可以减小触发社会变革所需的临界规模。

如下两个原则可以帮助你更好地应用雪球策略。

原则 1：了解社会群体及其边界。

你的目标社群是艾奥瓦州的农民、德国的房屋业主还是津巴布韦的村民？你的目标传播人群是谁，他们相信什么？你想改变的社会规范是什么？

要改变一种社会规范，首先，你必须确定你想要改变的社群的边界。它是一个社区、一个州还是一个国家？它是一个线上聊天群体还是一个政党群体？它是一个组织内部部门还是整个公司？

了解清楚你要改变的社群的边界后，下一步就是在其网络中找到特殊的位置。

原则 2：寻找桥梁小组。

桥梁小组是指可以在不同部门之间建立宽桥连接的社会集群。设想一个可以联动工程部、设计部和销售部的团队。桥梁小组之所以特殊，是因为它们位于社会网络的最中间的位置。

就个人而言，桥梁小组的成员与其他部门的成员没有什么不同。他们并不是人脉通达的影响力人物或中间人，甚至他们自己都不知道自己占据了一个特殊的位置。他们的影响力来自这样一个事实：他们一整个群体周围有比其他社会集群周围更多的宽桥。这样的网络位置可以有效地帮助发起雪球运动。

策略 7：设计可以促进发现和弱化偏见的团队网络。

社会网络并不是中立的。它们要么激发创新，要么阻碍创新。它们要么增加群体间的知识迁移，要么减少这种迁移。一个正确的传播基础能使团队更有创造力，更有合作精神，而错误的传播基础可能会阻挠创新和合作。

熟悉的想法和有偏见的观点都属于简单传播事物。它们很容易理解并易于遵循。只要你想，它们就会快速传播。在中心化网络中，社会明星能够非常有效地进行这种简单传播。

当传播一项前所未有的创新时，需要保护人们免受不断对现状进行确认的影响。打破旧观念和找到新的相似点都需要建立传播基础，这个基础能保护多样性和激励人们发现新知识。

以信息为基础的变革运动常常因为社会网络而失败。可以回忆一下美国国家航空航天局的气候数据。社会网络就像棱镜，可以折射出人们想看和想相信的事物的颜色和形状。它既可以强化偏见，稳定现状，又可以支持颠覆现状的新思想。

隐性的知识存在于社会网络外围。正确的传播基础可以把这些知识带给每个人，并在这个过程中弱化群体的无意识偏见。

你应该如何使用这些策略？

这 7 个变革策略都适用于思维的变革。它们要求你把注意力从传播信息转移到传播行为规范的目标上来。这一区别的本质重要性在过去被忽视了，因为持续存在了几个世纪的一个假设是，如果人们获得的信息是正确的，其他的自然会顺理成章。但这种社会变革的观点没有把社会网络考虑在内。

对现有偏见的社会确认很容易使有偏见的想法和信念在中心化网络中传播。挑战我们的偏见和改善我们的思维的创新想法得益于一种传播基础，这种基础可以保护创新者免于面对大量影响力抵消因子，同时为创新想法的流通提供宽桥。

平等网络可以传播社会变革。但更重要的是，这样的网络允许新的想法和意见从社群中的任何地方出现，继而传播给每个人，不用担心它们会被那个位于网络中心的强大的社会明星封锁。

社会变革的网络战略应该集中于吸收来自外围的声音。这种社会变革的方针促进了医疗健康中的平等和政治讨论中的公正；它为能够挽救生命的创新创造了机会，让它们在曾经失败的地方重新生根发芽，并且减小了次等创新占据主导地位的可能性。

这 7 个变革策略可以发现隐藏在网络“外缘”的隐性知识，隐性知识能引导每个人对自己面对的问题和可行的解决方案有更清晰、更明智的理解。

正如美国总统奥巴马所说：“在当今的文化中，如果你不主动听取广泛的意见，你就会落伍。在政治上如此，在商业上亦如此。”

致谢

写一本书需要群策群力。我衷心感谢许多使这个项目成为可能的友人。感谢所有为这些章节提供重要评论的同事和读者，包括洛丽·比曼、克里斯蒂娜·比奇埃里、保罗·迪马乔、迪恩·弗里伦、马克·格兰诺维特、道格拉斯·赫卡索恩、托马斯·豪斯、罗莎贝斯·莫斯·坎特、伊莱休·卡茨、伊莱恩·霍昂、乔恩·克莱因伯格、汉斯–彼得·科勒、苏涅·莱曼、阿哈伦·利维、戴维·马丁、卡尔–迪特尔·奥普、珍妮弗·潘、约翰尼斯·罗德、厄米马拉·萨卡尔、奥利弗·谢尔顿、彼得·西姆金斯、布赖恩·斯克姆斯、扎卡里·斯坦纳特–思雷尔克德、约翰尼斯·斯特罗贝尔、保罗·图赫、布赖恩·乌齐、阿诺特·范德里特、布鲁克·福考特·韦尔斯、佩顿·扬和张景文（音译，原文名为 Jingwen Zhang）。本书中提到的大部分工作得到了美国国家科学基金会、美国国立卫生研究院、罗伯特·伍德·约翰逊基金会和詹姆斯·S. 麦克唐纳基金会的研究资助。我还要感谢我出色的团队，包括我的编辑特蕾西·比哈尔、我的代理人艾莉森·麦基恩和西莉斯特·法恩，以及阿歇特出版集团和帕克 & 法恩文学与传媒公司的优秀员工，他们帮助我把关于本书的想法变成现实。我还要感谢几位优秀的研究生，我有幸与他们一起参与了书中提到的几个项目，包括德文·布拉克比尔、乔舒亚·贝克尔和道格拉斯·吉尔博，以及网络动力学小组的所有成员，他们对网络科学及其蕴含的社会变革可能性的热情让我不断进行新的有趣的探索。最后，我要感谢的是我的妻子苏珊娜，是她启发了我，才有了本书。

注释和拓展阅读

第1章　影响力迷思：流行的悖论

对意见领袖的研究始于几部具有里程碑意义的研究著作，包括保罗·拉扎斯菲尔德等人的 *The People's Choice* (New York: Duell, Sloan and Pearce, 1944)，伊莱休·卡茨和保罗·拉扎斯菲尔德的 *Personal Influence* (New York: Free Press, 1955)，还有伊莱休·卡茨的“The Two-Step Flow of Communication: An Up-to-Date Report on an Hypothesis,” *Public Opinion Quarterly* 21 (1957): 61–78。与这些观点相关的研究在马尔科姆·格拉德威尔的著作 *The Tipping Point: How Little Things Can Make a Big Difference* (Boston: Little, Brown, 2000) 中被很好地普及。

最初，卡茨和拉扎斯菲尔德并没有将奥普拉·温弗瑞那样的名人（卡茨和拉扎斯菲尔德认为奥普拉是媒体人）纳入“意见领袖”的概念，他们认为“意见领袖”应该是私下的联系人，比如妯娌姑姐或友好同事，他们对新媒体内容了如指掌，反过来又帮助告知其他人。而现代意义上的“影响力人物”扩展了意见领袖的概念，包括了那些人脉通达（比如在社交媒体上），但不一定与他们的联系人私下认识的人。对这些概念的历史的详细阐述，参见 Damon Centola, “Influencers, Backfire Effects and the Power of the Periphery,” in *Personal Networks: Classic Readings and New Directions in Ego-Centric Analysis*, edited by Mario L. Small, Brea L. Perry, Bernice Pescosolido, and Edward Smith (Cambridge: Cambridge University Press, 2021)。

正如马克·纽曼的 *Networks: An Introduction* (London: Oxford University Press, 2010) 一书定义的，当代社会影响的衡量标准聚焦于网络“中心性”这一概念。识别社会网络中有影响力的个体最流行的方法是：“中心度”（拥有最多联系人的个体）、“中间中心性”（从网络的一个部分到另一个部分，大多数路径必须经过的个体）和“特征向量中心性”（拥有人脉通达的邻居的个体）。最近的一些研究表明这些识别有影响力的网络个体的标准在进行社会传播方面有局限性，这些研究包括：Eytan Bakshy et al., “Social Influence and the Diffusion of User-Created Content,” in *Proceedings of the 10th ACM Conference on Electronic Commerce* (New York: Association of Computing Machinery, 2009), 325–334；Glenn Lawyer, "Understanding the Influence of All Nodes in a Network," *Scientific Reports* 5 (2015): 1–9；Xiaochen Wang et al., "Anomalous Structure and Dynamics in News Diffusion among Heterogeneous Individuals," *Nature Human Behaviour* 3 (2019): 709–718；以及我对 Wang et al., Damon Centola, "Influential Networks," *Nature Human Behaviour* 3 (2019): 664–665 的评论文。

在我和道格拉斯·吉尔博的研究报告 "Topological Measures for Maximizing the Spread of Complex Contagions" (working paper；Annenberg School for Communication, University of Pennsylvania, Philadelphia, 2020) 中，我们开发出一种"复杂中心性"的衡量标准，它提供了一种形式化方法对网络外围特定的网络位置进行识别和瞄准，以实现最有效的社会传播。早期的实验研究显示了网络外围位置对社会运动传播的重要性，包括卡尔–迪特尔·奥普对 1989 年柏林墙抗议的重要研究［其中又包括：Steven Finkel et al., "Personal Influence, Collective Rationality, and Mass Political Action," *American Political Science Review* 83, no. 3 (1989): 885–903；Karl-Dieter Opp and Christiane Gern, "Dissident Groups, Personal Networks, and Spontaneous Cooperation: The East German Revolution of 1989," *American Sociological Review* 58, no. 5 (1993): 659–680］，以及道格拉斯·麦克亚当对 1964 年自由之夏的开创性研究：*Freedom Summer* (Oxford: Oxford University Press, 1988)；Douglas McAdam，"Recruitment to High-Risk Activism: The Case of Freedom Summer," *American Journal of Sociology* 92, no. 1 (1986): 64–90。

最近的一些研究显示了网络外围位置对线上社会运动发展的影响力，这些研究包括：Killian Cark, "Unexpected Brokers of Mobilization," *Comparative Politics* 46, no. 4 (July 2014): 379–397；Sandra Gonzá-lez-Bailón et al. "Broadcasters and Hidden Influentials in Online Protest Diffusion," *American Behavioral Scientist* 57, no. 7 (2013): 943–965；Pablo Barberá et al, "The Critical Periphery in the Growth of Social Protests," *PLoS ONE* 10 (2015): e0143611。而罗莎贝斯·莫斯·坎特的一项研究则显示了网络外围位置对发起组织变革的重要性：*Think Outside the Building: How Advanced Leaders Can Change the World One Smart Innovation at a Time* (New York: Public Affairs, 2020)。

第 2 章　病毒式传播迷思：意想不到的弱关系缺陷

关于对黑死病流行的网络动态的介绍，参见 Seth Marvel et al., "The Small-World Effect Is a Modern Phenomenon," *CoRR abs/1310.2636* (2013)。N. T. J. Bailey, *The*

Mathematical Theory of Infectious Diseases and Its Applications, 2nd ed. (London: Griffin, 1975) 清楚地描述了现代疾病传播的一般动态。关于社会网络和病毒流行的海量文献都被精巧地压缩进了一本网络选集：Mark Newman et al., *The Structure and Dynamics of Networks* (Princeton, NJ: Princeton University Press, 2006)。另有三篇关于社会网络中的传染病式传播的实用型文章：Ray Solomonoff and Anatol Rapoport, "Connectivity of Random Nets," *Bulletin of Mathematical Biophysics* 13 (1951): 107–117；Fredrik Liljeros et al., "The Web of Human Sexual Contacts," *Nature* 411, no. 6840 (2001): 907–908；以及 J. H. Jones and M. S. Handcock, "Social Networks (Communication Arising): Sexual Contacts and Epidemic Thresholds," *Nature* 423, no. 6940 (2003): 605–606。关于运输网络对传染病动力学的影响的出色研究，参见 Vittoria Colizza et al., "The Role of the Airline Transportation Network in the Prediction and Predictability of Global Epidemics," *Proceedings of the National Academy of Sciences* 103, 7 (2006): 2015–2020；以及 P. Bajardi et al., "Human Mobility Networks, Travel Restrictions, and the Global Spread of 2009 H1N1 Pandemic," *PLoS ONE* 6, 1 (2011): e16591。对 H1N1 的传播动态的清晰描述，参见 Kamran Khan et al., "Spread of a Novel Influenza A (H1N1) Virus via Global Airline Transportation," *New England Journal of Medicine* 361 (2009): 212–214。关于新冠疫情传播的最新数据可以在 https://coronavirus.jhu.edu 中找到。

马克·格兰诺维特关于社会网络的经典研究（目前仍然是一流著作）是 "The Strength of Weak Ties," *American Journal of Sociology* 78, no. 6 (1973): 1360–1380。最初的"六度分隔"研究，见 Stanley Milgram, "The Small World Problem," *Psychology Today* 1 (1967): 61–67。值得注意的是，"六度分隔"一词并非来自米尔格拉姆，而是来自约翰·瓜尔的获奖剧本《六度分隔》[*Six Degrees of Separation* (New York: Random House, 1990)]。米尔格拉姆最初的研究在下述作品中得到了深刻的理论和实证阐述：Jeffrey Travers and Stanley Milgram, "An Experimental Study of the Small World Problem," *Sociometry* 32, no. 4 (1969): 425–443；Harrison White, "Search Parameters for the Small World Problem," *Social Forces* 49 (1970): 259–264；Judith Kleinfeld, "Could It Be a Big World after All? The 'Six Degrees of Separation' Myth," *Society*, 2002；Peter Dodds et al., "An Experimental Study of Search in Global Social Networks," *Science* 301, no. 5634 (2003): 827–829；Duncan Watts and Steven H. Strogatz, "Collective Dynamics of 'Small-World' Networks," *Nature* 393, no. 6684 (1998): 440–442；以及 Jon Kleinberg, "Navigation in a Small World," *Nature* 406, no. 6798 (2000): 845. 对这些著述的总体介绍，参见 Chapter 2, "Understanding Diffusion," in Damon Centola, *How Behavior Spreads* (Princeton, NJ: Princeton

University Press, 2018)。

对推特发展的一份精彩分析来自 Jameson L. Toole et al., "Modeling the Adoption of Innovations in the Presence of Geographic and Media Influences," *PLoS ONE* 7, no. 1 (2012): e29528。对脸书上的"蓝色网络"地图的介绍，参见 Michael Bailey et al., "Social Connectedness: Measurement, Determinants, and Effects," *Journal of Economic Perspectives* 32, no. 3 (2018): 259–280，也可以在下列网址中获取相关数据：https://www.nytimes.com/interactive/2018/09/19/upshot/facebook-county-friendship.html。

第 3 章　黏性迷思：为什么伟大的创新会失败

对次等产品的意外优势的精细分析，参见 Brian Arthur, "Competing Technologies, Increasing Returns, and Lock-In by Historical Events," *Economic Journal* 99, no. 394 (1989): 116–131；Brian Arthur, "Positive Feedbacks in the Economy," *Scientific American* 262, no. 2 (1990): 92–99；Robin Cowan, "Nuclear Power Reactors: A Study in Technological Lock-In," *The Journal of Economic History* 50, no. 3 (1990): 541–567；以及 David Evans and Richard Schmalensee, "Failure to Launch: Critical Mass in Platform Businesses," *Review of Network Economics* 9, no. 4 (2010)。近期对这些作品的详尽阐述和提炼，参见 Arnout van de Rijt, "Self-Correcting Dynamics in Social Influence Processes," *American Journal of Sociology* 124, no. 5 (2019): 1468–1495, 它表明，即使在没有妨碍自由选择的制度约束的情况下，市场低效能现象也会因社会网络的确认效应而出现。

在本章中，"黏性"一词指代使创新产品更易于被人采纳的特性。对这个主题的深入探讨，参见 Jonah Berger, *Contagious: Why Things Catch On* (New York: Simon & Schuster, 2013), 该书详尽阐述了 Chip Heath and Dan Heath, *Made to Stick: Why Some Ideas Survive and Others Die* (New York: Random House, 2007) 的内容。关于谷歌智能眼镜以及 Google+ 失败的报告，包括：Thomas Eisenmann, "Google Glass," *Harvard Business School Teaching Case 814-116*, June 2014；Thompson Teo et al., "Google Glass: Development, Marketing, and User Acceptance," *National University of Singapore and Richard Ivey School of Business Foundation Teaching Case W15592*, December 21, 2015；Nick Bilton, "Why Glass Broke," *New York Times*, February 4, 2015；Sarah Perez, "Looking Back at Google+," *Techcrunch*, October 8, 2015；Seth Fiegerman, "Inside the Failure of Google+, a Very Expensive Attempt to Unseat Facebook," *Mashable*, August 2, 2015；Chris Welch, "Google Begins Shutting Down Its Failed Google+ Social Network," *The Verge*, April 2, 2019；以

及 Mat Honan, "I, Glasshole: My Year With Google Glass," *Wired*, December 30, 2013。关于葡萄柚效应的首篇报告，参见 David Bailey et al., "Interaction of Citrus Juices with Felodipine and Nifedipine," *The Lancet* 337, no. 8736 (1991): 268–269, 该效应在 Nicholas Bakalar, "Experts Reveal the Secret Powers of Grapefruit Juice," *New York Times*, March 21, 2006 中被广为宣传。

20 世纪 60 年代的人口转型和发展中国家节育措施推广的挑战被政府和非政府组织记录在案，包括：Warren C. Robinson and John A. Ross, eds., *The Global Family Planning Revolution* (Washington, DC: The International Bank for Reconstruction and Development/The World Bank, 2007)；*Trends in Contraceptive Use Worldwide 2015* (New York: United Nations Department of Economic and Social Affairs)；以及 National Research Council, *Diffusion Processes and Fertility Transition: Selected Perspectives*, Committee on Population, John B. Casterline, ed. Division of Behavioral and Social Sciences and Education (Washington, DC: National Academy Press, 2001)。关于社会网络如何影响避孕措施的传播的有用研究，参见 Everett M. Rogers and D. Lawrence Kincaid, *Communication Networks: Toward a New Paradigm for Research* (New York: Free Press, 1981)；Hans-Peter Kohler et al., "The Density of Social Networks and Family Planning Decisions: Evidence from South Nyanza District, Kenya," *Demography* 38 (2001): 43–58（它强调了网络结构对农村社区和城市社区的避孕决策的不同影响）；D. Lawrence Kincaid, "From Innovation to Social Norm: Bounded Normative Influence," *Journal of Health Communication*, 2004: 37–57；Barbara Entwisle et al., "Community and Contraceptive Choice in Rural Thailand: A Case Study of Nang Rong," *Demography* 33 (1996): 1–11；以及 Rhoune Ochako et al., "Barriers to Modern Contraceptive Methods Uptake among Young Women in Kenya: a Qualitative Study," *BMC Public Health* 15, 118 (2015)。

由 NIAID（美国国家过敏症和传染病研究所）支持的 VOICE 研究，是在撒哈拉以南非洲地区进行的一系列精心设计的随机对照暴露前预防试验。该试验不仅针对津巴布韦，还针对南非和乌干达。关于研究的细节，参见 Marrazzo et al., "Tenofovir-Based Pre-Exposure Prophylaxis for HIV Infection among African Women," *New England Journal of Medicine* 372, no. 6 (February 5, 2015): 509–518。对该研究的一份有帮助的视频版总结，参见 https://www.nejm.org/do/10.1056/NEJMdo005014/full/。

第 4 章　变革如何发生：复杂传播的发现

我早期在复杂传播方面的研究，是由几项关于网络和社会运动的经典研究推动的，包括：Peter Hedström, "Contagious Collectivities: On the Spatial Diffusion of Swedish Trade Unions, 1890–1940," *American Journal of Sociology* 99, no. 5 (1994): 1157–1179；Dennis Chong, *Collective Action and the Civil Rights Movement* (Chicago: University of Chicago Press, 1987)；Douglas McAdam and Ronnelle Paulsen, "Specifying the Relationship between Social Ties and Activism," *American Journal of Sociology* 99, no. 3 (1993): 640–667；Michael Chwe, *Rational Ritual: Culture, Coordination, and Common Knowledge* (Princeton, NJ: Princeton University Press, 2001)；Roger V. Gould, "Multiple Networks and Mobilization in the Paris Commune, 1871," *American Sociological Review* 56, no. 6 (1991): 716–729；以及 Robert Axelrod, *The Evolution of Cooperation*, rev. ed. (New York: Basic Books, 1984)。进一步激励我的复杂传播研究的作品包括关于社会网络和健康的早期作品 Lisa Berkman and Ichiro Kawachi, *Social Epidemiology* (Oxford: Oxford University Press, 2000)；关于技术扩散的空间动力学的早期研究 [包括 Torsten Hagerstrand, *Innovation Diffusion as a Spatial Process* (Chicago: University of Chicago Press, 1968)；William H. Whyte, "The Web of Word of Mouth," *Fortune* 50, no. 5 (1954): 140–143]；以及对网上行为的早期研究 Lars Backstrom et al., "Group Formation in Large Social Networks: Membership, Growth, and Evolution," *Proceedings of the 12th ACM SIGKDD International Conference on Knowledge Discovery and Data Mining* (New York: Association of Computing Machinery, 2006): 44–54。

我在复杂传播方面的初步理论研究包括：Damon Centola et al., "Cascade Dynamics of Multiplex Propagation," *Physica A* 374 (2007): 449–456；Damon Centola and Michael Macy, "Complex Contagions and the Weakness of Long Ties," *American Journal of Sociology* 113, no. 3 (2007): 702–734；以及 Damon Centola, "Failure in Complex Social Networks," *Journal of Mathematical Sociology* 33, no. 1 (2008): 64–68。关于这些研究的详细论述，参见 Damon Centola, "The Social Origins of Networks and Diffusion," *American Journal of Sociology* 120, no. 5 (2015): 1295–1338；Damon Centola, *How Behavior Spreads*；以及 Douglas Guilbeault et al., "Complex Contagions: A Decade in Review," in *Complex Spreading Phenomena in Social Systems*, Yong Yeol Ahn and Sune Lehmann, eds. (New York: Springer Nature, 2018)。*Complex Spreading Phenomena in Social Systems* 中记载了众多有关复杂传播的非常有意思的研究。

本章所使用的网络图像均改编自 Paul Baran 的分布式计算经典研究，它首次发表于 Paul Baran, "On Distributed Communications Networks," RAND Corporation papers, document P-2626 (1962)。关于一战中的兄弟营的有用论述，参见 Peter Simkins, *Kitchener's Army: The Raising of the New Armies, 1914–1916* (New York: Manchester University Press, distributed by St. Martin's Press, 1988)；以及 Peter Simkins, "The Four Armies, 1914–1918," in *The Oxford Illustrated History of the British Army*, David Chandler and Ian Beckett, eds. (Oxford: Oxford University Press, 1994): 241–262。对"病人如我"社区研究中的同伴影响的一份有帮助的描述，参见 Jeana Frost and Michael Massagli, "Social Uses of Personal Health Information within PatientsLikeMe, an Online Patient Community: What Can Happen When Patients Have Access to One Another's Data," *Journal of Medical Internet Research* 10, no. 3 (2008): e15。

我在创新传播方面的实验研究最初发表于 Damon Centola, "The Spread of Behavior in an Online Social Network Experiment," *Science* 329, no. 5996 (2010): 1194–1197。在 Damon Centola, *How Behavior Spreads*, Chapter 4（"A Social Experiment on the Internet"）和 epilogue（"Experimental Sociology"）中可以找到关于我构建这个实验的方法以及如何将"社会学实验室"的方法作为一般科学研究工具的解释。在提出这种理论时，使其符合道德标准于我而言至关重要。每位实验参与者都知道他们正积极投身于一项由校方主办的研究，且他们的各项活动数据都将一一被我收集。与此同时，我希望他们能有一种"自然"的社会体验，这样我就可以观察同伴何以影响他们的抉择。当时，创造一种自然的社会体验感和让人们充分了解科学研究这两个目标似乎相悖。但最终结果显示，事实并非如此。我展示出来的所有成果不仅没有妨碍人们对创新传播研究产生兴趣，反而有助于激发人们对创新传播的热情。人们往往会认为，一项由知名学府赞助的关于健康和社会网络方面的研究，极有可能得出一些意义非凡的发现。结果也确实如此。研究结束后不久，我便收到一众参与者的来信，他们感谢我为他们提供的健康网站及其巨大功效。于我而言，这是我科研道路上至关重要的一步，它使我意识到：科学知识不仅可以创造新知，而且可以造福社会。

有兴趣将这种实验方法应用于公共卫生研究和政策的读者们，可以在以下著述中获取详细信息：Damon Centola, "Social Media and the Science of Health Behavior," *Circulation* 127, no. 21 (2013): 2135–2144；Jingwen Zhang et al., "Support or Competition? How Online Social Networks Increase Physical Activity: A Randomized Controlled Trial," *Preventive Medicine Reports* 4 (2016): 453–458；Jingwen Zhang and Damon Centola, "Social Networks and Health: New Developments in Diffusion, Online and Offline," *Annual Review of Sociology* 45 (1): 91–109；以及 Damon Centola, *How Behavior Spreads*, Chapter 9("Creating Social Contexts for Behavior Change")。有一本书可为那些想要了解网络科学新实证方法的人提供有用参考：Matthew Salganik, *Bit by Bit: Social Research in the Digital Age* (Princeton, NJ: Princeton University Press, 2017)。

第5章 行为中的复杂传播：模因、发布机器人和政治变革

对“#SupportBigBird”运动的一项深入研究，参见 Yu-Ru Lin et al., “#Bigbirds Never Die: Understanding Social Dynamics of Emergent Hashtags,” *Seventh International Conference on Weblogs and Social Media* (2013)。对政治标签的传播的研究，参见 Daniel Romero et al., “Differences in the Mechanics of Information Diffusion across Topics: Idioms, Political Hashtags, and Complex Contagion on Twitter,” *Proceedings of the 20th International Conference on World Wide Web* (New York: Association of Computing Machinery, 2011): 695–704。对脸书上的等号运动的研究，参见 Bogdan State and Lada Adamic, “The Diffusion of Support in an Online Social Movement: Evidence from the Adoption of Equal-Sign Profile Pictures,” *Proceedings of the 18th ACM Conference on Computer Supported Cooperative Work & Social Computing* (New York: Association of Computing Machinery, 2015): 1741–1750。对投票行为通过线上强关系的传播的相关分析，参见 Robert Bond et al., “A 61-Million-Person Experiment in Social Influence and Political Mobilization,” *Nature* 489, no. 7415 (2012): 295–298。对冰桶挑战和相关模因的研究，参见 Daniel Sprague and Thomas House, “Evidence for Complex Contagion Models of Social Contagion from Observational Data,” *PLoS ONE* 12, no. 7 (2017): e0180802。关于用于社会公益的发布机器人的研究细节，参见 Bjarke Mønsted et al., “Evidence of Complex Contagion of Information in Social Media: An Experiment Using Twitter Bots,” *PLoS ONE* 12, no. 9 (2017): e0184148。对复杂传播的全面的实证研究，参见 Douglas Guilbeault et al., *Complex Contagions: A Decade in Review*。

数篇优秀的文章对社交媒体发布机器人与“煽动分子”之中的社会确认如何影响错误信息和“假新闻”的传播进行了深入探讨。政治领域的重要新研究包括：Kathleen Hall Jamieson, *Cyberwar: How Russian Hackers and Trolls Helped Elect a President: What We Don't, Can't, and Do Know* (New York: Oxford University Press, 2018)；Alessandro Bessi and Emilio Ferrara, “Social Bots Distort the 2016 US Presidential Election Online Discussion,” *First Monday* 21, no. 11 (2016): 7；以及 Norah Abokhodair et al., “Dissecting a Social Botnet: Growth, Content and Influence in Twitter,” *CSCW* (2015): 839–851。健康领域关于这个主题的有用研究包括：Ellsworth Campbell and Marcel Salathé, “Complex Social Contagion Makes Networks More Vulnerable to Disease Outbreaks," *Scientific Reports* 3 (2013): 1–6；David Broniatowski et al., "Weaponized Health Communication: Twitter Bots and Russian Trolls Amplify the Vaccine Debate," *American Journal of Public Health* 108, no. 10 (2018): 1378–1384；以及我近期就此主题所做的政策报告 Damon Centola, "The Complex Contagion of Doubt in the Anti-Vaccine Movement," *2019 Annual Report of the Sabin-Aspen Vaccine Science & Policy Group* (2020)。

第 6 章　复杂传播的底层逻辑：宽桥的重要性

关于跨组织边界的知识迁移的优秀研究包括：Deborah Ancona and David Caldwell, "Bridging the Boundary: External Activity and Performance in Organizational Teams," *Administrative Science Quarterly* 37 (1992): 634–665；Morten T. Hansen, "The Search-Transfer Problem: The Role of Weak Ties in Sharing Knowledge across Organization Subunits," *Administrative Science Quarterly* 44, no. 1 (1999): 82–111；以及 Gautam Ahuja, "Collaboration Networks, Structural Holes, and Innovation: A Longitudinal Study," *Administrative Science Quarterly* 45 (2000): 425–55。对中间人在组织网络中的作用的分析，参见 Ronald Burt, *Structural Holes: The Social Structure of Competition* (Cambridge, MA: Harvard University Press, 1992), 以及 Chapter 7, "Diffusing Change in Organizations," in Damon Centola, *How Behavior Spreads*。

对人类基因组计划发展史的简明但有用的阐述，参见 Henry Lambright, "Managing 'Big Science': A Case Study of the Human Genome Project" (Washington, DC: PricewaterhouseCoopers Endowment for the Business of Government, 2002)；以及 Charles R. Cantor, "Orchestrating the Human Genome Project," *Science* New Series 248, no. 4951 (April 6, 1990): 49–51。对人类基因组计划与开放式创新的联系的详尽阐述，参见 Walter Powell and Stine Grodal, "Networks of Innovators," *The Oxford Handbook of Innovation* (2005), 56–85。关于人类基因组计划各研究中心之间日常协作的大量宝贵数据，可以在可公开获取的政府档案中找到，网址如下：https://web.ornl.gov/sci/techresources/Human_Genome/index.shtml。

对开放式创新历史的积极研究包括：AnnaLee Saxenian, *Regional Advantage: Culture and Competition in Silicon Valley and Route 128* (Cambridge, MA: Harvard University Press, 1994)；Eric Von Hippel, "Cooperation between Rivals: Informal Know-How Trading," *Research Policy* 16 (1987): 291–302；以及 John Hagedoorn, "Inter-Firm R&D Partnerships: An Overview of Major Trends and Patterns since 1960," *Research*

Policy 31 (2002): 477–492。对社交网络和开放式创新的精彩研究包括：Christopher Freeman, “Networks of Innovators: A Synthesis of Research Issues,” *Research Policy* 20 (1991): 499–514；以及 Walter Powell et al., “Interorganizational Collaboration and the Locus of Innovation: Networks of Learning in Biotechnology,” *Administrative Science Quarterly* 41, no. 1 (1996): 116–145。跨组织边界的协调过程并非不存在复杂性，参见 Paul DiMaggio and Walter W. Powell, “The Iron Cage Revisited: Institutional Isomorphism and Collective Rationality in Organizational Fields,” *American Sociological Review* 48 (1983): 147–160； 以 及 Mark Granovetter, “Economic Action and Social Structure: The Problem of Embeddedness,” *American Journal of Sociology* 91 (1985): 481–510.

对自发的“#我的纽约市警察局”运动的一份细致的分析，参见 Sarah Jackson and Brooke Foucault Welles, “Hijacking #myNYPD: Social Media Dissent and Networked Counterpublics,” *Journal of Communication* 65 (2015): 932–952。我所引用的推文也来自这项研究。对弗格森抗议期间推特网络演变所做的综合报告，参见 Deen Freelon et al., *Beyond the Hashtags: #Ferguson, #Blacklivesmatter, and the Online Struggle for Offline Justice* (Washington, DC: Center for Media & Social Impact, American University), 2016。关于推特的语录引自 Sarah Jackson and Brooke Foucault Welles, “#Ferguson Is Everywhere: Initiators in Emerging Counterpublic Networks,” *Information, Communication, and Society* 19, no. 3 (2015): 397–418，它对公民在抗议期间的经历及其在媒体上的互动进行了深入分析。对这篇文章的有用阐述包括：Munmun De Choudhury et al., “Social Media Participation in an Activist Movement for Racial Equality,” *Proceedings of the Tenth International AAAI Conference on Web and Social Media (ICWSM 2016)*, 以 及 Sarah Jackson et al., *#HashtagActivism: Race and Gender in America's Network Counterpublics* (Cambridge, MA: MIT Press, 2019)。详细说明“黑人性命攸关”运动支持率的快速增长的民意调查，参见 Nate Cohn and Kevin Quealy, “How Public Opinion Has Moved on Black Lives Matter,” *New York Times*, June 10, 2020.

第 7 章　相关性原则：相似性和相异性的力量

我在麻省理工学院对相似性和社会影响的实验研究发表于 Damon Centola, “An Experimental Study of Homophily in the Adoption of Health Behavior,” *Science* 334, no. 6060 (2011): 1269–1272。社会学家的术语“嗜同性”一词由于其多重含义，经常引起混淆。它既指人们倾向于与相似的人建立社会联系，也指人们与相似的其他人建立不成比例的联系（这可能是通过优先选择以外的方式实现的，例如组织排序）；该术语细分为身份同质（基于相似环境和特征的社会联系）和价值同质（基于相似信仰和态度的社会联系），造成了进一步的混淆。这种多义性导致了重复使用和概念模糊，详情可参见：Miller McPherson at al., "Birds of a Feather: Homophily in Social Networks," *Annual Review of Sociology* 27 (2001): 415–444；Paul Lazarsfeld and Robert K. Merton, "Friendship as a Social Process: A Substantive and Methodological Analysis," in *Freedom and Control in Modern Society* 18, no. 1 (1954): 18–66；以及 Damon Centola and Arnout van de Rijt, "Choosing Your Network: Social Preferences in an Online Health Community," *Social Science & Medicine* 125 (January 2015): 19–31。为清晰易懂起见，在本章中，我使用了"相似性"一词，而不是"嗜同性"，并讨论了人们在身份或信仰上的相似性会影响他们之间的社会影响流的情况。相似性在社会影响中的作用受到相关性的 3 个原则的限制。

原则 1，关于患者对医生健康建议的反应如何随医生的特点而变化的描述，参见 Lauren Howe and Benoît Monin, "Healthier than Thou? 'Practicing What You Preach' Backfires by Increasing Anticipated Devaluation," *Journal of Personality and Social Psychology* 112, no. 5 (May 2017): 735。关于包括毒丸计划和黄金降落伞的组织创新传播的研究，参见 Gerald F. Davis and Henrich R. Greve, "Corporate Elite Networks and Governance Changes in the 1980s," *American Journal of Sociology* 103, no. 1 (July 1997): 1–37。这篇文章的作者用"认知正当性"一词，而我则用"可信度"一词来指代董事会成员需要相信创新的安全性和有效性。关于原则 1，另参见 Lazarsfeld and Merton, *Friendship as a Social Process*。

原则 2，赫卡索恩和布罗德黑德招募注射吸毒者加入艾滋病预防计划的网络方法，参见 Douglas Heckathorn, "Development of a Theory of Collective Action: From the Emergence of Norms to AIDS Prevention and the Analysis of Social Structure," *New Directions in Contemporary Sociological Theory*, Joseph Berger and Morris Zelditch Jr., eds. (New York: Rowman and Littlefield, 2002)；以及 Douglas Heckathorn and Judith Rosenstein, "Group Solidarity as the Product of Collective Action: Creation of Solidarity in a Population of Injection Drug Users," *Advances in Group Processes*, vol. 19 (Emerald Group Publishing Limited, 2002), 37–66。显示相似性对团结传播的影响的一流研究，参见 Muzar Sherif et al., *Intergroup Conflict and Cooperation: The Robbers Cave Experiment* (Norman, OK: The University Book Exchange, 1961)。关于桥梁小组（也称"通道小组"）的一系列新研究，参见 Aharon Levy, "Ingroups, Outgroups, and the Gateway Groups Between: The Potential of Dual Identities to Improve Intergroup Relations," *Journal of Experimental Social Psychology* 70

(2017): 260–271；以及 Aharon Levy et al., "Intergroup Emotions and Gateway Groups: Introducing Multiple Social Identities into the Study of Emotions in Conflict," *Social and Personality Psychology Compass* 11, no. 6 (2017): 1–15。

原则 3，表明社会确认的不同来源对于建立正当性的重要性的传播相关研究，参见 Bogdan State and Lada Adamic, *The Diffusion of Support in an Online Social Movement*; Vincent Traag, "Complex Contagion of Campaign Donations," *PLoS One* 11, no. 4 (2016): e0153539；以及 Johan Ugander et al., "Structural Diversity in Social Contagion," *Proceedings of the National Academy of Sciences* 109, no. 16 (2012): 5962–5966。

第 8 章　寻求新范式

对社会规范如何运作以及当它们被违反时会发生什么的早期探索，包括：Harold Garfinkel, *Studies in Ethnomethodology* (Polity Press, 1991)，其中有关于"破坏性实验"的论述；Stanley Milgram et al., "Response to Intrusion in Waiting Lines," *Journal of Personality and Social Psychology* 51, no. 4 (1986): 683–689；以及 Erving Goffman, *Relations in Public: Microstudies of the Public Order* (New York: Basic Books, 1971)。关于"右行交通日"的图片，参见 https://rarehistoricalphotos.com/dagen-h-sweden-1967/。

关于人们对握手和碰拳的期望值的变化的流行观点，参见 Amber Mac, "Meeting Etiquette 101: Fist Bumps, Going Topless, and Picking Up Tabs," *Fast Company*, March, 14, 2014；Pagan Kennedy, "Who Made the Fist Bump?," *New York Times*, October 26, 2012；以及 Simon Usborne, "Will the Fistbump Replace the Handshake?," *Independent*, July 29, 2014。对克里斯·帕吉特的采访，参见 Eric Markowitz, "The Fist Bump Is Invading Fortune 500 Boardrooms," *Business Insider*, July 31, 2014。第一部将社会规范问题纳入协调游戏语言的当代哲学作品是：David Lewis, *Convention: A Philosophical Study* (Oxford, UK: Wiley-Blackwell, 1969)。

禁止性规范、描述性规范和惯例之间的社会学差异在本章中被省略，代之以通用术语"规范"。一些重要的理论作品仅用"规范"指代合作均衡，在合作均衡中，需要强制执行以维持亲社会行为［见 Cristina Bicchieri, *The Grammar of Society: The Nature and Dynamics of Social Norms* (Cambridge: Cambridge University Press, 2006)］。然而，我所考虑的实证案例是协调游戏，其中协调失败的情况高度连续。在这种情况下，人们期望他人做出某种行为，并相信其他人同样期望自己做出这种行为（例如恰当地问候某位高管客户）。将礼仪或地位作为标准的协调游戏涉及规范性的期望，而不考虑是否违反亲社会行为。在第 9 章中，我将更详细地阐述这一点，并讨论组织环境中“象征性”少数群体的规范。关于协调游戏的优秀拓展阅读资料包括：Thomas Schelling, *The Strategy of Conflict* (Cambridge, MA: Harvard University Press, 1960)；以及 Martin J. Osborne and Ariel Rubinstein, *A Course in Game Theory* (Cambridge, MA: MIT Press, 1994)。著名的划艇比喻来自 David Hume, *A Treatise of Human Nature* (London, 1739–40), ed. L. A. Selby-Brigge, revised 3rd edn., ed. P. H. Nidditch (Oxford: Clarendon Press, 1976): 490。阿瑟·米勒关于《萨勒姆的女巫》的言论来自 Arthur Miller, “Why I Wrote ‘*The Crucible*,’” *The New Yorker*, October, 13, 1996。我在关于猎巫行动的计算研究中深入探讨了这些观察结果，参见 Damon Centola., “The Emperor’s Dilemma: A Computational Model of Self-Enforcing Norms,” *American Journal of Sociology* 110, no. 4 (2005): 1009–1040。

有关科学“革命”的重要研究，参见 Thomas S. Kuhn, *The Structure of Scientific Revolutions* (Chicago: University of Chicago Press, 1970) 和 Thomas S. Kuhn, *The Copernican Revolution* (Cambridge, MA: Harvard University Press, 1957)。哥白尼的范式转变出版作品是 Nicolaus Copernicus, *On the Revolutions of the Heavenly Spheres* (Nuremberg, 1543), trans. and commentary by Edward Rosen (Baltimore: Johns Hopkins University Press, 1992)。库恩最初的科学范式概念包含了科学实践的社会、心理和历史图景。后来，他将这一思想发展为一个更明确的科学实践概念，参见 Thomas Kuhn, “Second Thoughts on Paradigms,” in *The Structure of Scientific Theories*, F. Suppe, ed. (Urbana: University of Illinois Press): 459–482, 他在其中用更加社会化的“学科矩阵”取代了模糊的术语“范式”。科学革命发生的速度不尽相同，例如，从牛顿力学到广义相对论的“范式转变”发生得较快，而从广义相对论到量子力学的转变较慢（参见本章马克斯·普朗克的引文）。对库恩的范式和范式转变概念的不同解释所做的颇具价值的探讨，参见 T. J. Plinch, “Kuhn—The Conservative and Radical Interpretations: Are Some Mertonians ‘Kuhnians’ and Some Kuhnians ‘Mertonians’?,” *Social Studies of Science* 27, no. 3 (1997): 465–482。

维特根斯坦的第二部论著发表于 Ludwig Wittgenstein, with G. E. M. Anscombe, ed. and trans., *Philosophical Investigations* (Oxford, UK: Blackwell, 1953, rev. 1997)。这部著作为语言游戏和协调的基本问题提供了大量真实性例证。维特根斯坦的悖论关注的是当我们遵循一条规则时，我们如何学会“以同样的方式继续”，尽管存在多种可能的规则来描述我们过去的行为。对维特根斯坦作品的有力解读，参见 Saul Kripke, *Wittgenstein on Rules and Private Language* (Cambridge, MA: Harvard University Press, 1982)。

维特根斯坦并不是唯一一个从逻辑学走向语用学的人。20 世纪 20 年代，在剑桥大学，语言的语用观越来越流行，参见 Frank Ramsey, “Facts and Propositions,” *Proceedings of the Aristotelian Society* (supp. vol.) 7 (1927): 153–170。然而，维特根斯坦的“意义即使用”概念既新颖又具有革命性。20 世纪末对哲学教授的民意调查，参见 Douglas P. Lackey, “What Are the Modern Classics? The Baruch Poll of Great Philosophy in the Twentieth Century,” *The Philosophical Forum* 4 (December 1999)。

第 9 章　临界规模：文化变革的秘密

首次将临界点理论应用于理解按种族划分的居住区模式的作品是：Morton M. Grodzins, “Metropolitan Segregation,” *Scientific American* 197 (1957): 33–47。这一想法后来被扩展到纳入了与集体行为中“临界规模”动力学相关的一般主题，参见 Thomas Schelling, *Micromotives and Macrobehavior* (New York: W. W. Norton, 1978)；以及 Mark Granovetter, “Threshold Models of Collective Behavior,” *American Journal of Sociology* 83, no. 6 (1978): 1420–1443。

在坎特关于临界规模的经典研究 [包括 Rosabeth Moss Kanter, *Men and Women of the Corporation* (New York: Basic Books, 1977), 以及 Rosabeth Moss Kanter, “Some Effects of Proportions on Group Life: Skewed Sex Ratios and Responses to Token Women,” *American Journal of Sociology* 82, no. 5 (1977): 965–990] 中，她将临界点的概念引入了有关性别和组织的社会逻辑文献。这个概念被进一步扩展并应用到政治与性别观中，参见 Drude Dahlerup, “From a Small to a Large Minority: Women in Scandinavian Politics,” *Scandinavian Political Studies* 11, no. 4 (1988): 275–297。对临界规模理论在高等教育变革中的重要应用，参见 Stacey Jones, “Dynamic Social Norms and the Unexpected Transformation of Women's Higher Education, 1965–1975,” *Social Science History* 33 (2009): 3。虽然临界规模一词已被普遍用于坎特原始研究的后续研究中，但坎特和达勒鲁普分别使用了不同的术语：“倾斜群体”和“临界行为”。关于性别研究中对临界点的应用，以及决定临界规模对改变社会规范有多大影响的具体因素（如活动人士的凝聚力），仍存在相当大的争议，相关探讨参见 Sarah Childs and Mona Lena Krook, “Critical Mass Theory and Women's Political Representation,” *Political Studies* 56 (2008): 725–736；以及 Drude Dahlerup, “The Story of the Theory of Critical Mass,” *Politics and Gender* 2, no. 4 (2006): 511–522。在第 10 章，我在研究社会变革策略时对其中一些因素进行了探讨。

我们对临界点的实验研究发表于 Damon Centola et al., “Experimental Evidence for Tipping Points in Social Convention,” *Science* 360 (6393), 2018: 1116–1119。我们已确定了两个关键参数——记忆和群体大小，它们控制触发变革所需的临界规模。这

些研究发现扩展了我早期关于临界点的理论研究：Damen Centola, "Homophily, Networks, and Critical Mass: Solving the Start-Up Problem in Large Group Collective Action," *Rationality and Society* 25, no. 1 (2013): 3–40；Damon Centola, "A Simple Model of Stability in Critical Mass Dynamics," *Journal of Statistical Physics* 151 (2013): 238–253；以及我们之前对协调动力学和社会规范的实验研究 Damon Centola and Andrea Baronchelli, "The Spontaneous Emergence of Conventions: An Experimental Study of Cultural Evolution," *Proceedings of the National Academy of Sciences* 112, no. 7 (2015): 1989–1994。在进化博弈论中关于协调动力学的早期出色研究，参见 Peyton Young, "The Evolution of Convention," *Econometrica* 61 (1993): 57–84；以及 Glenn Ellison, "Learning, Local Interaction, and Coordination," *Econometrica* 61, (1993): 1047–1071。John Harsanyi and Reinhard Selten, *A General Theory of Equilibrium Selection in Games* (Cambridge, MA: MIT Press, 1988) 是关于均衡选择的经典经济学著作。

关于革命"意外"的研究来自 Timur Kuran, "The Inevitability of Future Revolutionary Surprises," *American Journal of Sociology* 100, no. 6 (1995): 1528–1551；以及 Timur Kuran, *Private Truths, Public Lies: The Social Consequences of Preference Falsification* (Cambridge, MA: Harvard University Press, 1995)。关于意外的组织变革的相关观察结果，参见 Rosabeth Moss Kanter, *The Change Masters: Innovation for Productivity in the American Corporation* (New York: Simon & Schuster, 1983)。

第 10 章 自我意识的盲点：临界变革的意外触发点

关于内省错觉的有趣研究来自 Emily Pronin., "Alone in a Crowd of Sheep: Asymmetric Perceptions of Conformity and Their Roots in an Introspection Illusion," *Journal of Personality and Social Psychology* 92, no. 4 (2007): 585–595, 它被应用于气候变化干预措施，参见 Jessica Nolan et al., "Normative Social Influence Is Underdetected," *Personality and Social Psychology Bulletin* 34 (2008): 913–923。关于经济决策中虚幻的自我认知的相关作品，参见 Daniel Kahneman, *Thinking, Fast and Slow* (New York: Farrar, Straus & Giroux, 2011)。

对关于传播社会"传染病"的"播种策略"越来越多的文献做出杰出贡献的包括 David Kempe et al., "Maximizing the Spread of Influence through a Social Network," *Theory of Computing* 11 (2015): 105–147；Yipping Chen et al., "Finding a Better Immunization Strategy," *Phys. Rev. Lett.* 101 (2008): 058701；以及 Chanhyun Kang et al., "Diffusion Centrality in Social Networks," in *2012 IEEE/ACM International*

Conference on Advances in Social Networks Analysis and Mining (2012): 558–564。对雪球播种策略的介绍，参见 chapter 6, "Diffusing Innovations that Face Opposition," in Damon Centola, *How Behavior Spreads*，另有著作使用"复杂中心性"的衡量标准将此策略形式化，参见 Douglas Guilbeault and Damon Centola, "Topological Measures for Maximizing the Spread of Complex Contagions"，这为确定社会网络中传播社会"传染病"的最有影响力的位置提供了一种普遍方法。

马拉维实验的详细内容，参见 Lori Beaman et al., "Can Network Theory–Based Targeting Increase Technology Adoption?," *NBER Working Paper No. 24912* (2018)；以及 Lori Beaman et al., "Making Networks Work for Policy: Evidence from Agricultural Technology Adoption in Malawi," *Impact Evaluation Report 43* (New Delhi: International Initiative for Impact Evaluation, 2016)。有助于建立关于创新扩散的现代研究领域的对杂交玉米的经典研究，参见 Bryce Ryan and Neal Gross, "The Diffusion of Hybrid Seed Corn in Two Iowa Communities," *Rural Sociology* 8 (March 1943): 15，所有相关引文都来自该研究。关于该传播过程的一份清晰的网络分析，参见 Peyton Young, "The Dynamics of Social Innovation," *Proceedings of the National Academy of Sciences* 108, no. 4 (2011): 21285–21291。

关于家用太阳能传播中的邻里效应的文献快速增多，包括：Bryan Bollinger and Kenneth Gillingham, "Peer Effects in the Diffusion of Solar Photovoltaic Panels," *Marketing Science* 31, no. 6 (2012), 900–912；Varun Rai and Scott Robinson, "Effective Information Channels for Reducing Costs of Environmentally-Friendly Technologies: Evidence from Residential PV Markets," *Environmental Research Letters* 8, no. 1 (2013): 014044；Marcello Graziano and Kenneth Gillingham, "Spatial Patterns of Solar Photovoltaic System Adoption: The Influence of Neighbors and the Built Environment," *Journal of Economic Geography* 15, no. 4 (2015): 815–839；Johannes Rode and Alexander Weber, "Does Localized Imitation Drive Technology Adoption? A Case Study on Rooftop Photovoltaic Systems in Germany," *Journal of Environmental Economics and Management* 78 (2016): 38–48；Hans Christoph Curtius et al., "Shotgun or Snowball Approach? Accelerating the Diffusion of Rooftop Solar Photovoltaics through Peer Effects and Social Norms," *Energy Policy* 118 (2018): 596–602；以及 Samdruk Dharshing, "Household Dynamics of Technology Adoption: A Spatial Econometric Analysis of Residential Solar Photovoltaic (PV) Systems in Germany," *Energy Research & Social Science* 23 (2017), 113–124。在德国，1 000 户屋顶计划的初步成功催生了 100 000 户屋顶奖励计划（1999—2014 年），该计划建立在已经开始积累的临界规模的基础上，增加了新的激励措施，有助于加快全国范围内的社会引

爆。1992 年到 2014 年的人均太阳能发电量的增长，可在以下网址中查询详尽内容：https://en.wikipedia.org/wiki/Solar_energy_in_the_European_Union。

第 11 章 优化创新：社会网络新发现

理解创造力和创新性的网络方法被应用于百老汇音乐产业，参见 Brian Uzzi and Jarrett Spiro, "Collaboration and Creativity: The Small World Problem," *American Journal of Sociology* 111, no. 2 (2005)； 以及 Brian Uzzi, "A Social Network's Changing Statistical Properties and the Quality of Human Innovation," *Journal of Physics A: Mathematical and Theoretical* 41, no. 22 (2008): 224023。相关的网络思想被应用于高科技工程和管理公司的创新，参见 James March, "Exploration and Exploitation in Organizational Learning," *Organizational Science* 2, no. 1 (1991): 71–87；David Lazer and Allan Friedman, "The Network Structure of Exploration and Exploitation," *Administrative Science Quarterly* 52, no. 4 (2007): 667–694；以及 Ray Reagans et al., "How to Make the Team: Social Networks vs. Demography as Criteria for Designing Effective Teams," *Administrative Science Quarterly* 49, no. 1 (2004): 101–133。 将类似的网络思想应用于科学发现研究的相关著作，参见 Roger Guimera et al., "Team Assembly Mechanisms Determine Collaboration Network Structure and Team Performance," *Science* 308 (2005): 697–702；以及 Lingfei Wu et al., "Large Teams Develop and Small Teams Disrupt Science and Technology," *Nature* 566 (2019): 378–382。对科学发现中的协调和创造性之间的生产性平衡的类似观察，参见 Thomas Kuhn, "The Essential Tension: Tradition and Innovation in Scientific Research," in *The Third (1959) University of Utah Research Conference on the Identification of Scientific Talent*, C. Taylor, ed. (Salt Lake City: University of Utah Press, 1959), 162–174。

关于网飞奖的详尽信息，参见 https://www.netflixprize.com/。更多关于数据科学领域和数据科学竞赛的资源，参见 https://www.kdd.org/。关于安能博格数据科学竞赛的详细信息，参见 Devon Brackbill and Damon Centola, "Impact of Network Structure on Collective Learning: An Experimental Study in a Data Science Competition," PlosOne (2020)。有很多优秀的文化和经济学研究凸显了社会网络在创新过程中的历史作用，参见 Jared Diamond, *Guns, Germs, and Steel: The Fates of Human Societies* (New York: Norton, 2005)； 以及 Thomas Piketty, *Capital in the Twenty-First Century* (Cambridge, MA: The Belknap Press of Harvard University Press, 2014)。

第 12 章　偏见、信念和改变的意愿

关于框架效应如何影响对美国国家航空航天局气候变化数据的解读（通过美国国家冰雪数据中心的报告）的研究，参见 Kathleen Hall Jamieson and Bruce Hardy, "Leveraging Scientific Credibility about Arctic Sea Ice Trends in a Polarized Political Environment," *Proceedings of the National Academy of Sciences* 111 (2014): 13598–13605；以及 Douglas Guilbeault et al., "Social Learning and Partisan Bias in the Interpretation of Climate Trends," *Proceedings of the National Academy of Sciences* 115, no. 39 (2018): 9714–9719。关于动机推理的经典著作，参见 Leon Festinger, *A Theory of Cognitive Dissonance* (Stanford, CA: Stanford University Press, 1957)。关于"现状偏见"的相关作品，参见 William Samuelson and Richard Zeckhauser, "Status Quo Bias in Decision Making," *Journal of Risk and Uncertainty* 1 (1988): 7–59。

我和学生通过利用中心化网络和平等网络对网络偏见和集体智慧进行了几项研究，包括：Joshua Becker et al., "Network Dynamics of Social Influence in the Wisdom of Crowds," *Proceedings of the National Academy of Sciences* 114, no. 26 (2017): E5070–E5076；Douglas Guilbeault and Damon Centola, "Networked Collective Intelligence Improves Dissemination of Scientific Information Regarding Smoking Risks," *PLoS ONE* 15, no. 2 (2020): e0227813；以及 Joshua Becker et al., "The Wisdom of Partisan Crowds," *Proceedings of the National Academy of Sciences* 116, no. 22 (2019): 10717–10722。关于非裔美国女性对主流医疗不信任（特别是由于 20 世纪 50 年代和 60 年代的非自愿绝育计划）的来源的研究，参见 Rebecca Kluchin, *Fit to Be Tied: Sterilization and Reproductive Rights in America, 1950–1980* (New Brunswick, NJ: Rutgers University Press, 2009)。关于这段历史对弱势群体采取预防性健康措施的下游影响的有用研究，参见 B. R. Kennedy et al., "African Americans and Their Distrust of the Health-Care System: Healthcare for Diverse Populations," *J Cult Divers* 14, no. 2 (2007): 56–60；以及 E. B. Blankenship et al., "Sentiment, Contents, and Retweets: A Study of Two Vaccine-Related Twitter Datasets," *Perm J* 22 (2018): 17–138。

对关于疫苗安全性的错误信息的传播动力学的讨论，参见 Damon Centola, *The Complex Contagion of Doubt in the Anti-Vaccine Movement*；以及 Damon Centola, *Influencers, Backfire Effects, and the Power of the Periphery*。新冠病毒疫苗接种计划面临的一个主要政策挑战是：虚假信息可针对不同社区内的特定偏见进行调整，而准确信息难以做到。这就导致了错误信息与准确信息的简单 / 复杂传播动力学的潜在不对称性，尤其是在出现新的难以理解的准确信息时。参见 Neil Johnson et al., "The Online

Competition between Pro-and Anti-Vaccination Views," *Nature* 582 (2020): 230–233。

对福斯曼的工作和他的诺贝尔奖的解释，参见 Renate Forssman-Falck, "Werner Forssman: A Pioneer of Cardiology," *American Journal of Cardiology* 79 (1997): 651–660；以及 H. W. Heiss, "Werner Forssman: A German Problem with the Nobel Prize," *Clinical Cardiology* 15 (1992): 547–549。关于社会网络和社会规范如何影响医生处方行为的几项优秀研究包括：James Coleman et al., "The Diffusion of an Innovation among Physicians," *Sociometry* 20 (1957): 253–270；Craig Pollack et al., "The Impact of Social Contagion on Physician Adoption of 354 Advanced Imaging Tests in Breast Cancer," *Journal of the National Cancer Institute* 109, no. 8 (2017): djx330；Nancy Keating et al., "Association of Physician Peer Influence with Subsequent Physician Adoption and Use of Bevacizumab," *JAMA Network Open* 3, no. 1 (2020): e1918586；以及我对基廷等人作品的评论文 Damon Centola, "Physician Networks and the Complex Contagion of Clinical Treatment," *JAMA Network Open* 3, no. 1 (2020): e1918585。我们使用平等网络解决隐性偏见的研究是 Damon Centola et al., "Experimental Evidlence for the Reduction of Implicit Race and Gender Bias in Cinical Networks" (working paper；Annenberg School for Communication, University of Pennsylvania, Philadelphia, 2020)。

针对医疗决策中种族和性别隐性偏见的快速增长的著作中的重要研究包括：Kevin Schulman et al., "The Effect of Race and Sex on Physicians' Recommendations for Cardiac Catheterization," *New England Journal of Medicine* 340, no. 8 (1999): 618–626；William Hall et al., "Implicit Racial/Ethnic Bias among Health Care Professionals and Its Influence on Health Care Outcomes: A Systematic Review," *American Journal of Public Health* 105, no. 12 (2015): e60–e76；以及 Elizabeth Chapman et al., "Physicians and Implicit Bias: How Doctors May Unwittingly Perpetuate Health Care Disparities," *Journal of General Internal Medicine* 28 (2013): 1504–1510。

对奥克兰运动家队在 2002 年赛季的精彩表现的一份颇为精彩的描述，参见 Michael Lewis, *Moneyball: The Art of Winning an Unfair Game* (New York: W. W. Norton, 2004)。